Hajo Schumacher
Männerspagat

HAJO
SCHUMACHER

MÄNNER SPAGAT

Wie wir mit
Offenheit, Respekt
und Leidenschaft
die alten Rollen
überwinden

eichborn

Manche Namen und Orte wurden mit Rücksicht auf Persönlichkeitsrechte verändert.

Redaktionelle Mitarbeit: Carla Mönig

Dieser Titel ist auch als E-Book erschienen

Eichborn Verlag in der Bastei Lübbe AG

Originalausgabe

Lektorat: Werner Irro, Hamburg
Umschlaggestaltung: ZERO Werbeagentur, München
Einband-/Umschlagmotiv: © Anatol Kotte, Hamburg/Berlin
Satz: hanseatenSatz-bremen, Bremen
Gesetzt aus der Minion Pro
Druck und Einband: GGP Media GmbH, Pößneck
Printed in Germany
ISBN 978-3-8479-0649-0

5 4 3 2 1

Sie finden uns im Internet unter www.eichborn.de
Bitte beachten Sie auch www.luebbe.de

Für alle guten Jungs

Es geschah auf einer sommerlichen Gartenparty. Ich lümmelte in einer Hängematte und lauschte dem Weltuntergangsgegrummel der satten Mittfünfziger um mich herum. Ich trug nichts außer einer Latzhose und einer Flasche Bier und fühlte mich irgendwo zwischen den Merry Pranksters und John-Boy Walton. Da nahm eine entfernte Bekannte mit Weißweingesicht meine Frau zur Seite und fragte sie grimmig: »Findest du nicht, dass sich dein Mann komisch anzieht?« Meine Frau lachte, winkte mir zu – und ich wusste, dass ich auf dem richtigen Weg war.

Inhalt

I. Aufbruch

Mannsein nervt kolossal. Wir Kerle haben keinen guten Lauf gerade. Die falschen Männer sind zu laut, die guten kaum zu hören. Sieht so aus, als ob Männer vor allem »nur« oder »noch« sind, unzureichend, Mängelwesen, Auslaufexemplare. Ich erfahre dauernd, wie ich nicht sein darf; wie Trump, wie Kollegah, wie unsere Väter, wie der Chef, wie früher. Dabei gibt es viele Männer, verdammt viele, die mehr als okay sind, bewusst, aufmerksam, empathisch, nicht autoritär. Leider verschwinden diese Brüder im Pesthauch einer globalen toxischen Männlichkeit. Offenbar grassiert weltweit ein Herrenmännerfimmel, den ich massiv unterschätzt habe. Aber es gibt eben auch die vielen, vielen anderen, denen ihre Geschlechtsgenossen unendlich peinlich sind. Je verbissener ich forschte, desto rätselhafter erschien er mir, der Mann. Bilanz heute: Mannsein ist unübersichtlicher denn je. Ich bin verwirrt, von mir, von uns. Warum nehmen sich, und zwar überall auf der Welt, dreimal mehr Männer als Frauen das Leben, über alle Altersklassen und sozialen Schichten hinweg? Was ist los mit uns?

An welchem Beispiel erkläre ich mir und meinen Söhnen, wie ein positives Männerbild aussieht? Stattdessen verspüre ich permanenten Erklärzwang, wie ein liberaler Muslim: Ich soll mich für irgendwelchen Mist rechtfertigen, den andere verbocken, die zufällig zu meinem »Klub« gehören, auch wenn ich sie weder kenne noch verstehe noch mag. Bitte keine weitere Abhandlung über die Krise des Mannes. Nase voll von Komödiantinnen, die Späße über notgeile Vollhirnis machen. Ich mag auch nicht schon wieder beteuern müssen, wie sehr ich Übergriffe von Männern verabscheue, dass ich natürlich für Equal Pay bin, aber auch dafür, dass meine

Söhne in ihrem jungen Mannsein nicht nur diskreditiert werden. Ich fühle mich in einer Endlosdebatte gefangen, geführt in einem schmalen Korridor. Auf dessen rechter Wand steht: »Du musst …« und auf der linken: »Du darfst nicht …«

Wie lange soll das so weitergehen? Diese Frage quält mich vor allem als Vater. Denn die Verunsicherung frisst sich durch bis in die Familie. Wie soll ich meinen Söhnen in Zeiten von Youporn, Schulmassakern, Patriarchatsbürde, vergifteten alten und unklaren neuen Rollenbildern ein halbwegs gutes Vorbild sein? Ich weiß es nicht. Ich weiß nur, dass ich es allein nicht schaffe. Ich brauche Hilfe, von guten Männern und guten Frauen. Denn eines ist klar: Toxische Männlichkeit richtet sich nicht nur gegen Frauen, sondern gegen alle, die anders ticken. Und es gibt durchaus toxische Frauen, die diese Kerle noch anfeuern. Der Graben verläuft nicht zwischen Männern und Frauen, sondern zwischen Gut und Böse.

Es stimmt ja: Die alten Konzepte von Männlichkeit sind erledigt, die neuen noch sehr unscharf. Viele Männer sind verunsichert in dieser Zwischenzeit, verängstigt, verwirrt. Ich auch. Wer unsicher ist, beißt leicht mal um sich. Das mag nicht souverän sein, zumal Beißen und Zurückbeißen und Weiterbeißen nicht weiterführt. Ich sehne mich nach einem offenen, ehrlichen Gespräch, bei dem alle Beteiligten ihre Bedürfnisse formulieren, Grenzen ziehen und Respekt bewahren.

Vielleicht bin ich heillos romantisch, aber: Ich wünsche mir ein Gender-Camp-David. Ich würde gern Frieden schließen, mit mir selbst, mit uns Männern, mit euch Frauen und all den anderen, schon unseren Kindern zuliebe. Dieses Buch ist weder Jammer-Prosa noch Macho-Gedröhne, sondern eine Freundschaftsanfrage, ein Annäherungsversuch, ein Friedensangebot. Sollen wir's noch mal versuchen, ernst und aufrichtig, wir, die wir diese Beklommenheit spüren, weil die Aggression, die wir verurteilen, weltweit marschiert, das Toben und Ballern und Erniedrigen?

Geht doch so nicht weiter.

Versöhnen statt spalten, das ist mein Ziel. Verstehen statt scharfrichtern. Dazu gehört auch das Akzeptieren von einigen tausend Jahren herrischer Männlichkeit und ihren Verwüstungen. Stattdessen relativieren Männer reflexhaft die Leidensgeschichten von Frauen: Warum hat sie sich denn nicht gewehrt? Warum hat sie so lange geschwiegen? Warum ist sie überhaupt mit aufs Hotelzimmer gegangen? Ein erster Schritt, um einen grundsätzlichen Schwenk im Denken hinzubekommen, wäre, die Abwehrhaltung aufzugeben, die historischen Machtverhältnisse zu erkennen und einfach nur zuzuhören. Das Tückische an Privilegien ist, dass alle sie sehen, nur die Privilegierten nicht.

Ist es Männern möglich, wütende Rückzugsgefechte, auch wenn sie im Einzelfall nicht falsch sein mögen, einfach zu unterlassen, um ihrerseits Ängste, Reflexe, Gelerntes zu betrachten? Nein, keine 180-Grad-Wende, eher ein Erweitern der bisherigen Denk-, Fühl- und Kommunikationsmuster, um echte Gespräche möglich zu machen. Interessenkonflikte lassen sich gemeinsam lösen; Glaubenskriege schließen Kompromisse dagegen aus.

Männer öffnen sich nicht gern, ich möchte es dennoch versuchen. Ich inspiziere mich zunächst mal selbst, schonungslos. Das kann hässlich werden, denn ich werde in den finsteren Keller steigen, dorthin, wo meine Dämonen hausen: Versagenspanik, Scham, der Heldenfimmel, das Testosteron, all die in gut fünf Jahrzehnten Mannsein eingeschlossenen, womöglich giftigen Emotionen. Von Freude, Liebe, Leidenschaft wird auch die Rede sein, aber erst später. Zunächst werde ich mir diese lichtscheuen Untiere anschauen, um ihnen dann in einer liebevollen Umarmung die Luft abzudrücken, so lange, bis sie verträglich sind. Das Unausgesprochene nährt die Dämonen, als Gegenmittel hilft resolute Offenheit. Dann sehen wir weiter.

Wir müssen reden

Als ich zum ersten Mal eine Frau sein durfte, erschrak ich über mich. Meine Stimme kiekste, ich trippelte in einem ziemlich knappen Sommerkleid, das mir meine Frau zum Ausleiern überlassen hatte. Meine Hände wedelten unsicher, abwehrend, albern. Ungewohnte Zugluft von unten. Ich war so wenig Dame wie Daphne aus *Manche mögen's heiß* in einer Aufführung unseres Schultheaters 1972. Wie geht das, Frau sein?

Meine Ehefrau sollte zugleich einen Mann spielen. Sie hatte Karohemd und Jeans angelegt, ging breitbeinig und -schultrig, deutete andauernd Ausspucken an und griff sich abwechselnd in den Schritt und zum Revolver. Clint Eastwood hätte einen solchen Vogel vor lauter Verachtung nicht mal erschossen. Mannsein ist offenbar auch nicht leicht.

Mit der fröhlichen Verzweiflung von Langzeitverheirateten hatten wir uns in ein Paarseminar gewagt. Der Rollentausch war als ernstes Spiel gedacht. Wir sollten nicht groß analysieren, kritisieren oder freudianisieren, auf keinen Fall herumjuxen, sondern einfach ehrlich wahrnehmen, was es mit uns machen würde, ein paar Minuten ins andere Geschlecht zu schlüpfen. Erste Erkenntnis: Manche Paare scheiterten kichernd. Sie drangen gar nicht erst in tiefere Gefühlswelten vor, sondern ironisierten ihre Unsicherheiten weg.

Wir hatten immerhin geschafft, ernst zu bleiben. Und das Resultat war verblüffend: Als Frau empfand ich mich schlagartig ängstlicher, aber schicker, verletzlicher, andererseits aber auch sicherer in mir und meinem Körper. Meiner Frau erging es nahezu spiegelbildlich: Sie fühlte sich körperlich stärker, aber psychisch labiler, ungehobelter und ebenfalls ziemlich verletzlich. Gemeinsam verspürten wir eine immense Unsicherheit. Was war da passiert?

Willkommen, ihr spannenden Fragen.

Endlich hatten wir Nachschub bekommen vom wichtigsten Rohstoff jeder Beziehung. Die halbe Nacht lang sprachen wir über unsere Rollenbilder, über biologisches, soziales, ethisches Geschlecht, über Erwartungen, vor allem die unausgesprochenen. Wir, die wir uns nach Jahrzehnten des Geschlechterkampfs als aufgeklärte und halbwegs gleichgestellte Menschen bezeichnet hätten, sahen uns heillos in Klischees, Stereotypen und Fehlannahmen gefangen, mehr Voodoo als Wissen. Wir wussten erschreckend wenig vom Leben des anderen. Gleichzeitig spürte ich: Ich mag keine Zeit mehr vertrödeln mit ritualisierten Rechthabe-Debatten, wer das bessere, starke, schwache, überflüssige Geschlecht sei.

Und es wurde noch spannender. Am nächsten Tag sollten wir einen Geschlechtsakt andeuten, mit vertauschten Rollen. Give it to me, Baby! Der gegenseitige Respekt wuchs rapide. Meine tapfer pumpende Frau bekam erstmals eine Idee davon, warum Männer angeblich unentwegt an Sex denken, nur während des Sexes nicht – der elende Leistungsdruck. Ich, der ewige Mehrleister, wurde wiederum mehrfach ermahnt, einfach mal stillzuhalten. Hört man ja auch nicht so oft, wenn man jahrzehntelang ambitioniertes Dienstleisten gewohnt ist. Mehr dazu später.

Das Seminar war ein voller Erfolg. Ich war aufs Rabiateste aus der Komfortzone der gefühlten Wahrheiten katapultiert worden. Ich liebe diese Momente des Durcheinanders, die mich seither auf meiner Expedition zu meiner Männlichkeit begleiten. Die Reise begann sehr ungeplant mit drei Todesfällen und einem Tantra-Seminar, führte über Trumpputinerdogan und #MeToo zu – mir. Seither grabe, bohre, fühle ich dem Mysterium Mann hinterher: Wann ist ein Mann ein Mann? Was kann er? Was will er? Was darf er? Was taugt er als Partner? Wie erzieht er? Was wird gebraucht? Was kann weg? Das zu fragen ist hart. Und peinlich. Oft aber auch ganz lustig.

Ich dachte ja mal, mit Männern kenne ich mich halbwegs aus. Weil ich selbst einer bin, weil ich zwei Söhne zu anständigen Menschen zu erziehen versuche, weil ich als Sohn, Bruder, Kindergartenjunge, Schüler, Student, Angestellter, Chef, Freund, Freiberufler, Vater, Gatte, Liebhaber, Versorger und Spottobjekt manche Varianten des Männerspagats kennengelernt habe. Ich dachte tatsächlich, dass all die Übergriffe, Anzüglichkeiten, Straftaten, Machtmissbrauch und Dienstreisen-Bademanteleien eher Einzelfälle seien. Aber dafür sind es zu viele. Zugleich erhebt sich weltweit eine Gegenbewegung, ein Schwarm der Minderheiten, der die einzig wahre Mehrheit bildet.

Genau das ist die Realität, die uns fordert, dieses Durcheinander von Evolution und Genen, Religion und Machtsystemen, Traditionen und Glaubenssätzen, Moden und Mindfucks, Aufbegehren und Beleidigtsein. Wir wünschen uns Ordnung, aber Chaos und Widersprüche regieren. Kein Entkommen, wir haben scheinbar Selbstverständlichstes zu hinterfragen. Höchste Zeit zum Aufräumen von Routinen und Konventionen, gelassen und mit Mitgefühl. Es ist halt ganz schön viel, was sich da in den Jahren zwischen Suzie Quatro und Princess Nokia bei mir angestaut hat. Womöglich schaffen wir es sogar, aus dem Morast der Schuldzuweisungen herauszufinden, um die wichtigen Fragen zu bearbeiten: Was haben wir gelernt? Was machen wir künftig besser? Wie geht es gemeinsam weiter?

So jedenfalls nicht. Denn es wird ja nicht übersichtlicher. Bislang hatte ich Gleichstellung für einen unumkehrbaren Prozess gehalten, der je nach Weltgegend nur in verschiedenen Geschwindigkeiten abläuft. Sogar in Saudi-Arabien tut sich ja was. Doch plötzlich scheint die Emanzipation rückwärts zu laufen; ob in Washington oder Kabul, in Moskau oder Ankara, bei AfD oder IS – überall pöbeln und prügeln Männer und krallen sich an die Macht. Die anderen fühlen anschwellende Verhaltensunsicherheit und ducken sich hinter Sarkasmus, Distanz, passiver Aggressivität. Schon wieder. Immer noch. Waren wir vor fünfzig Jahren nicht mit anderen Zielen gestartet?

Das Phänomen der toxischen Männlichkeit ist nicht neu. Seit Kant und Fichte wird maskuline Unzulänglichkeit konstatiert, mal mit dem tückischen Mitleid der Feministin (Susan Faludi: *Männer: Das betrogene Geschlecht*), mal mit dem Sezierblick des Neurologen (Gerald Hüther: *Männer – Das schwache Geschlecht und sein Gehirn*), aber immer im Krisengestus, ob früher von Horst-Eberhard Richter *(Die Krise der Männlichkeit)* oder heute bei Robert W. Connell *(Der gemachte Mann: Konstruktion und Krise von Männlichkeiten)*. Seit ich auf der Welt bin, verfolgt mich die Erzählung von Rettungsfrauen und Täter- oder Trottelmännern. Heute fragen Feministinnen, wozu die Welt überhaupt Männer brauche.

1982 forderte Ina Deter »neue Männer« fürs Land, aber das war auch schon Unsinn. Woher sollen die neuen kommen? Greencards für George Clooney, Barack Obama, Emmanuel Macron, Justin Trudeau? »Neu erfinden« ist eine der gewaltigsten Lügen des 21. Jahrhunderts. Nein, neue Männer gibt es nicht. Wir werden mit den alten klarkommen müssen, mit Exemplaren wie mir, die sich im Spagat eingerichtet haben, ohne sich dort übermäßig wohlzufühlen. Ich soll kochen, die Kinder ins Bett bringen und feuriger Liebhaber sein, mutig führen und empathisch zuhören, morgens Kickboxen, abends Yoga, viel Geld verdienen, aber Work mit Life balancieren, ein Sixpack vorzeigen, während ich ein Vier-Gänge-Menü mit guter Butter zaubere, und nach dem Holzhacken beim Paarseminar Frau spielen. Kein Problem, kriege ich halbwegs hin.

Aber ich habe diese Auf- und Abwertungsfloskeln satt, die Barths genauso wie die Schwarzers. Kann es sein, dass Super-Machos und Turbo-Feministinnen in einer unheimlichen Hysteriesymbiose vereint sind? Denn ohne die einen hätten die anderen nichts zu meckern.

Bevor wir uns erfolglos zu neuen Männern und Frauen umerziehen, sollten wir zunächst ein neues Miteinander versuchen. Und das beginnt mit einem klaren Wort. Wir müssen reden, nicht über-, sondern miteinander. Jeder Mann für sich, über seine Erwartungen, Träume, Verletzungen, Macken. Wir Männer müssen miteinander reden, zum Beispiel über unseren Helden- und Rivalitätsfimmel, warum uns Schwule eine irre Angst machen und was die Ursachen für diese unfassbar anstrengenden Hassliebeberituale mit den Frauen sind. Und dann müssen wir mit unseren Nächsten reden, Eltern, Kindern, Partnern, ohne Konfrontationsreflexe, offen, ehrlich, verständnisvoll. Klingt so simpel. Und wird doch zu selten versucht. Denn gutes Reden braucht keine Glückskeksweisheiten aus der Mars/Venus-Klasse, sondern den Mut des Redenden und die Empathie des Zuhörenden. Nur im Gespräch können wir die Schützengräben zuschütten, aus denen seit Jahrzehnten Verletzte krabbeln, ohne dass wir große kulturelle Fortschritte gemacht hätten.

Reden gilt nicht als Domäne der Männer. Aber man kann sich da ranüben, zum Beispiel mit kalkulierten Abenteuern wie Paarseminaren. Klar schieben wir vorher tierische Panik, was uns wohl erwarten mag. Die anderen aber auch. Man nennt es Spannung. Sofort bäumen sich die ersten Dämonen auf, Angst, Schuld, No-Gos, Glaubenssätze. Die Kunst besteht darin, diese Dämonen nicht gleich wegzuschieben, sondern zu betrachten und zu erkennen: Aha, so funktioniere ich also. Nicht schön, aber Realität. Was kann schon passieren? Wir haben Spaß. Wir finden neuen Gesprächsstoff. Und wir lernen was.

Die Frauen – Entschuldigung fürs Verallgemeinern – haben in den letzten fünfzig Jahren dank des Feminismus sehr viel mehr über sich geredet und Unbekanntes erkundet, ihre Schmerzen, ihre Wünsche. Sie haben sich viel umarmt. Gut so. Wir Männer standen mit verschränkten Armen daneben und haben spöttisch bis ängstlich beteuert, dass wir so was nicht brauchen. Vielleicht doch: Denn Reden hilft, sogar Männern. Und Zuhören hilft ebenfalls, auch Frauen. Mein Ziel ist dabei nicht Seelenstriptease, sondern, sehr egoistisch, mehr Freude an meiner Männlichkeit.

Erfülltes Mannsein sei möglich, sagt der Therapeut Björn Süfke, wenn Männer ihre Handlungsspielräume und Ausdrucksmöglichkeiten erweitern, mehr wagen auf der intellektuellen, emotionalen, kreativen, spirituellen Ebene. Es gibt tatsächlich noch mehr Gefühlsbekundungen als High Five und Fist Bump. Aber welche? Und ist das nicht peinlich? Nein. Ich habe Männergruppen besucht, einen Tantra-Workshop, das Paarseminar, habe mit Psychologen geredet, mit Feministinnen, Dominas und natürlich jeder Menge Männern. Fazit: Handlungsspielräume und Ausdrucksmöglichkeiten werden mehr und breiter. Bei den Männern bewegt sich was. Wir kapieren, dass es mehr Bedürfnisse gibt als Bier und Baggern. So liefert dieses Buch Erkenntnisse, die abweichen von den zahlreichen Männerratgebern mit Orgasmusgarantie. Spektakulärere.

Dieses Buch bietet kein verklemmtes Testosteron- und Menstruations-Gejuxe, sondern ehrliches Bemühen um eine Wiederaufnahme diplomatischer Beziehungen, zunächst mit uns selbst, dann mit allen anderen. Lasst uns Glaubenssätze checken, Stereotype prüfen und Reflexe mit liebevoller Distanz betrachten. Und lasst uns überlegen, ob die Frontlinie zwischen Mann und Frau zeitgemäß ist, wenn höchste Gerichte in aller Welt ein drittes Geschlecht anerkennen, das sich nicht biologisch, sondern individuell definiert. Haben wir es in der Geschlechterfrage tatsächlich mit zwei unversöhnlichen Polen zu tun oder mit einem Schieberegler, den jeder für sich selbst bedienen kann?

Im 21. Jahrhundert konkurrieren nicht körperliche Merkmale, sondern freiheitliche mit diktatorischen Gesellschaftsentwürfen. Mann, Frau, Trans stehen vor denselben Aufgaben: Respekt, Gelassenheit, Fairness. Wer arbeitet mit an einer lebenswerten Zukunft? Wer hält sich an die Regeln? Wer nutzt seine Ressourcen kooperativ? Alle großen Transformationen unserer Zeit, ob Digitalisierung, Globalisierung, Gerechtigkeit, sind nicht mit Mann gegen Frau, sondern nur mit Mann und Frau und allen anderen Guten zu bewältigen.

Die Unterschiede zwischen toleranten Menschen und ihren Gegnern sind größer als die zwischen Hodensack und Eierstock.

Aber es geht noch weiter, in eine historische Dimension. Kooperation wird zur Überlebensfähigkeit der Zukunft, so wie es in der Urzeit bereits war. Einst in der Nomadenära stellten sich Geschlechterfragen kaum. Auch Frauen jagten, auch Männer blieben in der Höhle, es ging nicht um Rollenbilder, sondern um Fähigkeiten, die halfen, den nächsten Winter zu überleben.

Vor etwa zehntausend Jahren wurde der Mensch sesshaft, erst in Hütten, dann in Städten, schließlich in Weltreichen. Machtfragen wurden zugunsten der physisch Stärkeren beantwortet, Religionen lieferten den Überbau. Das Patriarchat verfestigte sich in Politik, Wirtschaft, Kultur, Gesellschaft und hält bis heute an der alten Ordnung fest. Der Rückbau zieht sich.

Doch derzeit erleben wir die nächste historische Wende der Weltgesellschaft. Das Nomadentum kommt zurück. Sesshaftsein verliert an Wert. Haus, Auto, Pferd, Jacht werden mehr geliehen und weniger besessen. Besitz ist Ballast. Der mobile Mensch will leichtes Gepäck. Flexibilität ist Trumpf. Die alten Verlässlichkeiten schwinden, familiäre Sicherheiten auch.

Wir Babyboomer nomadisieren bereits deutlich mehr umher als unsere sicherheitsbewussten Eltern, die fest verwurzelt auf ihrer Scholle lebten. Unsere Kinder werden ganz selbstverständlich als digitale Nomaden um die Welt ziehen, der Arbeit, den Trends, dem Wetter hinterher. In einer »Gesellschaft der Singularitäten«, so der Soziologe Andreas Reckwitz, werden die Menschen neue alte Kooperations- und Lebensformen entwickeln, eher an Fähigkeiten und Bedürfnissen orientiert als an tradierten Vorschriften und Erwartungen. Mann und Frau gehen in Zukunft womöglich respektvoller miteinander um, nicht weil sie Gesetzen oder Konventionen gehorchen, sondern dem Wunsch zu überleben. Moderne Nomaden fragen nicht: Wer darf was?, sondern: Wer kann was?

Viele Zahlen sprechen dafür, dass sich die Unterschiede von Frauen und Männern verringern. Konsum von Aufputschmitteln? Die Frauen holen auf. Infarkte? Ebenso. Ernährung? Männer lassen die Fettwurst viel öfter als früher liegen. Mobile Männer, Frauen am Herd? Schon in der Bronzezeit wanderten Frauen viele hundert Kilometer, um Männer für die Ehe zu finden. Und sie brachten technisches Wissen mit.

Keine Ahnung, wo diese Reise endet, aber eines ist klar: Wir sollten uns vorbereiten. Schadet ja nichts, wenn Männer um einer gelingenden Zukunft willen endlich die eigenen Festplatten zu putzen beginnen. Und da ist einiges zu tun. In einem gigantischen Prozess des Verlernens müssen wir uns von eingeübtem Verhaltensmüll befreien, von Mustern, Mythen, Missverständnissen – Detox für Körper, Geist und Seele. Weg mit giftigen Rollenbildern und kranken Erzählungen aus einer vergangenen Zeit. Das Kommando lautet: nackt machen und sich unbewaffnet gegenüberstehen, Männer und Männer, Frauen und Frauen, Männer und Frauen.

So lautet das erste Prinzip dieses Buches: Verzicht auf die altbekannten Grobheiten. Raus aus dem Gegeneinander, hinauf auf gemeinsames Terrain.

Zweites Prinzip: Dieses Buch beschreibt Probleme, Krisen und deren Ursachen, aber fragt grundsätzlich lösungsorientiert. Wie kann eine renovierte Männlichkeit aussehen?

Drittes und wichtigstes Prinzip: Ehrlichkeit. Seit meiner Jugend schleicht die Geschlechterdebatte um die wunden Punkte herum: Schuld, Scham, Angst, Glaube, Statusdenken, projizierte Erwartungen, Geilheit, Traditionen, unterdrückte Bedürfnisse – jeder Dämon hat seinen Auftritt. Ich versuche, halbwegs ungeniert über allerlei Peinlichkeiten zwischen Männermustern, tristen Sexroutinen und Jungszärtlichkeiten zu schreiben. Jedes Kapitel beginnt mit spontanen Gedankensplittern, unzensiert, ungeschönt. Wer sich fremdschämt – einfach überspringen.

Zum Schluss möchte ich ein massives Eigeninteresse an diesem Buch gestehen: Ich will meiner Verwirrung näherkommen und einen halbwegs verlässlichen Männerkompass in Geist, Herz und Händen halten. Schließlich möchte ich meinen Söhnen ein gesundes, erfülltes Mannsein vorleben. Sodann bin ich als Ehemann im Jahr meiner Silberhochzeit auf der Suche nach Anregungen, um auch die Strecke bis zur Goldenen unterhaltsam und sinnvoll zu gestalten. Und obendrein möchte ich meine Freundschaften sortieren, beleben, vertiefen. Vor allem die zu mir selbst. Da gärte viel zu viel viel zu lange. Das muss jetzt raus.

Nackig machen, Schamanen-Scheiß oder: Wie das Mannsein neu begann

Geht ja gut los: gleich die Hose runter. Aber zur schonungslosen Ehrlichkeit gehört nun mal, von diesem Workshop zu berichten, der mir den Zugang zu meiner ebenso einfachen wie widersprüchlichen Identität als Mann eröffnet hat. Mich umfängt noch immer dieses Gefühl zwischen Verwegenheit und Peinlichkeit, genau wie damals. Kann man das machen? Was sollen die Leute denken? Aber ich weiß, dass es gut war. Eine Schocktherapie voller Angst und Tränen, aber extrem wertvoll. Erstkontakt mit den innersten Dämonen.

Die Expedition zu mir selbst begann vor einigen Jahren unfreiwillig und ungeplant. Klar hatte ich meine Probleme, als Mann, als Mensch, als wandelnde Midlife-Krise. Ich wollte was ändern an meinem Leben. Aber doch nicht sofort. Und nicht gleich so radikal. Vielleicht erst mal ein Wochenende Yoga, um zur Ruhe zu kommen und nachzudenken. Nachdenken ist aber oft nur ein anderes Wort für hasenherziges Abwarten. Mit Nachdenken kann man sein ganzes Leben vertrödeln.

Dann kam unsere Uraltfreundin Sara zu Besuch. Sie hatte diesen Workshop mitgemacht, bei dem »es so richtig zur Sache geht«. Sara, die notorische Hektikerin, hatte entspannt gewirkt wie lange nicht. Sie trank wenig Wein, wir umso mehr, weil wir unsere Freizeit gern mit Aufregen verbrachten, über all den Statusquatsch und die Konsumscheiße, Panik vorm Altwerden, Sorge um die Kinder, überfordert versus unterliebt, toxische Männlichkeit, und obendrauf Erwartungen, Selbstzweifel, Frustrationen. Druckdruckdruck. Dieses bescheuerte Paradox: Die ganze

Welt beneidet uns um unser deutsches Komfortleben. Und ich? Will weg von alledem. Dringe nicht mehr durch zu mir. Wer bin ich? Was will ich?

»Reset«, hatte Sara ruhig gesagt, »Stecker raus, abschalten. Stecker rein, Muster, Ängste, Rollen klarer sehen. Du wirst dich nach der Woche nicht wiedererkennen.« Zu oft gehört, diesen Satz. Ich nickte zustimmend, weil ich ahnte, dass meine Frau mich ohnehin nicht würde ziehen lassen, von wegen: Tantra, so richtig zur Sache, nicht wiedererkennen. Nach über zwanzig Ehejahren. Da rattert das Kopfkino aber los. Ich scherzte über Eso-Spielchen und Atmen für den Weltfrieden und hoffte auf ihre gewohnten Fürsorgereflexe. Vergeblich. Keine Details, nur so viel: Ich habe unerwartet die Startfreigabe bekommen. Unter der Bedingung, dass meine Frau nach mir das gleiche Seminar besuchen würde. Wie bitte? Meine Frau? Tantra? Zur Sache? Das hatte ich nicht gewollt. Panikkribbeln breitete sich aus.

Unruhig betrachtete ich später die Website: Eso-Sound, aber nette Gesichter. Keine Erwähnung im Jahresbericht der Sektenbeauftragten. Was sind »schamanische, spirituelle, sexuelle Techniken«? Ich sollte mein morgendliches Gymnastikprogramm umgehend verschärfen. Ich googelte nach Gründen, die meine Teilnahme im letzten Moment verhindern könnten. Doch Kritik war kaum zu finden. Stattdessen euphorische Kommentare aus aller Welt: »Amazing Transformation. Most important experience of my life. Should have done it twenty years earlier.« Skepsis versus Neugier.

Sara schwor, dass ich mich als Kerl auf diesem Workshop nicht zum Affen machen würde. Sie und ihr Mann hatten es ja auch überlebt. »Du kannst jederzeit abhauen«, erklärte Sara. Was hatte ich zu verlieren? Nicht mehr als die Kursgebühr, die einer Woche Wellnesshotel entsprach, und einige Urlaubstage. Und was gab es zu gewinnen? Eine faszinierende Expedition zu den wunderlichsten Abgründen der Welt, die spannendste Reise meines Lebens – einen Trip zu mir selbst.

Tag 1

Ich bin nicht verklemmt. Mag sein, dass ich in der Sauna das Handtuch zufällig mal in Hüfthöhe halte. Nacktsein sei doch ganz natürlich, hatten wir unsere Kinder so oft gelehrt. Nur jetzt gerade nicht. Es wird zum Äußersten kommen bei diesem Tantra-Workshop. Das habe ich nicht gewollt. Oder doch? Wollten wir das Leben als Großstadtzyniker nicht mit ein wenig mehr Sinn und Freude füllen, aus lauter Panik, auf dem Sterbebett ein ungelebtes Leben zu bereuen?

Ich wäre so gern ein souveräner, starker Mann. Stattdessen stehe ich inmitten von fünf wildfremden, viel jüngeren Menschen, die im Schneidersitz hocken und auf meine Körpermitte starren. Sieben solcher Gruppen sind im Raum verteilt. Alle spielen das Pferd-und-Reiter-Spiel: Wir sollen in unseren Körper spüren, er ist das Pferd. Der Kopf ist der Reiter. Was sagt das Pferd? Ich halte die Augen geschlossen und lausche tapfer. Das Körperpferd fühlt sich erschöpft und vernachlässigt, traurig. Perspektivwechsel. Was sagt der Kopf? Er schämt sich für seine Rücksichtslosigkeit. Immer nur Sporen und Gerte. Schneller! Weiter! Früher raus! Fertig werden! Du musst, du musst, du musst. Klar, Erholen ist wichtig, weiß der Kopf. Aber heute muss Vitasprint reichen. Pausen später. Immer alles später. Was hast du über fünfzig Jahre lang mit mir getrieben, fragt mein ausgemergelter Klepper. Mein Kopf trägt schwarze Uniform und Sonnenbrille. Bin ich das? Tränen steigen auf. Es werden viele folgen.

Ein leiser Gong. Ich öffne die Augen und blicke in fünf sanfte, ernste Augenpaare. Kein Grinsen. Ich habe mich nackig gemacht. Kein Verstecken, kein Posen, stattdessen schonungslose Ehrlichkeit, zum ersten Mal seit Langem. Und diese Gruppe hat mich gehalten. Ich gucke noch mal. Grinst wirklich niemand? Danke.

Ich setze mich zitternd. Wo ist die Unterhose?

Eine filigrane Frau stellt sich in die Mitte. Sie zieht ihr Oberteil aus. Sie liebe ihren Körper, sagt sie, auch die Haare, auf dem Kopf, unter den Armen, zwischen den Beinen.

Schluchzen. Der Reiter will keine Haare, weil die Welt keine Haare will. Rasier dich endlich, befehle er, alle rasieren sich. Sie krallt sich ins Bündchen ihres Schlüpfers. Anschwellendes Schluchzen. Sie erzählt, wie ein junger Mann, den sie liebte, sie das erste Mal nackt sah und sich angeekelt abwandte.

Mit einem Ruck zieht sie ihren Slip hinunter. Ein wilder Busch. Stolz, flüstert ihr Pferd. Schäm dich, brüllt der Reiter. Ich will den Kerl würgen, der sie missachtete. Ich suche ihre Augen, will sie mit meinem Blick umarmen. Stopp! Empathie ist erlaubt, haben die Trainer gesagt, aber keine manipulative Anteilnahme. Lass die Tränen der anderen fließen. Widerstehe der Versuchung, billige Trostpunkte zu sammeln. Wer was braucht, soll es sagen. Autonomie first.

Gong. Die Frau setzt sich hin, nackt. Ich fühle mich unwohl in Unterhose.

Jetzt der junge Israeli. Leise berichtet er von orthodoxen Glaubenssätzen, die seine Kindheit prägten. Dass sein Pferd noch nie die Zärtlichkeit einer Frau gespürt habe. Dass sein Reiter Sex verbiete. Dass sein Pferd vor Geilheit durchgehe. Dass er sich mit Karriere betäube. Dass er in Pornos ersticke. Er brüllt, dass er diese verdammte einsame Schuld nicht mehr ertrage. Er ist sichtlich erregt.

Verstohlener Blick in den Saal: überall Heulen, Kreischen, Stille. In der ersten Runde fielen die Klamotten spärlich, jetzt fliegen sie. Gut dreißig Wildfremde öffnen sich einander, einfach so. Ein Kessel Seelenmüll kocht über. Wo mag diese Woche enden?

Nun liege ich im schmalen Bett der spartanischen Seminar-Herberge und versuche, die Nachtaufgabe zu bewältigen: »Just enjoy yourself«, hatte Coach Dez Nichols fröhlich angeordnet. Haha.

Tag 2

Fünf Stunden Schlaf. Sonst brauche ich sieben. Ungewohnte Klarheit. Herrlicher dänischer Horizont um halb sechs. Ich gehe barfuß durch den Garten, strecke mich, vermisse die vertraute Verspannung im linken unteren Rücken. Ich genieße Tau, Frische, Morgensonne und merke, wie Sarkasmus über »achtsamen Eso-Scheiß« aufsteigen will. Rasch eine SMS nach Hause, dass hier keine Sektenexzesse abgehen, bis jetzt jedenfalls nicht. Mails? Nee. Keine Lust auf online. Auch neu. Die Welt jenseits der Hecke ist mir egal.

Im Saal wird Chakren-Atmung angeboten, eine gute, alte Osho-Meditation. Die sieben Chakras – Perinäum, Nabel, Solarplexus, Herz, Kehle, Stirn, Scheitel – markieren energetische Knotenpunkte im Körper, jeder mit eigener Qualität, Farbe, Schwingung. Medizinisch vielleicht nicht korrekt, aber ein gutes Bild, um Körper, Geist und Seele zu ordnen.

Bei der Meditation wird der Atem vom untersten zum nächsthöheren Chakra gelenkt, dabei immer schneller atmen, dann langsam runter, wieder hoch, drei Mal, eine Stunde lang, die Augen geschlossen. Irgendwann bin ich drin, löse mich auf. Wow. Warum mache ich so was nicht jeden Morgen?

Frühstück vegetarisch, klar. Es gibt zwei Sorten Teilnehmer: Die Kaffeetypen sind in den Vierzigern, berufstätig, Mütter knapp vor, Väter kurz nach der Trennung, Medien-, Marketing-, Computerleute, ernüchtert in Routinen. Die Teepartei ist um die dreißig, Yoga-affin, Heilberufe, kaum Kinder, Weltretter. Alle suchen Sinn, alle haben gestern zum Start versprochen, ehrlich mit sich und anderen zu sein, offen, verletzlich. Angenehm wenig Geschwätz. Nicht ohne Mühe halte ich meinen Ironiekasper eingesperrt.

Dieselbe kleine Gruppe, die sich voreinander ausgezogen hat, trifft sich jeden Morgen zum Austausch, meine kleine Familie. Wie fühlst du dich? Wie war die Nacht? Je fünf Minuten Redezeit; keine Kommentare, keine Fragen. Ich spreche über meine Konfusion: Ich weiß, dass ich zu schnell, zu oberflächlich, zu unbewusst lebe. Egal, was ich mache, im Kopf bin ich schon bei der nächsten Aufgabe. Statt hier und jetzt bin ich woanders und später. Halt doch einfach mal an, blödes Leben, damit ich mich fühlen kann, als Mensch, als Mann. Meine kleine Familie guckt mich mitfühlend an.

Nasse Flecken auf meinem Hosenbein. Ich habe geweint, ohne es zu merken.

Wüste Musik aus dem Gruppenraum. Alle tanzen. Mein Körperpferd will stampfen. Sieht definitiv nicht cool aus. Was die anderen denken? Mir egal. Aufgabe des Tages: nicht immer sofort be- und vor allem abwerten, einfach nur liebevoll wahrnehmen. Ein muskulöser Finne macht Liegestütze, ein paar Frauen umtanzen ihn. Angeber. Das war keine Bewertung, sondern eine Feststellung.

Dann der große Morgenkreis: vierzig Teilnehmer, eine Handvoll Assistenten, drei Trainer. »Take a deep breath.« Wer mag, darf reden, aber bitte in Ich-Botschaften. Auf Resolutionen ist zu verzichten. Die Nachtaufgabe hat den wenigsten Vergnügen bereitet. Dabei kann »enjoy yourself« alles Mögliche bedeuten, und sei es der Blick aus dem Fenster auf die wogenden Bäume. Reingefallen, auf meinen eigenen Leistungswahn. Orgasmusfixierung könne eine Qual sein, sagen Sexualwissenschaftler. Orgasmusmangel aber auch, entgegnet der Alltag.

Eine Yoga-Frau erzählt, wie schmerzhaft sie die Kluft zwischen ihrem fordernden Geist und einem erschöpften Körper wahrgenommen hat. Viele nicken. Trainer Dez Nichols weist auf eine Dysbalance: Wie oft befiehlt der Kopf, auch wenn Körper oder Seele etwas anderes wollen. So wachsen über Jahre Blockaden.

Erste Übung des Tages: Konfrontiere deinen Nachbarn mit einer möglichst absurden Bitte, und findet dann auf gemeinsames Terrain. Ich frage einen bärtigen Engländer, ob er mir sein Auto schenkt. Nein, sagt er, aber er würde es mir leihen. Sehr gut – ein Kompromiss. Dann fragt mich eine ältere, attraktive Schwedin, ob ich in der Mittagspause Sex mit ihr wolle. Klar, sagt mein Ego. Mein Anstand tut, als zögere er. Meine Seele will Geborgenheit. Meine Männlichkeit würde sich gern erst mal wieder finden. Mein schlechtes Gewissen denkt an zu Hause. Interessant: eine Frage, so viele Antworten.

Und was will ich wirklich? Wo sind meine Grenzen? Meint sie das überhaupt ernst? »Lass uns spazieren gehen«, sagt meine Intuition. Sie nickt. Gemeinsames Terrain. Fühlt sich gut an. Wir umarmen uns, erst vorsichtig, dann intensiver, aber ohne spürbare Absicht. Take a deep breath. Ich genieße das Gefühl, mein Nähebedürfnis gestillt, aber zugleich meine Integrität bewahrt zu haben. Gelingt mir im richtigen Leben viel zu selten.

Lunch am Tisch von Cheftrainer Baba Dez Nichols, 61, Freak, Kalifornier, Surfer, Polyamorist, Tantraguru, ein austrainierter Freak, beneidenswert faltenarm. Hing fünf Jahre lang bekifft in einer Hütte im Urwald von Hawaii, wurde mit Algenpulvern und anderen Superfoods wohlhabend, ist seit über zehn Jahren unterwegs, um dieses Training in die Welt zu tragen, das er selbst entwickelt hat.

Er sieht aus wie Winnetou, ein britisches Öko-Magazin nannte ihn »the world's sexiest healer«. Der provozierend entspannte Nichols macht Männer aggressiv, die an ungelebtem Leben leiden, weil er eine perfekte Projektionsfläche bietet. Ich wollte anfangs einen Scharlatan sehen, der sich in Workshops auslebt und sich dafür auch noch bezahlen lässt, einen Blender, typisch amerikanisch-oberflächliches Windei. Was man so in einen Kerl hineinhasst, auf dessen Lebensstil man neidisch ist.

An Nichols' Seite coacht Elaine Young, 48, eine Atem- und Orgasmus-Trainerin aus London mit Marianne-Faithfull-Stimme, die herrlich offen und höchst kundig über die Vorzüge verschiedener Dildo-Designs spricht. Der Nachwuchstrainer heißt Binoy Milton d'Souza, 35, geboren in Goa. Er war im ersten Leben Ingenieur, im zweiten als Tango-Profi unterwegs, im dritten ist er jetzt mit Herz, Leib und Seele Coach-Lehrling.

Die drei lachen etwa fünfmal so viel wie Durchschnittsmenschen, sondern bemerkenswert wenig Smalltalk-Bullshit ab und sind offenbar nie gestresst, auch wenn sie jede Woche woanders auf der Welt lehren.

Für das einwöchige Training »Spiritual Sexual Shamanic Experience« hat sich Nichols bei Tantra und Buddhismus bedient, bei Hirnforschung, Feminismus, Soziologie, Paar- und Sexualtherapie, David Deida sowie in der Abteilung für Lebenshilfe in der nächstbesten Bahnhofsbuchhandlung. Jeder Tag ist voll Meditation, Ritual, Tanz, Lektionen. Anhänger des Bhagwan erkennen einen Hauch von Poona wieder, vor allem die Elemente des Tantra, die sich durch viele asiatische Lehren ziehen, im Westen aber vorwiegend auf die Jagd nach Superorgasmen reduziert werden. Das stimmt zum Teil, denn Tantra betrachtet sexuelle Energie als göttliche Lebenskraft und die Vereinigung als Gebet.

Aber Tantra ist größer. Das Wort stammt aus dem Sanskrit, bedeutet Zusammenhang, Einheit, Gewebe und basiert auf der Idee, dass unsere Welt aus einer einzigen Quelle stammt. Polaritäten wie Yin und Yang, Shiva und Shakti, Yoni und Lingam sind keine Gegensätze, sondern bilden durch ihre Wechselwirkungen das Eine, Göttliche ab. Tantriker sehen das Universum als Netzwerk von tanzenden Energien, die auch durch den Körper fließen, sofern nicht Ego, Muster, Traumata blockieren.

Tantra bietet eine vereinende, integrierende, liebevoll akzeptierende Weltsicht, Gegenentwurf zu einer von Idioten polarisierten Welt. Liebe ist die Basis für alles, das Sein im Hier und Jetzt die tägliche Aufgabe, Autonomie und Verantwortung die Grundhaltung. Vor allem aber ist Tantra zunächst einmal ein Grundkurs in gutem Benehmen: Ich bin okay, du bist okay, wir sind okay. Weil alle alle lieben, bestehen weder Besitzansprüche noch Eifersüchteleien. Das ist der polyamore Teil, theoretisch ganz gut nachzuvollziehen, bei der praktischen Anwendung sieht es schwieriger aus.

Die ehernen Gesetze des Tantra lauten: Tue nichts, was dir schadet. Tue nichts, was anderen schadet. Tue nichts, was der Welt schadet. Das Göttliche ist als Liebe in dir. Höre auf dich. Vertraue dir. Lasse dich nicht manipulieren und manipuliere andere nicht. Könnte von Jesus sein.

Das Ziel: innere Ruhe, Leichtigkeit, »Ease«.

Das Vorgehen: die eigenen Schatten in Körper, Geist, Seele aufspüren, ob Glaubenssätze aus der Kindheit, gesellschaftliche, kulturelle, religiöse Muster, und sie durch liebevolles Umarmen zur Strecke bringen.

Methode: eine Menge Übungen, Rituale, Meditationen, die zum Ende hin auf wundersame Weise in ein Fest der persönlichen Freiheit münden, bei jedem anders, bei fast keinem ohne Wirkung.

Geeignet: für jedes Alter, jede Religion, jedes Mindset, jeden, der Spaß hat, seine innere Wildheit zu befreien. Aber: Kenne und respektiere deine Grenzen. Sage ehrlich Ja oder Nein. Jedes ehrliche Wort ermutigt andere, sich ebenfalls zu öffnen. Regel für die kommenden Tage: Ein Ja ist ein Ja, ein Nein ist ein Nein, ein Vielleicht ist auch ein Nein. Nichts passiert hier ohne Konsens, nicht mal die leichteste Berührung. Jede Meinung kann jederzeit ohne Angabe von Gründen geändert werden.

Jedem steht frei, wie weit er oder sie gehen mag.

Und ich? Weiß noch nicht. Alles etwas viel gerade. Aber eines wird mir langsam klar: Ich kann dieses Leben aus ganz anderen Perspektiven betrachten als der des deutschen Durchschnittsparanoikers. Ich könnte zum Beispiel meine Bedürfnisse ehrlich formulieren, meine Bedenken, meine Grenzen. Und nicht immer alles schweigend voraussetzen wie daheim oder ausgedachte Erwartungen zu erfüllen versuchen.

Später stünde ein spannendes Ritual an, verspricht Dez. Lange Schlangen vor den Duschen.

Abendsonne im Saal und ein Hauch von Panik. Warum liegen Matten im Kreis? Jeder soll sich sein Nest bauen. Die Aufgabe: kollektives Self Pleasuring. Hurra, denkt mein innerer Halbstarker, um sofort ängstlich zu werden. Schon wieder die Obsession vom Höhepunkt, Trottel. Dez erklärt die Regeln: In der Mitte wird gemeinsam getanzt, auf der Matte individuell geschubbert, hinter der Matte ist neutrale Zone, von wo aus nur beobachtet wird. Nichts muss, alles kann. Ich könnte jetzt aus dem Fenster gucken und so tun, als sei ich total glücklich damit.

Die Trainer haben sich ausgezogen, ein Drittel der Teilnehmer auch, ich spiele erst mal auf Zeit. Ein weiteres Drittel lässt die Unterwäsche an, der Rest mehr. So viele Aufgaben auf einmal: Kümmere dich nicht um die anderen, bleibe bei dir, spüre in deine Ängste und Vorbehalte. Und hab Spaß. Klar.

Ich hocke im Schneidersitz auf meiner Matte, schließe die Augen und spiele Meditation. Vorsichtiger Blick ringsum. Meine Nachbarin hat offenbar in Kokosfett gebadet, eine Hand zwischen die Beine geschoben und schnurrt. Die spielt doch. Der Schönling neben mir reibt ebenfalls an sich herum. Protz, dämlicher. Und ich? Weiß noch nicht. Mir war bislang nicht so klar, wie sehr ich mein Verhalten und das Verhalten anderer permanent abgleiche.

Verflucht: Eine Gruppe fröhlich-enthemmter Menschen gehört zu meinem Arsenal gemäßigter Fantasien, seit ich den ersten Fellini-Film sah. Und jetzt, mitten im Paradies, fühle ich mich ungeil wie ein Nacktmull. Die Frauen werden mich von ihrer Beuteliste streichen. Die Männer lachen über mich. Ich denke an die Worte von Dez: »Nutzt die Energie der Gruppe.« Ich verstehe: Die Gruppe spiegelt mir die Tücke meiner Gedanken. Danke schön. Männlichkeit kann sich so unendlich klein anfühlen.

Ich wäre so gern ein Sexgott, umworben und gewährend. Aber ich fühle Peinlichkeit, Schüchternheit, Einsamkeit, will in den Arm genommen werden. Immerhin: Ich bin nicht allein. Auf einer Erregungsskala von 0 bis 10 ist ringsum alles dabei, wobei meine ölige Nachbarin Richtung 12 unterwegs ist. Für einen Moment kann ich loslassen und freue mich über die wunderbare Energie des Augenblicks. Ich muss gar nichts, ihr blöden Erwartungsdämonen.

Tag 3

Wieder fünf Stunden Schlaf. Schon zweiundsiebzig Stunden ohne Routinewein. Was, wenn jemand gestern Abend heimlich gefilmt hat? Was, wenn es mir scheißegal ist, weil ich endlich so sein kann, wie ich will, und die anderen auch? Auf dem Trampolin im Garten springt ein Software-Entwickler. Nackt. Lacht. Winkt.

Zur Morgenmeditation marschieren wir schweigend durch einen Birkenhain. Klappe halten, Energie der Natur spüren. Ich halte minutenlang einen weißen Stamm umschlungen, meine Wange an die Rinde geschmiegt und schäme mich für all meine blöden Mackersprüche über Menschen, die Bäume umarmen.

Mit meinem Frühstücksbrei setze ich mich gut sichtbar unter eine Birke im Garten, demonstrativ allein, in der Hoffnung, dass sich jemand zu mir setzt. Ist ja wohl klar zu erkennen, dass ich mich einsam fühle. Keiner kommt. Die Gruppe hasst mich. Take a deep breath. Äußere deine Bedürfnisse, klar und deutlich, anstatt dir Quatsch auszumalen. Wenn du Gesellschaft willst, dann frage jemanden, ob du dich dazusetzen darfst.

In unserer Familienrunde heult eine Frau, weil sie sich gestern Abend nicht mal ausgezogen hat; dabei fand sie sich immer so liberal. Eine andere heult mit, weil sie nicht erregt war. Unser Israeli grinst, weil er wie ein Derwisch getanzt hat, ganz nackt, das Abgefahrenste, was er je in seinem jungen Leben gemacht hat. Ich denke an Poona, Flower-Power, Kommune 1 – war nicht alles schlecht früher. Ich gestehe, dass ich mich einsam fühle. Die anderen nehmen mich in die Mitte. Ich spüre die Wärme, heule und hasse mich statt die Gruppe.

Große Morgenrunde. Wildes Geplapper. Für die einen war die Party einer der großartigsten, für andere einer der furchtbarsten Momente im Leben. Coach Dez lächelt. Langsam wird die Botschaft klar: Es geht nicht um die anderen, es geht allein um mich. Was passiert in meinem Kopf, in meinem Körper bei einem vergleichsweise harmlosen Spiel? Die

Dramen passieren ja nicht auf der Matte, sondern werden vom Hirn erst groß inszeniert. Des Menschen Zentralorgan, sagt Dez, sei aber das Herz, nicht das Hirn, und bedingungslose Liebe der Schlüssel zu allem.

Aber wie? Zum Beispiel nervt mich vom ersten Tag an ein Glatzkopf, der pausenlos Banalitäten im Zirkel verbreitet, schlechte Witze macht und dann Beifall heischend in die Runde guckt. Die anderen lachen, wenn er sich wieder zu Wort meldet. Einfach Fresse halten, denke ich. Frage an Trainer Binoy, ob ich den Nervbolzen in großer Runde kritisieren dürfe, weil er bestimmt auch anderen auf den Zeiger gehe. Der Coach wird mich loben, weil ich für die Gruppe denke. Doch Binoy bremst. »Sprich mit ihm direkt«, rät er, »und frage dich vorher selbst, warum dich sein Verhalten so bewegt.«

Widerwillig frage ich mich. Ich finde den Typen halt scheiße. Typisch Attention Seeker, Spätpubertierender, ewiger Klassenclown … Stopp, halt mal! Aufmerksamkeitsheischer … Spätpubertist … sind das nicht die Worte meiner Frau, seit sie mich kennt? Nerve ich die Menschheit etwa genau so wie dieser Glatzkopf? Schraube ich mich gerade in klassisch männliches Rivalitätsdenken? Ob er auch der Kleinste in einer Großfamilie war, der dauernd auf sich aufmerksam machen musste? Ich werde mich mit ihm zu einem Austausch verabreden. Und sollte mal wieder zu Hause anrufen.

Trainer Dez erklärt die Aufgabe des Vormittags: Ran an die Gefühle, indem wir Kissen verprügeln, in die Hände schreien, wie Klageweiber den Oberkörper zurückwerfen und jammern, wie Kleinkinder mit allen vieren auf den Boden kloppen – emotional release. Alles muss raus. Keine Federkissen, warnt Elaine.

Und was ist, wenn ich weder Wut, Traurigkeit, Angst, Hass verspüre? Ich mag keine negativen Gefühle, sage ich. Kein Mann mag negative Gefühle, sagt die Wissenschaft. Es gebe keine negativen Gefühle, entgegnet Dez, nur Gefühle.

Die Kunst bestehe darin, jede Emotion wahrzunehmen, nicht zu bewerten, kommen und gehen zu lassen und sich klarzumachen: Ich habe Emotionen, aber ich bin nicht meine Emotionen. Großer Satz. Merken.

Zunächst stellen wir uns auf dem Kissen vor uns einen Menschen vor, mit dem wir eine Rechnung offen haben. Wir sollen ihm Zorn, Trauer, Ekel entgegenschleudern. Dann die Rolle wechseln: Was könnte mir dieser Mensch entgegnen? Ich denke sofort an meinen Vater und feuere mein Arsenal an Standardvorwürfen ab. Als ich er bin, werde ich leise, bitte um Verständnis, erkläre mich und meine Schwächen. Heavy Metal dröhnt durch den Raum. Ich bin erst wütend, dann traurig. Pfropfen im Hals. Ich stelle fest, dass ich ein offenes Vater-Sohn-Gespräch nie erlebt habe, nie. Ich muss heulen. Jungs weinen nicht.

Die Dänin neben mir wirft die Arme zurück und jammert. Ich schäme mich für meine Verklemmtheit und klopfe unentschlossen auf den Kissen herum, stehe auf, stampfe, kreische in meine Hände. *Mutter* von Rammstein. Plötzlich öffnet sich etwas. Ich muss an den schmierigen Lateinlehrer von früher denken. Die Eltern meiner ersten Freundin, denen ich nicht gut genug war. Immer dieses Gefühl, nicht zu genügen. Und ich Idiot, der sich nie gewehrt hat. Wie mein Vater. Hass wühlt sich meine Kehle hoch. Ich prügele die Kissen windelweich. »Du Schlappschwanz! Du feige Sau! Du verkacktes Nichts!« Ich meine mich. Seit Jahrzehnten verdrängte Gesichter, Szenen, Sätze blubbern wie aus einer Jauchegrube. Ich stampfe und brülle, bis sich meine Kehle blutig anfühlt, ich presse mir das Kissen vors Gesicht und brülle weiter.

Die Musik wird lauter. »Let it out«, ruft Dez ins Mikrofon, »let it out.« Und vierzig arme Seelen lassen es raus. Wir schreien, wir heulen, wir klagen. Wer noch nicht auf Temperatur ist, wird von den anderen mitgerissen. Fluchen, Wüten, Pöbeln in einem Dutzend Sprachen. Keine Ahnung, wo der ganze Mist auf einmal herkommt. Ich bin eine Zeitbombe.

Ich brülle »F*** dich, du Scheißf***! Verpiss dich und komm nie wieder, nie, nie, nie.« Ich weiß nicht mehr, wen oder was ich meinte. Aber es war mir verdammt ernst. Premiere. In dieser dunklen Ecke meiner Gefühlswelt bin ich noch nie gewesen.

Ich umarme das Kissen, ziehe mir eine Decke über den Kopf und schluchze. Der Lärm tobt unvermindert. Ich kann nicht mehr, alles tut weh.

Langsam wird's leiser. Ich luge. Der Saal sieht aus wie nach der Schlacht um Mordor. Elaine legt mir eine Hand auf die Schulter. »Good job.« Ich greife ihre Hand. Lass mich jetzt nicht los. Was geht hier ab? Was habe ich all die Jahre in mich reingefressen? Oder läuft hier gerade eine Massenhysterie, und ich bin gar nicht ich? Take a deep breath.

Traumloser Mittagsschlaf. Ich wache auf, weil jemand im Nachbarzimmer lauthals jammert und irgendwas verprügelt. Hoffentlich kein Federkissen.

Am Abend läuft *Dangerous Beauty*, ein Film über die Kurtisane Veronica, die mit ihrer Liebeskunst alle mächtigen Männer im Medici-Venedig begeistert hat, um dann von der Inquisition zum Tode verurteilt zu werden. Wir liegen wie Welpen in einem Haufen verprügelter Kissen und verheulter Decken. Mein Kopf ruht auf einem haarigen Bauch, mein Bein ist mit zwei anderen verschlungen, meine Hand streichelt etwas, das sich wie ein Schlüsselbein anfühlt, jemand fährt sanft durch mein Haar. Normalerweise wäre längst das Kopfkino losgegangen: Wem gehört das Bein, was liegt unterm Schlüsselbein? Darf ich das? Geht mehr? Krault da ein Schwuler an mir rum?

Und jetzt? Einfach liegen, schnurren, spüren. Wie entspannend. Auf dem Weg ins Bett umarme ich fünf Menschen, lange, schweigend, wohltuend. Faszinierend, wie intensiv eine Umarmung sein kann, wenn keiner der Beteiligten aus der Umklammerung fliehen will, sondern beide tief in sie hineingehen. Herzen pochen aneinander. Take a deep breath. Ich werde beim Umarmen nie wieder auf des Partners

Rücken klopfen. Wir sind ja nicht beim Judo. Im Nachbarzimmer wird glücklich gestöhnt. Emotional release. Statt männlichem Konkurrenzzorn spüre ich Mitfreude. Irre, dass ich so was kann.

Tag 4

Mitten in der Nacht aufgewacht von wilden, alten Träumen. Erstes Knutschen im Schwarzlicht, schmerzhafte Einsamkeit, Teenager-Traurigkeit. Lachhaft, ja, sitzt aber tief. Kurz vor drei. Draußen legen die Vögel los. Umarme die Traurigkeit, anstatt dich ins WLAN zu flüchten. SMS nach Hause: »Fühle mich allein.« Ich habe Gefühle, aber ich bin nicht meine Gefühle. Denn die ändern sich dauernd. Heute Morgen trägt der Software-Brite auf dem Trampolin eine Mohnblüte hinterm Ohr. Einsamkeit weg, Fröhlichkeit da.

Der Tag beginnt mit »schamanischem Atmen«. Klingt so bescheuert wie spannend. Ab auf die Matte. Zu Trommeln und krächzigem Singsang sollen wir immer schneller hecheln. Dann Atem anhalten, gaaaaanz lange. Jedes Gefühl sei willkommen, sagt eine ruhige Frauenstimme. Schon wieder diese Emotionen. Ich spüre unbändige Wut. Schamanenscheiße, elende. Ich will Kissen verprügeln, begnüge mich aber mit Schreien in die zusammengerollte Decke. Links Schluchzen, rechts hysterisches Lachen, vor mir Zornesbrüllen. Woher kommt all der Mist? Noch zwei Runden.

Am Ende lache ich über meine Storys, in denen ich immer Opfer bin. »Beweg deinen Arsch«, brülle ich mich an, »beweg endlich deinen Arsch.« Mein Leben, mein Leben, mein Leben. Nimm es endlich an. Worauf wartest du? Wer ist jetzt wieder schuld? Wovor hast du Angst? Spring! Jetzt! Wackelige Beine, dabei hat der Tag noch gar nicht richtig angefangen. »Schamanenscheiße.« Lustiges Wort. Leichtigkeit. Wieder hat sich eine Schicht Altlack gelöst. Panik. Was bleibt, wenn alle Schichten verschwunden sind? Wer bin ich ohne meine Glaubenssätze, Ängste, Morgenkaffees?

In der großen Runde sammeln wir geschlechterspezifische Qualitäten. Wärme, Dialog, Fürsorge ist feminin. Kraft, Mut, Verantwortung ist maskulin. Bullshit, ruft eine mittelalte Schwedin. Als dreifache Mutter fühle sie jede Menge Kraft, Mut und Verantwortung. Ich reklamiere Wärme, Dialog und Fürsorge für mich. Trainer Dez grinst. Die alte Klischeefalle.

Tantriker gehen davon aus, dass jeder Mensch eine innere Frau und einen inneren Mann in sich trage, in verschiedenen Anteilen und Ausprägungen. Jede Beziehung sei quasi ein Vierer, erklärt Coachin Elaine, und meist sei keiner der vier richtig erwachsen. So komme es zu zahllosen pubertären Konflikten, in der Partnerschaft, unter Kollegen, zwischen Kindern und Eltern. Ich spüre in meine maskuline Seite: Ein Hooligan mit schlechten Zähnen taucht auf. Meine feminine Seite fühlt sich an wie eine rosa Prinzessin. Bier und Bengalo trifft Hyperempfindlichkeit. Interessante Idee, dass sich meine innere Frau und der innere Mann meiner Gattin begegnen. Ob die sich auch geheiratet hätten?

Wir stellen uns in zwei Reihen auf, Gesichter einander zugewandt. Konstanter Blickkontakt. Wir sollen uns in heikle Situationen hineinfühlen: Schützengraben, tödliche Kugel, Lawine. »Kann ich dir vertrauen, Bruder?«, frage ich eine zierliche Studentin. Sie nickt, voller Ernst. »Kann ich dir vertrauen, Bruder?«, fragt sie zurück. Ich schlucke. Kann mir eine Frau vertrauen? Nehme ich sie ernst? Nehme ich mich für voll? Ich spüre, wie tief das Misstrauen wurzelt. Frauen wollen doch nur … kennste eine … Mutti oder Schlampe … Die ewige Geschlechterstreiterei hat ein großes schwarzes Loch des Selbstzweifels in meine Seele gerissen.

»Kann ich dir vertrauen, Bruder?«, fragt die Studentin noch einmal und fixiert mich. Ich würde es mir wirklich wünschen, denke ich traurig. Die alten Rollen, das täglich eingepeitschte Gegeneinander haben mich zermürbt. Der wichtigste Friedensschluss der Welt? Nein, nicht zwischen Palästina und Israel, nicht zwischen Süd- und Nordkorea, sondern zwischen Männern und Frauen.

Ich nicke. »You can trust me.« Nicht ich sage das, sondern mein Herz. Unsere nassen Augen haben sich aneinander festgesogen. »Ich glaube dir«, erwidert sie. Leichtigkeit. Glück. Liebe. Willkommen in der Bruderschaft, starke Schwester. Fühlt sich an, wie aus einer endlosen blutigen Schlacht nach Hause zu kommen. Nur erwachsene Männer können Frauen als Brüder betrachten, sagt Dez. Und umgekehrt. Die Anmut der paradoxen Logik.

Danach nehmen die Frauen die Männer in die Sisterhood auf. Ein tätowierter Hüne aus Tschechien steht mir gegenüber. Weniger Frau geht nicht. Coachin Elaine sagt, dass es völlig egal sei, wer sich gegenüberstehe, weil eh jede/r beides sei. Mein innerer Kasper schweigt, der Tscheche scheint ergriffener als ich und zieht mich mit. Frieden mit Frauen, zelebriert unter Männern – wie kraftvoll dieses Gefühl ist, wenn man es zulässt.

»Hallo sister …«, simse ich nach Hause. Antwort: »???« Zuhause ist neugierig. Aber ich verrate nichts. Da soll sie mal schön selbst durch. Wir haben trotzdem das beste Telefonat seit Langem.

Unbekannte Milde, tiefe Ruhe, unaufgeregtes Starren zum Horizont. »May I?«, fragt die Bankerin. Wir sitzen auf einer Gartenbank und halten Händchen, unsere Männer, unsere Frauen.

Habe ich ihre Sympathie überhaupt verdient? Wieder so ein toxischer Männersatz, der seit Kindheitstagen durchs Unterbewusstsein nagt. »Hast du das denn auch verdient?«, fragte mein Vater an jedem Weihnachtsfest, wenn ich aufgeregt das Geschenkpapier zerfetzte. Bis heute ist die unterschwellige Botschaft geblieben: Du hast dich nicht angestrengt. Das war nicht genug. Du bist es nicht wert. Das tückische Spiel mit dem schlechten Gewissen, verinnerlicht seit Ewigkeiten.

Am Abend sitzen wir einander gegenüber und penetrieren uns, nur mit Blicken und Gedankenenergie. Ich habe den Muskelfinnen erwischt und sage ihm, dass ich seinen Bizeps ziemlich eindrucksvoll fände. Was ist denn nun schon wieder los? Ich habe einem anderen Kerl noch nie ein Kompliment gemacht, schon gar nicht, wenn er in irgendwas besser war als ich. Gewöhnlich ignorieren magere Bizepse die dicken Oberarme, um sie zu bestrafen. Wir dagegen schieben eine fröhliche Gedankennummer, johlen und stöhnen. Dabei haben wir uns gar nicht angefasst.

Tag 5

Die Männer achten inzwischen deutlich mehr auf ihr Äußeres, alberne Statement-T-Shirts und Stoppelbärte verschwinden, stattdessen Umhänge, Schals, fließendes Gewand. Die Frauen gehen aufrechter. Weniger Smalltalk, mehr Ernst, weniger Scherzen, mehr Lachen. Die Gruppe ist in einem kollektiven Herzraum zusammengerückt. Respekt und Vertrauen breiten sich aus, aus Gegeneinander-Kommunikation wird ein Miteinander-Gespräch.

Eine Frau klagt, dass das Nein einer Frau von Männern nie respektiert werde. Die Jungs gucken betreten zu Boden, ich auch. Ganz ruhig fragt Trainerin Elaine in die Runde, welche Frau in ihrer Kindheit gelernt habe, dass ein schnelles Ja gleichbedeutend sei mit »Schlampe«, dass Mädchen sich rar zu machen hätten, selbst bei einer unverfänglichen Einladung zum Eisessen. Vielfaches Nicken. Männer, so Elaine, lernten daraus wiederum, dass es verschiedene Neins gebe, von denen einige »Vielleicht« bedeuten könnten oder mit Beharrlichkeit, Komplimenten und Schirmchen-Getränken sogar in ein Ja zu verwandeln seien. Ein Nein sei ein Nein, sagen Frauenrechtlerinnen. Völlig richtig, sofern es ehrlich, klar und ohne doppelten Boden gedacht und gesprochen wird. Andernfalls kommt es zu einem Ja-Nein-Durcheinander, das erstens für Verwirrung sorgt und zweitens eine Einladung zu absichtsvollen Missverständnissen sein kann.

Eine österreichische Bankerin erzählt stockend von zahllosen Ja-Nein-Vielleicht-Nächten, in denen sie sich zunächst verweigert habe, um sich dann bereitwillig abfüllen und abschleppen zu lassen. Betäubungssex, mit dem Minimalresultat, dass überhaupt was passiert sei. Betretenes Schweigen. Danke für die Offenheit. Ein Schwede druckst herum, er habe da mal eine Frage. Dann berichtet er aus seiner Teenagerzeit, als sich zwei Jungen, zwei Mädchen und einige Flaschen Likör bei ihm zu Hause trafen. Eltern ausgeflogen, sturmfrei. Man hörte Musik, flirtete, lachte und trank. Ein Junge und ein Mädchen verabschiedeten sich gegen Mitternacht. Das verbliebene Mädchen kicherte viel, wollte aber offensichtlich keinen Geschlechtsverkehr. Mehr Likör. Mehr Kichern. Weniger Gegenwehr. Ach komm, ist doch nicht schlimm.

Der Schwede weint, als er erzählt, dass das Mädchen sich hinterher nie bei ihm und seinem Kumpel beschwert habe. Gleichwohl fühle er sich als Vergewaltiger. Er habe das Lallen einer Betrunkenen wider besseres Wissen als Konsens interpretiert und ausgenutzt. Er schäme sich so. Die Tränen nehmen kein Ende. Schweigen. Jede/r folgt dem eigenen Kopffilm. Der Schwede bedankt sich. Er habe zum ersten Mal seit dreißig Jahren über diese Nacht gesprochen. Er werde die Frau von damals suchen, um mit ihr zu reden. Guter Mann.

Abschlusszirkel. Die kollektive Energie der Gruppe hat sich fundamental gewandelt. Keiner kann genau sagen, was passiert ist, aber Aggression ist verschwunden, Floskelschwatz auch, dafür sind Zuwendung und Klarheit eingezogen, aber auch der Mut, anzusprechen, was zwickt. Wir sind jetzt ein Stamm – die autonomen Krieger der Liebe.

Drei Dutzend sehr verschiedene Resümees. Alle Anfangsskepsis ist verflogen, kaum Kritik, viel Dankbarkeit. Fast immer heißt es: Amazing Transformation. Most important experience of my life. Should have done it twenty years earlier.

Der Muskelfinne erklärt, dass er seinen Körper als Schutzwall gezüchtet habe gegen Angst und Einsamkeit. Er habe viele Workshops hinter sich; dieser hier sei mit Abstand sein bester gewesen.

Zum Abschied überall Aufbruchsversprechen. Manche wollen ihren Job kündigen, andere ihre Beziehung beenden oder restaurieren. Ich will mein Mannsein wieder spüren. Mal sehen, was bleibt.

Bilanz nach einer Woche

Meine Kommunikation hat sich verändert: mehr reden, mehr zuhören, Gefühle wagen, Erwartungen wahrnehmen, weniger Huschhusch zwischen Tür und Angel. Bewusster konsumieren. Vom Pavianfelsen herabklettern. Vom Fitnessstudio abgemeldet. Morgens früher aufstehen und raus. Kontoauszüge durchgegangen, alle Abos gekündigt bis auf die Tageszeitung. Viel häufiger Nein gesagt, aber auch viel überzeugter Ja. Kleiderschrank entmistet. Ruheinseln geschaffen ohne schlechtes Gewissen. Zum ersten Mal seit Ewigkeiten klar geäußert, was ich von meiner Ehe erwarte, als Kopf, Seele, Körper, Herz. Was ich bereit bin zu geben. Und was ich nicht länger ertrage. Es war befreiend. Smartphone immer wieder ausgeschaltet. Pflichttermine abgesagt mit Menschen, die ich nicht wirklich mag. Ich bin zum ersten Mal seit Jahren bei mir, auch weil ich mir nicht dauernd Vorwürfe mache. Mut zur Milde. Nein, keine Ironie.

Bilanz nach zwei Monaten

Manches ist verblasst. Zentrale Botschaften bleiben: Tue dir, deinen Nächsten, der Welt nichts Böses an. Bleibe in deiner Wahrheit. Nimm dir Zeit für dich. Was brauchst du wirklich?

Meine Frau war inzwischen auch im Workshop. Seither fahnden wir den unzähligen Momenten passiver Aggression hinterher, unterschwelligen Vorwürfen, dem Gepiekse. Meine Frau und ihr Mann lernen sich langsam kennen. Wir reden, reden, reden. So viele Missverständnisse, die abzubauen sind.

Das Leben ist aufgeräumter geworden, Rückfälle gibt es dennoch. Aber ich sehe die alten Muster und verurteile mich nicht sofort. Es ist kein völlig neues Leben, aber ein Anfang. Und eine Richtung. Ich spüre und mag mich sogar, als Mann, als Mensch, als Partner, Vater. Ich könnte mir vorstellen, mein Freund zu sein. Es ist, als ob eine alte Liebe wieder aufgetaucht ist. Da geht bestimmt noch was. Wenn es mir gelingt, die Offenheit beizubehalten.

»Kastrierte Ochsen«
Warum Männer-Bashing keine Lösung ist

Schon wieder Angst vor Peinlichkeit. Warum tue ich mich so schwer, Gerechtigkeit für Männer einzufordern? Von ferne dröhnt der feministische Hohn: Du Lappen, jetzt jammer nicht noch. Irgendwas nagt da, vermutlich ein unterbewusstes schlechtes Gewissen: Bin ich nicht auch so?

Achtung, Warnhinweis: Jetzt kommt deutscher TV-Humor. Die bayerische Unterhalterin Monika Gruber erntet Brülllachen, wenn sie über »zu viele kastrierte Ochsen« juxt, die mit »Schürze am Herd« stehen und »die Kellertreppe feucht wischen«. Nein, »Elternzeit ist nicht cool«, sagt Frau Gruber und wünscht sich den alten Mann zurück, der »zur Höhle rausgeht und einen blutigen Fetzen Fleisch nach Hause bringt«. Könnte von Lutz Bachmann sein.

Wir machen den Humortest und wechseln die Perspektive, tauschen also »Mann« gegen »Frau« und hören noch mal rein: »Ich bin echt genervt von all diesen frigiden Karriereweibern, die im Kostümchen in der Business-Lounge rumhängen und in ihr Schnurmikrofon bellen. Nein, eine Frau als Chef ist nicht cool. Die hat doch dauernd ihre Tage. Ach, bekäme ich doch die Hausfrau zurück, die sich schön macht und abends mit Schnittchen auf mich wartet.« So viel Klischee würde nicht mal Fips Asmussen bringen.

Nennt mich Pussy, aber mir geht die Abwertung des Mannes, ganz gleich, ob im Comedy-Geschäft oder als ernstes politisches Programm, gehörig gegen den Strich. Gleichstellung heißt doch nicht, das Kanonenrohr einfach umzudrehen. Frauen beharren zu Recht darauf, aggressives Denken, abwertende Sprache und die Stereotypenarsenale aufmerksam zu betrachten, zu hinterfragen und gegebenenfalls zu korrigieren. Das deutsche Halbbildungsbürgertum verengt die Debatte an diesem Punkt gern auf den »Unsinn« mit Binnen-I und Gender*-Sternchen, aber die Kernaufgabe für Mann und Frau bleibt: Redet etwas gepflegter mit- und übereinander und habt im Blick, welchen Beitrag die Sprache zu Rollen und Mustern und Machtverhältnissen leistet. Wir befinden uns keinesfalls in einem Geschlechterkrieg, sondern in einer Geschlechterverwirrung, die wir nur gemeinsam ordnen können. Gegenseitige Anerkennung sei Voraussetzung allen Miteinanders, sagt der Sozialphilosoph Axel Honneth, und die ruht auf drei Säulen: Liebe, Recht und Solidarität.

Der Tantra-Workshop hatte mir dramatisch klargemacht, wie mächtig meine Gewohnheiten sind, wie dämlich die Rollenspiele, wie diktatorisch die Glaubenssätze, wie schwierig das Anerkennen. Ich war mein Leben lang davon ausgegangen, dass sich Männer und Frauen wie gegnerische Truppen gegenüberstehen, sich belauern, kontrollieren und beneiden, ständig alles aufrechnen, um es sich reflexhaft vorzuwerfen. Wir machen zwar Kinder zusammen und betreiben Familien, gleichwohl schwelen jahrhundertealte Grundsatzkonflikte, die immer wieder, Liebe hin oder her, in harte Kämpfe münden. Das muss halt so. Generationen von Mittelklasse-Komödianten und Mars-Venus-Autoren hat dieser epische Zwist ernährt und nebenbei mein Weltbild geprägt.

Jetzt mal ganz vorsichtig und verwegen gedacht: Was wäre, wenn wir diese Schlachtlinie verlassen? Wenn die guten Frauen und die guten Männer einhellig feststellen, dass zwischen ihnen deutlich weniger Trennendes zu finden ist als etwa zwischen guten und bösen Jungs? Wie gesagt: nur so eine Idee. Mehr dazu später. Weil die Idee gut ist.

Zunächst aber zum Phantomkrieg der Geschlechter. Woher stammt dieses Binärsystem von gut/böse, richtig/falsch, oben/unten, Mann/Frau? Das Denken in Polaritäten entspringe der urmenschlichen Vorliebe fürs Klassifizieren, glaubt Thomas Bedürftig, Professor für Mathematik und Philosoph. Dabei seien die Merkmale Mann und Frau viel zu unscharf, um sie präzise gegeneinanderzustellen. Ein schwarzes und ein weißes T-Shirt sind ja auch keine unvereinbaren Gegensätze, sondern primär T-Shirts. So wie Mann und Frau: Der Genpool ist weitgehend gleich, das archaische Interesse an Futter, Vermehrung, Sicherheit ebenfalls. Biologische Gründe für das Polaritätsdenken gibt es kaum.

Nehmen wir ein anderes Beispiel, stellvertretend für Tausende weitere Mythenverstärker. Die Frauenzeitschrift *Brigitte* vermeldet, dass 95 Prozent aller Männer, aber nur 65 Prozent aller Frauen regelmäßig zum Orgasmus kämen – ein willkürlich konstruierter Gegensatz. Es gibt Männer, die noch nie einen Höhepunkt erlebt haben. Es gibt gravierende Unterschiede nach Altersklassen, Religionen, Bundesländern und innerhalb der Geschlechter. Das obsessive Starren auf Unterschiede bringt uns keinerlei Erkenntnisgewinn. Statt scheinbarer Objektivierung – in der Zeitschrift ist vom »Orgasmus Gap« die Rede – stimmt vor allem eine Behauptung: Menschen kommen anders und flunkern in Befragungen.

Die Fixierung auf das Trennende gehört vor allem zur Machtlogik männlicher Herrschaftssysteme, vorneweg der katholischen Kirche. Dort hatte die Frau unbefleckte Heilige oder Sünderin zu sein, artige Betschwester oder günstige Hilfskraft. Machtfaktor war Frau nur in Ausnahmefällen, die Böse allerdings auch eher selten. Der Mann an sich wiederum hatte zwar das Sagen, zog aber auch oftmals die Rolle des Bösewichts auf sich: als Feldherr, als Zerstörer, als Rächer, als Gewalttätiger. Das Männliche diente immer wieder als Chiffre für Bedrohung, das Weibliche für das Behütende.

Der Journalist und Männerforscher Christoph Kucklick hat über die negative Andrologie promoviert, die Lehre vom schlechten Mann. Und er hat in seiner Doktorarbeit einen faszinierenden historischen Zusammenhang zwischen

Mann und Böse entdeckt. Im Zuge von Aufklärung und anlaufender Industrialisierung erlebte Europa eine tiefgreifende Transformation. Es kam zur bislang ungekannten Arbeitsteilung, alte Berufe verschwanden, soziale Ordnungen zerfielen, die Kirchenmacht wurde von der Säkularisierung beschnitten, das süße Gift der Individualisierung befiel die Menschen. Dieses unheimliche Neue wurde als »männlich« definiert; schließlich waren die Hauptdarsteller des Umbruchs Männer, ob Könige, Denker, Unternehmer, Revolutionäre, Künstler, Politiker, Abenteurer, Modernisierungsgewinner oder -verlierer.

Männer standen für all das Unheimliche und Beängstigende an der beschleunigten Moderne, den schmerzlichen Abschied von Vertrautem, den Veränderungsschmerz und die Angst. Der Fortschritt war ein Mann. Und er machte keine Gefangenen. »Das große Irgendwie der Schuldzuweisung«, so Kucklick, forderte gerade in unsicheren Zeiten ein eindeutiges Narrativ. Zuckerberg, Trump, Buffet et al. – die Parallelen zum 21. Jahrhundert sind offensichtlich.

Das Weibliche wurde dagegen als das Bewahrende betrachtet, Tradition mit Mütterlichkeit gleichgesetzt. Kollateralnutzen der Unterlegenheit: Das schwache Geschlecht war zugleich das gute. Diese schematische Rollenzuweisung trifft nicht immer und überall zu, aber vorwiegend. Und so formten sich die Geschlechter bis heute zu vermeintlichen Gegensätzen, hier der machtvolle und böse Pol, dort der schwache und gute Pol.

Schon vor 250 Jahren forderten Intellektuelle den »neuen Mann«. Es waren allerdings keine Feministinnen, sondern Männer, die auf Männer droschen. »Ohne weibliches Korrektiv sei der Mann emotionslos, triebgesteuert, gewalttätig, verantwortungslos«, zitiert Kucklick den schottischen Aufklärer William Alexander aus dem Jahre 1779. Immanuel Kant stimmte ein. Alexander von Humboldt attestierte dem Mann »Härte und Gewaltthätigkeit«, weshalb er sich von seinem Geschlecht lossagen und »dem Weiblichen annähern müsse, um ein wahrer Mensch zu werden«. Nein, keine Einzelmeinungen, sondern eine Bewegung, die den Mann zum Inbegriff des »absoluten Bösen« erklärte (Gottlieb Fichte). Der gefährliche Mann wurde fortan diszipliniert, im Militär, in Erziehungsanstalten und Gefängnissen. Trotzdem fing er immer wieder Kriege an. Und die Frauen räumten auf.

Gut gegen Böse – bis heute wird die Geschlechterdebatte bipolar geführt. Und dabei geht es nur selten darum, Argumente auszutauschen. Polarisieren dient vielmehr der Selbstvergewisserung; durch ständiges Wiederholen von Stereotypen werden Freund-Feind-Konstellationen zementiert. Die Sinnfrage entschwindet im Pulverdampf. Solche rituellen Polarisierungen begegnen uns täglich, ob zwischen den Städten Köln und Düsseldorf, zwischen den Fußballvereinen Schalke 04 und Borussia Dortmund, zunehmend zwischen Vegetariern und Fleischfans, immer bei politischen Extremisten. Wichtigstes Instrument der Polarisierung ist das Viktimisieren, eine Opfer-und-Täter-Erzählung. Um das klarzustellen: Es geht nicht um tatsächliche Opfer, sondern um eine Selbststilisierung, die eher einem Verhöhnen wirklicher Opfer gleichkommt. Ob Orban oder Trump, Diktator oder Sektenführer, Alt-Right oder Antifa – alle Einpeitscher konstruieren einen übermächtigen Feind und sich selbst als Anführer im heroischen Kampf der potenziellen Opfer gegen »die«: »die« Juden, »die« Einwanderer, »die« Borussen, »die« Außerirdischen, »die« Kapitalisten – jede Massenhysterie braucht ihr Feindbild, meist anonym, daher »die«. Nichts schweißt eine Gruppe fester zusammen als eine geheimnisvolle Macht, die mit allen schmutzigen Tricks die Weltherrschaft erobern will. So funktionieren die Hälfte aller Hollywood-Filme und jeder Superhelden-Comic. Wir gegen die – ein wunderbar schlichtes Narrativ, das einerseits zuverlässig funktioniert und andererseits stracks in Konflikte führt.

Das Duale ist das beherrschende Ordnungsprinzip unserer Zeit, die Tage der Zwischentöne sind gezählt. Ja oder Nein, Eins oder Null, Rot oder Blau – alles schön einfach, und in Kombination mit modernster Technik brandgefährlich. Denn eines Tages ist der Graben so tief, dass kein Dialog mehr möglich ist. Gebrüll ersetzt Debatten, daraus folgt kollektive Unversöhnlichkeit, wie sich, allen westlichen Gesellschaften voran, in den USA studieren lässt.

Verstärkt vom digitalen Hammer ist spätestens seit dem US-Präsidentschaftswahlkampf 2016 ersichtlich geworden, wie die Polarisierung eine Gesellschaft erstarren lässt. Das Land ist gespalten in Blaue und Rote, die in ihren Filterblasen grummeln. Familien und Freundeskreise driften auseinander. Die Algorithmen trennen die Lager immer weiter, weil den Menschen vor allem manipulative Informationen zu emotional aufgeladenen Symbolthemen wie Zuwanderung, Abtreibung, Waffenbesitz zugespielt werden, die die eigene Position zur einzig wahren erklären und keine Widerrede dulden. Das Wesen der modernen Gesellschaft aber ist der Kompromiss, das Aufeinanderzugehen, das Suchen und Finden von Gemeinsamkeiten, auch das Abgeben, kurz: Verständnis, Respekt, Lösungswille. In der polarisierten Welt dagegen regiert das Beharren und Niedermachen. Gemeinsames Terrain? Verschwindet im Abgrund zwischen Unversöhnlichen. Aus lösbaren Interessenkonflikten werden Glaubenskriege ohne Ende.

Im polarisierten Glaubenskrieg verlieren Argumente jede Wirkung. Nur das eigene Meinen zählt. Zurückweichen gilt als Schwäche. Debatte ist, wenn jeder seine Gründe aufsagt und die des anderen abwertet. Feuer frei! Wie im Fußballstadion wird gebrüllt, anders als beim Gespräch zielt das Interesse der Akteure nur auf den totalen Sieg. Wo es aber nur Sieger und Verlierer geben kann, sind üble Scherze, Verleumdungen, Lügen erlaubt. Polarisieren bedeutet immer auch die Legitimierung des Unkultivierten. Wut und Hass statt Annähern, Überzeugen, Verstehen, Versöhnen, Heilen, Wachsen. Das wirklich Spannende an der Geschlechterdebatte wie das Uneindeutige und Fragile ist mit einer Handvoll Schlagworten wegpolarisiert.

Womit wir bei den Auswüchsen der Debatte wären, dem

kleinen, aber gesprächstötenden, ja quasi-militärischen Ritualaustausch. Nehmen wir nur den Begriff »Gender«, den Konservative aller Schattierungen zu einer politischen Kampfformel gemacht haben, so wie »Achtundsechzig« oder »Multikulti«. Das Kopfschütteln ist automatisiert, die Reflexe greifen, die unteren Schubladen öffnen sich von allein. Hooligans marsch.

Die andere Seite schlägt zurück, gern mit »Sexismus«, ein Kampfbegriff, der so zuverlässig wirkt wie das Pfeilgift Curare. »Alle, die keine Feministen sind, sind Sexisten«, sagt Gal Gadot, die im Superheldinnen-Epos *Wonder Woman* die Hauptrolle spielte. Begriffe unscharf, steile Behauptung, Täter-Opfer-Story, maximale Aggression – in sieben Worten ist der Graben ausgehoben und der Krieg erklärt. Gal Gadot weiß, wie man die Polarisierungsfalle aufstellt und sofort zuschnappen lässt.

Wir können den Konter der Gegenseite bereits mitsingen: Feministinnen missbrauchten die Scheinwissenschaft Gender Studies als politische Waffe, obwohl uns der liebe Gott zu Mann und Frau gemacht hat, so sind sie, die Linksversifften. Im Gegenzug wird zurückgebrüllt, spätestens jetzt schlägt die Stunde des Nazivergleichs. Und so weiter. Alice Schwarzer hat weite Teile ihres öffentlichen Lebens mit diesem ritualisierten Röhren im Leerlauf zugebracht, und ihre Gegner ebenfalls.

Die Anhänger klicken auf »Like« und »Share« und denken, sie seien politisch aktiv. Dabei haben wir es meistens mit ausgehöhlter Debattensimulation zu tun. Erkenntnisgewinn? Null. Fortschritt? Keiner. Ergebnis: verhärtetere Fronten. Der Amokfahrer, der im April 2018 in Münster zehn Menschen tötete, gehörte einer Gruppe von selbsternannten Frauenhassern an. Eine Wissenschaftlergruppe namens »Boston Team« warnt vor feministischen Anschlägen auf Atommülllager, die als patriarchalische Strukturen dämonisiert werden könnten. Es reicht.

Ich gestehe, dass mich das anschwellende Polarisieren

der hysterischen Digitaldebatten persönlich trifft. Denn ein weiterer Kampfbegriff lautet »Mann«, oft angereichert mit »weiß« und »alt« und »trash«. Im Hintergrund schwingt »christlich« mit, was sich gut mit Vatikan, Männerbünden, Kolonialismus, Hexenverbrennung oder Pädophilie konnotieren lässt. Ein Wort, »Mann« – und der Kopffilm läuft.

Weißer älterer Mann? Als herbstblonder Mittfünfziger passt das leider genau auf mich. Aus meinem Jahrgang 1964 stammen fast 700 000 weitere vermeintliche Trash-Männer. Weil wir in der Mehrheit sind, dürften wir uns aber nicht diskriminiert fühlen, erklärte mir eine junge Feministin, Einwandererkind und sehr engagiert. Wir unterhielten uns über Frauenfeindlichkeit im Hip-Hop, darüber hatte sie ihre Bachelor- und Masterarbeit geschrieben. Sind die Texte von Tupac und Snoop Dog widerwärtig sexistisch? Sexistisch ja, sagte sie, widerwärtig nein, weil schwarz. Aber Eminem, der sei ein Rassist. Weil er weiß ist? Ja, sagt sie. Wer über Jahrhunderte andere unterdrückt und kolonialisiert habe, der solle sich einfach mal zurückhalten und habe das Recht auf Diskriminierung gleichsam historisch verspielt.

Ich mag mich mit der Zuweisung White Male Trash und derlei Verhaltensvorschriften nicht abfinden. Immer, wenn ich diese drei Worte höre, sticht was in mein Herz. Ich weiß, was gemeint ist. Ich finde diese Männer auch ekelhaft. Aber es sind einige, nicht alle. Vor allem sind sie eine ständige Probe für kultiviertes demokratisches Denken und Handeln. Ich wäre lieber *White Male Gold.*

Unsere Kinder lernen schon in der Kita, dass es rassistisch ist, wenn man ganzen Gruppen bestimmte Merkmale zuordnet: Frauen können nicht einparken, Männer sind aggressiv, alle Bayern schwul – Stereotypen, die sich nicht gehören, weil sie in ihrer Grundsätzlichkeit nie stimmen, und in der Tendenz auch eher selten. Wir achtsamen Menschen wissen, dass Gruppenurteile fast zwangsläufig in Alltagsrassismus enden. Respekt ist ein universeller Wert, unabhängig von Herkunft, Rasse, Geschlecht, Alter. Nur bei einer Gruppe sehen wir gern mal über die Grundregeln guten Miteinanders hinweg: bei Männern, bevorzugt weißen Männern.

Es mag kein Zeichen fortgeschrittener Reife sein, wenn sich Männer scharenweise in den Schmollwinkel zurückziehen, weil sie sich ausgeschlossen oder ausgenutzt fühlen. Aber es sind zu viele, um sie zu ignorieren. Allein in meinem Bekanntenkreis findet sich ein halbes Dutzend rechtschaffener Kerle, die sich auf eine gespenstische Weise verändert haben. Früher waren sie offen, entspannt, lebenslustig, heute sind sie verbittert, zornig, leer. Meist ging eine schmutzige Trennung voraus, und die Storys ähneln sich auf erschreckende Weise. Eine vermeintlich frauenfreundliche Rechtsprechung hinterließ diese Männer als gefühlte Verlierer, seelisch und wirtschaftlich. Ihnen stehen – in ihrem Kopffilm – vermeintlich ausgekochte Frauen gegenüber. Feminismus wird eingeordnet in das Narrativ von den »linksversifften Achtundsechzigern«, die angeblich Politik, Medien, die ganze Gesellschaft dominieren.

Ist es nicht auffällig, dass der mittelalte Mann im Fernsehen, in Filmen und Latenight-Shows vor allem als Aggressor, Lustmolch, hilfloser Trottel dargestellt wird? So gleitet die Geschlechterdebatte in eine politische Polarisierung, zumal die Hemmungen fallen, tatsächlich eine toxische Männlichkeit zu leben, aus Trotz gegen vermeintliche Abwertung und Verächtlichmachung.

Nach dem Wahlsieg Donald Trumps reiste der Unternehmer und Blogger Sam Altman durch die USA, um Stimmen von Trump-Wählern einzusammeln. Eine ständig wiederholte Forderung dieser Männer lautete: »Hört auf, euch über uns lustig zu machen, hört auf, uns Idioten zu nennen, hört uns zu.« Verhöhnte Männer driften nach rechts, weil sie kein anderes gesellschaftliches Zuhause finden. Diese Entwicklung kann man intellektuell belächeln oder als emotionalen Sprengstoff betrachten. Passiv aggressive Männlichkeit braucht kein Mensch.

Was würden Feministinnen sagen, wenn Frauen eine um

fünf Jahre geringere Lebenserwartung hätten, aber eine mehr als dreimal so hohe Selbstmordrate wie Männer? Deutschland würde beben und nach Auswegen suchen, zu Recht.

Noch mal, es geht nicht ums Aufrechnen, sondern um Aufmerksamkeit, sobald »der Mann« reflexhaft zum Täter erklärt wird. Der promovierte Islamwissenschaftler Alexander Will, Nachrichtenchef der *Oldenburger Nordwestzeitung*, schrieb nach der Bundestagswahl 2017: »Es gibt Tage, an denen möchte man [...] sich den Unflat von der Haut schrubben. Wir Ostdeutsche sind zum Buhmann des Juste Milieu [...] geworden. Auf uns – das ist Konsens – kann man einprügeln, ohne ernsthaft Widerspruch erwarten zu müssen.«

Was war passiert? Ein offenbar mathematikunkundiger Reporter hatte ermittelt, dass das gute Ergebnis der AfD bei der Bundestagswahl vor allem ostdeutschen Männern zuzuschreiben sei. Ost-Mann = versoffener Neonazi, das passte in die gewohnte Reihe von Trottel, Grabscher, Gröhler, Psychopath. Der gelegentlich originelle Jan Böhmermann hatte stumpf eingestimmt und sprach von »spektakulär ignoranten Asozialen«. Eine Anmaßung, wenn man bedenkt, dass viele dieser Männer im Osten in der ersten Hälfte ihres Lebens versuchten, Familie, Staatsmacht, Integrität, Angst und Hoffnung zusammenzubringen, während die Wohlstandsjungen im Westen ihre Pubertät bis zur Rente zu verlängern versuchten. Nach *Spiegel*-Kolumnen von Sybille Berg möchte ich manchmal ein Bettlaken vom Balkon wehen lassen mit der Aufschrift: »Lasst ›die Männer‹ in Ruhe und drescht auf böse Menschen ein!« Aber dann wäre ich in der Viktimisierungsschleife gelandet.

Warum haben wir denn mühsam die Abwertungsorgien der vergangenen Jahrzehnte bekämpft, all die Polen-, Türken-, Ossi-, Blondinenwitze? Wenn wir aber Geschlechterscherze auf Kosten von Frauen oder Homosexuellen überholt finden – warum dann kollektives Gewieher über Plattheiten zum Mann, die nicht mal zu Ende gedacht sind?

Die Unterhalterin Carolin Kebekus etwa erregt sich in

Barth-hafter Künstlichkeit über fußballschauende Männer »mit behaarten Bierbäuchen«, die »sich gegenseitig an der Kimme riechen« – ungepflegte Stinker also, soll vorkommen. Gleich darauf empört sie sich über die »gezupften Augenbrauen« der Fußballer und deren aufmerksamkeitsoptimierte Haarpracht. »Dass Männer überhaupt Frisuren haben, ist ein Fehler in der Matrix. Ein Mann muss dreckig sein.« Kleiner Einwand, vom Logischen her: Der dreckige Fußballgucker ist eklig – doch der gepflegte Mann auch. Sorry, sagt die bekennende Spaßbremse, verstehe ich nicht.

Mag sein, dass meine Idee vom Fairplay der Geschlechter etwas gouvernantenhaft klingt. Aber deutet es andererseits auf gesellschaftlichen Fortschritt hin, wenn ausgerechnet Comedy-Frauen den konservativsten Part in der Geschlechterdebatte übernehmen?

Ich gestehe, ich bin absolut nicht immun gegen jeden ersten naheliegenden Kalauer. Dennoch wünsche ich mir mehr Sensorium für derlei millionenfach verbreiteten Unsinn, gern heiter und entspannt, aber aufmerksam. Wenn Männer und Frauen in Zukunft bessere Gespräche führen wollen, dann müssen die gemeinsamen Grundlagen stimmen. Gegenseitiger Respekt ist alternativlos.

Das bekommen wir nur gemeinsam hin, im geschlechtergemeinsamen Kampf, auch bei kleineren Angelegenheiten, dem Penis zum Beispiel. In einem ihrer hellsichtigeren Texte hat die junge Feministin Margarete Stokowski angenehm unironisch das Ende der Pimmelwitze gefordert. Interessanter Ansatz. Während die Menstruation als Universalerklärung für weibliches Verhalten so langsam geächtet wird, verzeichnet das männliche Geschlechtsorgan seit Jahren eine Art medialer Dauererektion.

Die Atombomben-Fetischisten Donald Trump und Kim Jong Un dürften Väter aller Neo-Schwanzvergleiche sein, Politik wird ausschließlich mit Kompensationszwängen erklärt. Die Harry-Potter-Autorin Joanne K. Rowling schlug einem Internet-Troll auf Twitter eine Penisvergrößerung vor. Der beliebteste Kommentar unter einem Beitrag über die weltweit erste Penis-Transplantation drehte sich um Porsche-Fahrer. Nur mal so gefragt: Wäre irgendwer auf die Idee gekommen, Konflikte beim Brexit mit einem Körbchenvergleich von Angela Merkel und Theresa May zu illustrieren?

Es ist völlig gleichgültig, wer anhand körperlicher Merkmale verspottet wird – stets werden alte Rollenbilder wiederholt. Man kann es komisch finden, wenn die Komödiantin Martina Hill einen Mann mit einer Lauchstange wieder und wieder ohrfeigt. »Sketch« nennt man das in Fernsehkreisen wohl. Hätte ein Mann eine Frau zur besten Sendezeit derart erniedrigt, wären mehrere Gremien kollektiv an- und aufgesprungen. Zu Recht.

Das schräge Männerbild in der leichten Unterhaltung findet seine Entsprechung auf den vermeintlich anspruchsvollen Seiten. Ob *Zeit*, *Spiegel*, *Süddeutsche Zeitung* – auch dort gelten Männer wahlweise »als Schweine, Doofis oder Triebtäter«, hat Christoph Kucklick festgestellt. Männer seien »Feinde der Menschheit« befindet die *Zeit*, die feministische Partei Schwedens schlägt eine Männer-Steuer vor, die SPD fordert auf dem Weg zu einer menschlichen Gesellschaft »die männliche zu überwinden«. Welcher Männeranteil ist für eine Gesellschaft denn tragbar? Brauchen wir Umerziehungslager?

Die Forschung ist währenddessen im Begriff, den schwindenden Unterschied zwischen Mann und Frau zu belegen. Kucklick weist nach, dass nur wenige empirische Belege für fundamental unterschiedliche Fähigkeiten von Männern und Frauen vorliegen, kognitive oder emotionale Unterschiede sind denkbar gering, und dramatische Ungerechtigkeiten verschwinden zunehmend.

Es gibt nicht den einen großen Geschlechterunterschied, sondern viele Unterschiede zwischen Menschen, zwischen Ost und West, Friesen und Bayern, Jüngeren mit Jahresverträgen und Alten mit Lebenszeitjobs. Werden Frauen immer und überall schlechter bezahlt? Nein, in den USA verdienen

Frauen in Führungspositionen deutlich mehr als Männer. Frauen können keine Seilschaften? Von wegen. In Norwegen ist das Netzwerk der »Goldröcke« gefürchtet, das sich infolge einer konsequenten Quotenpolitik gebildet und in Unternehmen breitgemacht hat, wie es angeblich nur Männer vermögen.

Wenn es einen Geschlechtervorteil gibt, dann einen psychologischen: Frauen befinden sich auf einer Aufholjagd, haben Ziel und Feind. Und Männer? Haben den Spott. Kann man eine Weile machen. Ist aber auf Dauer keine Lösung.

Ehrlichkeit hält länger. Ich bin dankbar für all die Frauen, die nach dem dritten Glas Wein gestehen, wie unfassbar anstrengend das Leben als vonderleyenhafte Superwoman sei, mit stipendiumgefördertem Master-Abschluss in Regelstudienzeit trotz zweier Geburten, dazu Promotion, Marathon, Führungskraftmeierei und natürlich wohldefiniertem Bizeps. Willkommen in der Welt des Burn-outs. Kein Hohn.

Ja, es wäre eine gewaltige kulturelle Leistung, wenn wir uns aus der Tradition des Aufrechnens hinausbewegten, um das Pendel der gesellschaftlichen Debatte nicht ungebremst in die andere Richtung ausschlagen zu lassen. »Es gibt so eine Stimmung, dass Männlichkeit grundsätzlich toxisch ist«, schreibt der britische *Guardian*. Eben dieser Sound vergiftet die Debatte. Die Technik des Perspektivwechsels – weg vom Trennenden, hin zu den Gemeinsamkeiten – reduziert den Geschlechterstress dagegen merklich. Schwestern, stellt euch vor, Ekel beim Sex kennen Männer auch, sogar Vergewaltigungen. Redet halt keiner drüber. Die Lancaster University fand 154 männliche Opfer, aber nur zwei waren bei der Polizei gewesen. Es mehren sich Studien, dass die Geschlechter sogar beim heiklen Thema Gewalt gar nicht so verschieden sind. Der Soziologe Murray Straus von der University of New Hampshire fand in einer Studie mit 13 000 Studenten aus 32 Nationen heraus, dass in den meisten Fällen von Handgreiflichkeiten in der Beziehung die Gewalt nahezu gleichermaßen von Frauen wie Männern ausging.

Bastian Schwithal, Experte für Partnerschaftssoziologie, nahm das Thema der Gewalt 2005 in seinem Buch *Weibliche Gewalt in Partnerschaften* vorweg. Aufschlussreiche Erfahrung des Berliner Forschers: Die Medien zeigten durchweg wenig Interesse. Man kann sich den Verlauf einer Redaktionskonferenz schon vorstellen, wenn der Reporter mit einer exklusiven Studie daherkommt, die jene Rollenreflexe durcheinanderwirft, die in der homogenen Wertewelt des Journalismus vermutlich tiefer und unreflektierter grassieren als in unverkrampfteren Teilen der Gesellschaft. Schwithal sagt auch vierzehn Jahre nach seiner Studie: »Das Thema ist nach wie vor ein No-Go.« Dabei gehe es überhaupt nicht um Aufrechnen oder Verharmlosen, erklärt er, sondern um das Wahrnehmen von Realitäten. Nur dann ließen sich wirkungsvolle Strategien, etwa bei häuslicher Gewalt oder in oftmals brutal geführten Sorgerechtsstreits, entwickeln, die vor allem den Kindern zugutekämen.

Es ist großartig, dass das über viele Jahrhunderte unterdrückte Weibliche überall auf der Welt Verheimlichtes und Verschämtes ans Licht bringt. Gut so. Und jetzt der nächste Schritt: Was lernen wir daraus? Wie überwinden wir die verbissene Gut/Böse-Debatte? Wollen wir uns auf das Gemeinsame konzentrieren oder auf das Gegeneinander?

Die größten Unterschiede der Geschlechter, so Kucklick, stammen aus dem Zwang, Verschiedenes zu betonen und Gemeinsames kleinzureden. So schafft der Tunnelblick auf Differenzen wie eine Selffulfilling Prophecy seine eigene Realität. Eine Untersuchung der Sprache von Lehrern, Sozialarbeitern und Medizinern ergab, dass männliche Themen überwiegend mit abwertenden Attributen versehen sind, sicher nicht bewusst oder absichtlich. Es geschieht halt, weil von uns allen so gelernt und perpetuiert. Mädchen werden zum Überschreiten von Grenzen ermutigt, Jungen tendenziell gebremst, gerade so, als müsse man die Bestie Mann in Fichtes Sinn früh unter Kontrolle bringen.

Geschlechtliche Differenzen lassen sich sogar im Labor herstellen. So führen die bekannten Tests mit Schülern über technisches Verständnis, Mathetalent oder Empathiefähigkeit der Geschlechter zu völlig anderen Ergebnissen, wenn die Forscher den Probanden vorweg erzählen, sie seien ebenso begabt wie das andere Geschlecht oder aber deutlich untalentierter. Wenn Frauen sich deutlich öfter unterschätzen als Männer, sprechen Forscher von »Priming«, dem Aufsetzen auf Klischees und Stereotypen. Diese Manipulationsstrategie ist verwandt mit dem »Framing«, einer von der politischen Rechten weltweit angewendeten Technik, um öffentliche Debatten mit ihren Themen und Thesen zu kapern. Kurz: Unsinn muss nur häufig genug wiederholt werden, um in den Rang einer Weisheit aufzusteigen.

Sind die Stereotypen wirklich so stark? Ja, sagt Kucklick, auch im emanzipierten 21. Jahrhundert: pink und hellblau die Strampler, verschiedene Fahrradrahmen, klare Präferenzen bei Sportarten, Fernsehsendungen, Knopfleisten und Lektüre. Die Lust am Klassifizieren ordnet unser aller Leben. Und abweichendes Verhalten wird bestenfalls belächelt: Ein Junge in Rosa, der ein Rad ohne Stange fährt, zum Ballett geht und *Brigitte* liest – auch heute eher schwer vorzustellen, oder? Wer hat gerade »schwul« gedacht? Wir doch nicht.

Ja, auch im 21. Jahrhundert, in einem der aufgeklärtesten Länder, in einer der lockersten Städte, in einer der liberalsten Familien des Universums sind Stereotypen unglaublich mächtig. Als ich mit meinen beiden Söhnen in den Sommerferien in Slowenien Wildwasserkajak gefahren bin, wurde jedes Kentern mit dem Lackieren eines Fingernagels markiert. Ich hatte natürlich am meisten, vier, der Große einen, der Kleine zwei. Vor dem Anmalen führten wir lange Debatten. Sollten wir uns wirklich die Fingernägel lackieren? War das nicht »Mädchen«? Wenn uns andere damit sahen! Was würden die zu Hause sagen?

Es herrschte kollektive Jungspanik, als unmännlich, schwul, weibisch, irgendwie geschlechtsunklar angesehen zu werden. Wir taten es doch. Und am Ende gefielen uns die bunten Fingernägel sogar. Denn sie waren Ausweis von Heldentaten und boten Gelegenheit, damit anzugeben. So sind wir Männer halt: Kaum ist Heroisches wie Kajakkentern zu zelebrieren, lackieren wir uns sogar die Nägel. Einen Fingernagel habe ich übrigens mehrfach nachlackiert, fürs Büro.

Die dunkle Macht der Reflexe erlebte kaum ein Mann heftiger als der Wettermoderator Jörg Kachelmann. Der Schweizer war wegen einer vorsätzlichen Falschaussage monatelang vorverurteilt worden, allen voran von der Feministin Alice Schwarzer. Kachelmann saß vier Monate in Untersuchungshaft, wurde dann zweimal freigesprochen. Die Vorwürfe waren offensichtlich konstruiert, nicht von »den Frauen«, sondern von einer Person. Gleichwohl war der prominente Unternehmer ruiniert. Weil er ein Mann ist? Die Verleumderin sprach vor Gericht unverdrossen vom »männerbündischen Täterstaat« Deutschland. Priming, Framing, Viktimisierung, Polarisierung, da sind sie alle wieder.

Es verlange »viel mehr Standfestigkeit, für die Sache der Männer als für die Sache der Frauen zu sprechen«, stellt Warren Farrell fest, Autor von *Mythos Männermacht* und ehemaliger Feminist, der von Frauenrechtlerinnen geächtet wurde, weil er sich dafür aussprach, das Sorgerecht nach Scheidungen nicht ausschließlich den Müttern zuzusprechen. Die große Aufgabe unserer Tage, so Farrell, bestehe darin, »über den Feminismus hinauszugehen, ohne seine Errungenschaften herabzusetzen«.

Ein guter Ansatz, der nach vorn weist. Die Kunst besteht darin, die unvermeidlichen Spannungen auszuhalten, ohne der Exekutionslust zu verfallen. Das Erhalten der Gesprächsfähigkeit, das weiß jeder Therapeut, ist immer die Basis, wenn Frieden das Ziel ist, ob im Nahen Osten oder beim Ehekrach. Das Verbarrikadieren in Schützengräben dagegen verlängert und verschärft jeden Konflikt.

In einer idealen Welt wäre es Aufgabe von Medien, Vorgesetzten, Männern und Frauen, diese Widersprüche erstens darzulegen und zweitens auszuhalten, um drittens womöglich zu einem Lösungsansatz zu kommen.

Das aus der Soziologie bekannte Thomas-Theorem besagt: Wenn Menschen eine Situation als real definieren, zum Beispiel einen vermeintlichen Geschlechterkrieg, dann ist die Faktenlage völlig wurscht. Jede neue Information wird in dieses Konfrontationsraster eingeordnet, und zwar nicht nur aufseiten der Frauen. Autoren wie Ralf Bönt oder der Soziologe Walter Hollstein schildern Männer durchweg als Auslaufmodelle, Verlierer, Abgehängte, Problemgeschlecht und Missgeschick der Evolution. Kann man machen, treibt die Eskalationsspirale aber weiter an. Hoch die Zeigefinger und zugestoßen: Du bist schuld! Nein, du! Wollen wir die ohnehin ziemlich unscharfen Kategorien Mann und Frau weiterhin aus der Hooligan-Perspektive betrachten, mit Böllern statt Argumenten? Bitte nicht.

Christoph Kucklick empfiehlt ein Detox-Programm: Ein Jahr lang dürfe kein Phänomen der Welt mit der Mann-Frau-Polarität erklärt werden. Interessanter Vorschlag, aber vermutlich nicht radikal genug. Für das überfällige Neuvermessen des gemeinsamen Terrains müssen wir raus aus unseren Gräben. Höchste Zeit, dass wir uns gegenseitig zeigen und erklären, ohne uns gleich anzugiften.

Um männerfeindliche Ideologie zu enttarnen, schlägt Kucklick eine »Desillusionierungsarbeit am Weiblichen« vor. Denn erst wenn »wir Frauen genauso – Verzeihung – scheiße finden wie Männer, so unmoralisch, egoistisch, verantwortungslos, kommen wir auf die Idee, keines der Geschlechter mehr mit Etiketten zu versehen«. Schöner Ansatz, aber schon wieder so aggressiv.

Der Mann müsse zunächst die Verantwortung für das Patriarchat übernehmen, fordert *Zeit*-Vordenker Bernd Ulrich. Wegducken und auf Harvey Weinstein zeigen, das sei keine Art. Richtig. Aber wie geht das genau mit der Verantwortung? In der Politik bedeutet »Verantwortung übernehmen« vor allem eines: Rücktritt und Neuanfang ermöglichen. Ich kann aber von meinem Mannsein schlecht zurücktreten. Ich kann mich schämen für manche meiner Brüder, was ich ausgiebig tue. Ich kann akzeptieren, dass ich die Masse der Übergriffe unterschätzt habe. Sehr betreten übrigens. Aber eine Kollektivschuldübernahme für das gesamte elende Patriarchen-Unwesen? Das überfordert mich.

Die Therapeutin Lydia Benecke, die viel mit Missbrauchsopfern und -tätern arbeitet, schlägt einen Paradigmenwechsel im kollektiven Denken vor. Benecke fordert, die Missbrauchsdebatte von der Geschlechterdebatte zu trennen; es gehe nicht um Mann und Frau, sondern darum, »dass Menschen andere Menschen schlecht behandeln«.

Für ein neues, gemeinsames Denken plädiert die Autorin Heike-Melba Fendel. »Erst wenn der letzte Tweet gepostet, die letzte Frau recht gehabt hat und der letzte Mann verunsichert ist, werden wir merken, dass man mit einem Hashtag keine Beziehung haben kann.« Die aktuelle Empörung sei nun mal mit den ewigen menschlichen Bedürfnissen in Einklang zu bringen: Liebe, Sex, Miteinander, vielleicht Familie.

Was hilft, so Fendel, sei das Reden, jenseits »der Erfahrungen von gestern, der Empörung von heute, der Ängste von morgen«. Radikale Ehrlichkeit, so heißt ein populärer Kommunikationstrend, also das Offenlegen von Unausgesprochenem. Reden schafft Nähe. Nähe schafft Wir. Und nur das Wir schafft Heilung und damit Zukunft.

Ich werde das versuchen. Ich werde auf den kommenden Seiten so ehrlich wie möglich beschreiben, was unter unseren, also vor allem meinen vielen Männermasken tatsächlich an Unausgesprochenem grummelt, all die Angst, die Erwartungen, die Gefühlsabwehr, der Erfolgsdruck, Schuld, Scham, unser Herkunftsballast.

Männer sollten sich ihren Dämonen stellen. Frauen sollten davon wissen. Und umgekehrt. Nein, keine heischende Mitleidstour, weder Relativieren noch Entschuldigen irgendeiner der vielen Abscheulichkeiten. Erst das Teilen von Verletzungen schafft die Basis, sie zu überwinden. Aber es hilft uns allen, wenn wir wissen, mit wem wir es wirklich zu tun haben. Das ist erschreckend und befreiend zugleich.

II. Willkommen im Dämonen-Zoo

Geht ja gut los. Ich fühle mich wie vor einer Selbsterfahrungsgruppe, eher noch wie bei einem Verhör: ich und meine Männlichkeit. Meine Männlichkeit und ich. Ich muss Verlegenheiten unterdrücken. Ich höre Frauenlachen. Warum kommt mir der Begriff »Männlichkeit« so albern vor? Weil ich vermutlich gar nicht weiß, was das ist.

Welche Tugend ist typisch maskulin? Ist Mut männlich? Fürsorge weiblich? Was ist mit Treue, Ehrlichkeit, Ausdauer? Und ihren hässlichen Geschwistern wie Misstrauen, Neid, Kälte, Feigheit? Ich zucke immer zusammen, sobald Frauen ein Wert zugemessen wird, den ich auch gern auf mich bezogen hätte. Soziale Intelligenz? Wieso ist das jetzt weiblich? Ich kann auch telefonieren. Und warum ist Klarheit männlich? Ich bin nie klar, jedenfalls nicht oft.

Nächste Frage: Woher stammt mein Konzept von Männlichkeit, das darüber entscheidet, welche Tugend ich für maskulin halte? Klar, von meinem Vater, meinem großen Bruder, aus Schule und Sportverein, aus Film und Fernsehen, von Willy Brandt und Jürgen Hingsen, aus der abendländischen Kultur und vielen Jahrhunderten Patriarchat.

Aber wie definiere ich meine männliche Identität? Ganz ehrlich, ich weiß es nicht so genau. Eine identitätsstiftende Rolle ist sicher die Vaterschaft, auch wenn der Staat manche Versorgeraspekte übernommen hat. Der aggressive Typus ist jedenfalls nicht gefragt, der ruppige Holzfäller oder, in seiner domestizierten Form, der Handwerker, der in der Werbung attraktiver ist als in der Realität. Männlichkeit, so definiert es der britische Transvestit und Künstler Grayson Perry, sei ein »Konstrukt konditionierter Emotionen für Menschen mit

Penis«. Und dieses Konstrukt erlebt seit einiger Zeit massive, auch widersprüchliche Veränderungen. Kraft, Härte, Wille sind aktuell als identitätsstiftende Eigenschaften verpönt. »Weichei« ist das klassische Etikett für Männer, die Schwäche zeigen.

Womöglich befinden wir Männer uns in einer paradoxen Lage: Je mehr wir versuchen, über Definitionen unsere Identität neu zu bestimmen, desto zuverlässiger tappen wir in die alten Fallen. Wenn wir uns nicht länger als Nullmeridian begreifen, an dem sich alle anderen Geschlechter definieren, dann erscheinen womöglich neue Spielfelder. Statt Krieger ein sanfterer Kämpfer mit neuen, sozialverträglichen Zielen, statt Machthaber besser ein verantwortungsvoller Entscheider mit mehr Rücksicht und Weitblick.

Die schmerzhafte Nachricht: Eine neue Identität beinhaltet zwingend das Ende des patriarchalischen Denkens. Wir Männer sind in unserer Wahrnehmung nicht länger die Größten, sondern einige unter vielen. Die gute Nachricht: Diese Veränderung ist möglich, war vielleicht nie einfacher als jetzt. Männlichkeit ist kein Marmor. Der Soziologe würde eher von einem sozialen und damit fluiden Konstrukt sprechen, vereinbart im permanenten öffentlichen Gespräch der Multiminoritätengesellschaft, Modernisierungen ebenso wenig ausgeschlossen wie Widersprüche oder Rückfälle.

Ich mag mich nicht in den epischen Streit zwischen Gender-Forschern und Konservativen einmischen, ob und wie viel unveränderliche Natur im Spiel mit diesem sozialen Konstrukt wirkt. Zum Testosteron kommen wir noch, schon jetzt sei verraten: Man kann mit dem Männerhormon einiges erklären, aber nichts rechtfertigen. Zumal die Forschung ständig neue Eigenschaften findet. Ähnlich verhält es sich mit dem Gen-Apparat. Die vermeintlich seit 100 000 Jahren weitgehend unveränderte DNA erweist sich als Dauerbaustelle, immer in Bewegung, nie fertig. Jüngste epigenetische Studien weisen darauf hin, dass sich Traumata, Sucht, Stress, Angst relativ schnell im genetischen Code abbilden, aber auch wieder verschwinden können. Die DNA scheint über ein Gedächtnis zu verfügen. Nicht entweder Umwelt oder Natur prägen Mensch und Mann, sondern sowohl Umwelt als auch Natur, in einem dauernden Wechselspiel.

Ein Baby trägt offenbar schon die seelischen Verletzungen seiner Vorfahren in sich, die in seinem Leben verstärkt oder geheilt werden können. Die Erlebnisse des Zweiten Weltkriegs sind gerade mal ein, zwei, drei Generationen, der Dreißigjährige Krieg etwa fünfzehn Generationen alt. Bilden sich die Gräuel tatsächlich im Erbgut ab und werden weitergegeben, dann trägt nahezu jeder von uns noch Reste von Kriegstraumata in sich, überlagert von zahllosen weiteren Schichten aus Vergangenheit und Gegenwart.

Spannende Einblicke in die Unterwelt geben die sogenannten Trigger, gleichsam Piekser, die das Unterbewusstsein im Inneren anregen und uns Dinge fühlen, sagen, tun lassen, ohne dass wir genau wissen, warum. Warum zum Beispiel ist es mir unangenehm, wenn meine Söhne weinen? Ich weiß es nicht. Jeden Tränentropfen beziehe ich auf mich. Heulen empfinde ich als manifestierte Schwäche und Vorwurf zugleich, da kann ich noch so mitfühlend drumherumreden. Weint meine Frau, stehe ich hilflos daneben und fühle mich schlecht. Bestraft. Schuld. Weinen ist unfair. Männer dürfen das nur in Ausnahmefällen, wenn sie ein Endspiel verloren haben oder den Job, wie Gerhard Schröder, der sich beim finalen Zapfenstreich die Augenwinkel wischte. Sinatras *My Way* ist ein sicherer Weg zur Emotion.

Wie das Weinen, so ist mir das ganze Männlichkeitsgegründel unheimlich. Gefühle nehme ich wahr, aber ungern lange. Wovor habe ich Angst? Wie mächtig sind Schuld und Scham, und woher stammen sie? Warum hat es so lange gedauert, bis ich mir erlaubt habe, meine Bedürfnisse wahrzunehmen und zu äußern? Und woher rührt diese Panik, Erwartungen nicht erfüllen zu können? Schuld, Scham, Versagensangst – der dunkle Seelen-Dreiklang des Mannes, den wir tapfer zu ignorieren versuchen. Doch immer wieder stimulieren Trigger diese Reizpunkte. Manchmal genügt ein Satzanfang wie »Deine Mutter ...«.

Trigger sind mächtig. Sie lösen Reaktionen aus, meist unbewusst. Das Bild einer Spinne genügt, um bei Arachnophobikern einen Panikschub zu verursachen. Der Geruch von Kohlrouladen in einem fremden Treppenhaus kann Ekel oder spontane Glücksgefühle hervorrufen. Trigger sind immer gut als Filmgags. Im Jux-Klassiker *Tote tragen keine Karos* dreht Steve Martin durch, sobald er das Wort »Putzfrau« hört.

Wer seine Trigger verdrängt, gibt ihnen Steuerungsmacht. Wer seine Trigger kennenlernen will, kommt nicht umhin, seine düsteren Seiten anzuschauen und zu erforschen, woher manch unerklärlicher Wutausbruch, manches reflexartige Eingeschnapptsein stammt. Um den liebevoll-bestimmten Umgang mit Triggern kümmern wir uns im letzten Teil.

Ich habe meinen Triggern viel zu lange freien Lauf gelassen, weil ich sie ignoriert habe. Vor dem Blick nach innen habe ich mich immer gefürchtet. Mein Zuhause war das Außen. Dann rumorte es lauter. Ich stellte fest, dass sich da in mir nicht nur tektonische Platten verschieben, sondern auch merkwürdige Wesen unterwegs sind, gute und böse. Das, was ich für ein solides Ich gehalten habe, war kein Fels, sondern ein Knäuel von Dämonen, das den guten Jungen in mir – ja, den gibt es – permanent hin- und herzerrt. Dämonen sind Viecher, die mir unentwegt meine Glaubenssätze in die Ohren brüllen: Du musst alles planen! Ich bin zu langsam. Du musst zu allem eine Meinung haben! Ich kann das nicht! Denk an deine Altersvorsorge! Dein Vater hätte dir das nicht verziehen!

Die Dämonenjagd ist Kerngeschäft jedes Therapeuten, spätestens in der Burn-out-Klinik. Die einfache Frage lautet: Welcher Satz, etwa aus der Kindheit, treibt uns unterbewusst über alle Grenzen von Vernunft und Gesundheit?

Meine Dämonen tragen die Fratzen von Menschen oder Typen, die einst einen Glaubenssatz predigten, der bis heute in mir nachklingt: Jungen weinen nicht! Du musst ein guter Versorger sein! Du darfst kein Spießer werden! Du musst erfolgreich sein! Du darfst als Liebhaber nicht versagen! Du musst fleißig sein! Du darfst nicht stöhnen! Du musst topfit sein! Du darfst keine Schwäche zeigen!

Die Dämonen steigen auf aus den Nebelschichten der Seelenlandschaft, mal ganz sanft, mal unerwartet heftig, manche wispern nur ganz kurz, andere röhren dauerhaft. Zwei Grundmodelle sind erkennbar: Von links kommen die Verbots-Dämonen (»Du darfst nicht«), von rechts die Befehls-Dämonen (»Du musst«). Dazwischen liegt mein Spielraum. Der soll jetzt größer werden.

Jeder Mensch hat seine persönliche Kollektion von Glaubenssätzen und damit seinen individuellen Dämonen-Zoo, der ein ganz eigenes Stressprogramm schafft. Denn Glaubenssätze sind Vorschriften, Verbote, Panikmache. Sie erzeugen immer Spannung zwischen Ansprüchen und Wirklichkeit. Glaubenssätze zwingen zu Spagaten, immer wieder, manchmal gleichzeitig. In der Männerseele ist dauernd Turnfest. Das tut auf Dauer weh.

Lange Jahre habe ich die Dämonenmacht nicht wahrhaben wollen, ihre Kommandos, das meckernde Lachen. Bin ich ein freier Mann, unabhängig wie in der Bierwerbung? Ausgeglichen wie in der Reklame für Balance-Duschgel? Bullshit. Ich bin Sklave widersprechender Energien, von »Ich will« bis »Du musst«. Stabile Mitte? Innere Ruhe? Eher ist es ein hektisches Hin- und Herrennen auf einer Wippe, nur ein hohes Tempo hält mühsam das Gleichgewicht. Entspannt ist das nicht.

Was nach außen ruhig erscheint, ist eine innere Hochgeschwindigkeitsschlacht zwischen aggressiven Dämonen und heroischen Abwehrmanövern. Männermythos gegen Männeralltag, Verehren gegen Verachten, asketisch gegen dauerbreit, Schweigen gegen Grölen. Immer ist es zu viel oder zu wenig. Ich weiß das eine, tue das andere. Männer können keine Mitte. Ich bin stolz auf diesen Satz, denn er klingt so schön heroisch: Männer können keine Mitte. Womit wir bei einem zentralen Merkmal jedes Mannes wären – seinem Heldenfimmel. Und der gebiert solche fundamentalen Glaubenssätze.

Der Superman-Spagat
Zwischen Heldenfimmel und Alltag

Dort, wo ich aufgewachsen bin, gab es eine umzäunte Brache mit Bäumen und Sträuchern. Natürlich wussten wir Jungs, wo der Zaun ein Loch hatte. Inspiriert von meinen ersten Tarzanfilmen hatte ich ein Stück dünne, glatte Wäscheleine an einen Ast geknotet. Ich wollte auch an der Liane schwingen. Leider rutschte ich ab. Heldentum ist oft schmerzhaft.

Als Kind fieberte ich mit Robin Hood und Sir Francis Drake, mit Winnetou, Old Shatterhand und natürlich Tarzan. Von Lianen in Tümpel springen, fechten, für die Schwachen, gegen die Widerlinge, echte Freundschaft und immer irgendwo ein schmachtendes Fräulein – so wollte ich leben. Die Realität, eine Zweieinhalb-Zimmer-Wohnung für einen Vierpersonen-Haushalt in einem Eisenbahner-Mietshaus, peitschte die Fantasie nur zu bunteren Blüten. Jeder Stock wurde zum Schwert, mein rotes Fahrrad (Rixe, 24er) zum Pferd, die Nachbarjungs zu Schergen des Sheriffs von Nottingham. Wie viele unschuldige Äste habe ich mit Paketschnur in einen edlen Bogen verwandeln wollen?

Eine Weile habe ich den Tarzanruf zu imitieren versucht, bin damit aber ebenso kläglich gescheitert wie später mit meinem geheimen Zigarrentraining. Mit einer lässig in der Backentasche getragenen Mohrrübe versuchte ich, wie Clint Eastwood zu reden und hin und wieder auszuspucken. Es sah leider nicht cool, sondern sehr albern aus, wie ich auf mein Karohemd sabberte. Meine Bewunderung für Django wuchs ins Unendliche. Anbeten und Scheitern – Männer können keine Mitte, wie wir wissen.

Mein Heldenfimmel war mir peinlich, weil ich natürlich

davon ausging, dass ich als Einziger diese Macke hatte. Ich konnte ja nicht wissen, dass viele Jungen diese Phase erleben. Seit der Steinzeit gilt: Die Trends wechseln, der Berufswunsch jedes Jungen bleibt – Held.

Jerry Siegel war siebzehn, als sein Vater erschossen wurde, in seinem Laden, bei einem Überfall. Ein Jahr später, Hitler hatte in Deutschland soeben die Macht übernommen, schrieb der unauffällige Highschool-Knabe Jerry die erste Superman-Geschichte, von einem Helden, der schneller flog als die Zeit und deswegen in Zukunft und Vergangenheit wirken konnte, immer im einsamen Kampf gegen die Mächte des Bösen.

Der traumatisierte Knabe hatte ein männliches Mega-Ich erfunden, einen kompensatorischen Helden, der während des Zweiten Weltkriegs seine ersten großen Erfolge sammelte, weil er die Geschichte von Söhnen und Vätern, von Heldenwelt und Tretmühle so nachvollziehbar illustriert und für unseren Alltag übersetzt hatte.

Dank Superman wuchsen selbst unsere Väter zu Helden. Sie glichen zwar eher Clark Kent, dem langweiligen Schreibtischmann. Aber wir Kinder konnten uns einbilden, dass Papi sich heimlich verwandelte, wenn er im »Büro« war, in seiner »Firma«, im »Job«, im »Laden«, auf der »Baustelle« – allesamt Chiffren für Dschungel und Prärie, Stätten der Gefahr, des Kampfes, wo Leistung, Durchhalten, Überleben gefragt war. Dieses Pendeln zwischen der tristen Welt des Clark Kent und dem aufregenden Reich Supermans, das spielte ich mit Stöcken, Wäscheleinen, Fahrrad nach. Unklar war nur, mit welcher Superheldenfähigkeit ich ausgestattet war. Kraft, Köpfchen, Charme, Witz, Ausdauer, Perfektion? Das würde sich herausstellen.

Der Heros, das Meta-Narrativ der Männlichkeit, ist so mächtig, dass er sogar scheinbar Unmännliches maskulin aufladen kann, universell, in allen Schichten und Kulturen. Der Marlboro-Mann etwa, Archetyp des einsamen Cowboys, brachte Männern weltweit das Rauchen von Filterzigaretten bei, was lange Zeit als weich und weiblich galt. Echte Kerle rauchten bis dahin filterlos. David Beckham fügte dem globalen Männerbild den Aspekt des Metrosexuellen hinzu, wonach es okay ist, wenn Kerle tütenweise Klamotten, Parfüm und Lifestyle-Schnickschnack shoppen.

Der männliche Heldenfimmel spielt immer mit, selbst beim scheinbar harmlosen Kick im Park. Noch zehn Minuten bis zum Abpfiff, 2:2, es geht um nichts. Plötzlich vertrete ich mir in einem Hasenloch den Knöchel. Der Fuß schwillt umgehend an. Ich humple. Mein Fuß fleht: »Hör sofort auf!« Mein Kopf entgegnet: »Stell dich nicht so an, Schwachmat. Die paar Minuten wirst du ja wohl durchhalten. Die anderen denken doch, dass ich keine Puste mehr habe.«

Kurzer Check, ob Lebensbedrohliches vorliegt, Bruch oder Bänderriss. Fühlt sich grenzwertig an. Weiterhumpeln. Ein Mitspieler fragt, ob alles okay sei. »Geht schon«, presse ich hervor und winke brucewillishaft ab. Ich möchte den Eindruck erwecken, dass ich alles gebe für die Mannschaft, alles. Mit Härte lässt sich mangelnde Begabung bestens ausgleichen. Einer für alle, alle für einen. Jetzt nur nicht das entscheidende Gegentor kassieren. Die anderen werden nichts sagen, aber ich weiß, was sie denken. Exakt das, was ich auch denken würde, falls jemand anders plötzlich humpelt: Weichei! Anti-Held! Es geht nicht um die Mannschaft, sondern um mein Selbstwertgefühl. Knöchel? Welcher Knöchel? Ich spüre nichts.

In meiner persönlichen Rangliste »Helden aus der Realität« liegt Boris Becker unangefochten auf Platz eins, kein Clooney, kein Einstein. Er ist der Prototyp des deutschen Babyboomer-Helden, mit siebzehn aus seinem Leimener Durchschnittsleben herauskatapultiert, um fortan als Projektionsfläche für Männlichkeiten aller Art zu dienen. Der schmerzhafte Becker-Hecht, die riesigen glänzenden Pokale, die Frauen, die Wäschekammer, Trennungen, Peinlichkeiten, Pleiten. Zugleich das Comeback als Trainer. Die

Einsamkeit. Die Brutalität des Boulevards, die Bosheit von uns allen. Das wissende Schweigen. Die disziplinierte Coolness. Was ihn im Sport erfolgreich gemacht hatte, die Finten, das Grenzentesten, Kaltblütigkeit und Risikolust, die Gewalt gegen sich selbst, waren im richtigen Leben nicht zu gebrauchen. Da waren Rücksicht, Kooperation, Vorsicht und weniger Ego gefragt, Eigenschaften, die einen Wimbledon-Sieg todsicher verhindern. Und da ist sie wieder, die Dualität zwischen Held und Welt, Kernkonflikt des Mannseins.

Auf Platz zwei meiner Heldenliste – ich habe nie Anspruch auf Originalität erhoben – steht Dieter Hoeneß beim Pokalfinale von Bayern München gegen den 1. FC Nürnberg 1982. Früh im Spiel ein Zusammenprall, Platzwunde, Blut auf dem Trikot, in der Pause mit zwei Stichen genäht, ohne Betäubung. Weitermachen. Die Münchner liegen 0:2 zurück. »Da konnte ich doch nicht rausgehen«, sagte Hoeneß. Warum nicht? Das 4:2 macht er schließlich selbst, mit dem Kopf, der in einem blutdurchweichten Turban steckt.

Rang drei gehört natürlich Bastian Schweinsteiger, WM-Finale 2014, der epische Cut unterm Auge. Was hätte da alles passieren können. Das ist Helden doch egal. Und ich bin noch keiner Frau begegnet, die sagte, dass der Junge lieber hätte aufhören und sich schonen sollen. Mangels militärischer Idole haben wir uns auf den Sport als gesellschaftliche Heldenakademie geeinigt, wo die großen Epen von Sieg und Niederlage immer neu geschrieben werden. Botschaft: Was uns nicht umbringt, macht uns härter.

Wir Männer lachen. Und meinen es todernst. Vieles von dem, was ich jeden Tag an Aufgaben bewältige, ordne ich in ein Heldenraster ein: Mit vier Einkaufstüten auf dem letzten Treppenabsatz, Plastik schneidet in Finger, Beine brennen, die letzten Stufen – das ist *Die Harder*. Die letzten Kilometer beim Marathon. Nachts am Steuer auf dem Weg in die Alpen, wenn die Familie schläft – der Alltag wird oft erträglich, weil er sich unterbewusst mythologisch aufladen lässt.

Woher stammt diese unheimliche, universelle Macht der Heldenstory?

Joseph Campbell hat schon vor siebzig Jahren eine aufregende Antwort gegeben. Campbell war Mythologe in New York, beeinflusst von dem Schweizer Psychiater C. G. Jung und dessen vier männlichen Archetypen: König, Magier, Verführer, Krieger. Campbell war ebenso fasziniert von Thomas Mann und James Joyce wie von den Sagen der amerikanischen Ureinwohner. Einem breiten Publikum wurde der Forscher erst im Jahre seines Todes bekannt. 1987 wurde die Interview-Reihe *The Power of Myth* gesendet, aufgezeichnet auf der Skywalker-Ranch des *Star-Wars*-Regisseurs George Lucas.

Campbell hat Hollywood und das Kopfkino der Menschen in aller Welt womöglich stärker beeinflusst als der Gigant Lucas, Steven Spielberg oder sonst einer der Filmzauberer. Der Mythologe Campbell hat, basierend auf Joyces Gedanken vom Monomythos, den Begriff der »Heldenreise« geprägt, eine universale Dramaturgie, die immer und überall auf der Welt funktioniert. Der Dramaturg Christoph Vogler hat die Heldenreise für Hollywood übersetzt und ein Art Universalanleitung für erfolgreiche Drehbücher vorgelegt, ob Frodo, Harry Potter oder Luke Skywalker.

Campbell war ein ungewöhnlicher Wissenschaftler, weil er die schwer zu fassende Welt der Mythologie mit der pragmatischen Klarheit einer Forschungsfrage zusammenbrachte. Über Jahre hinweg hatte Campbell Sagen und Epen in einer globalen Metastudie gesammelt und verglichen, ob Bibel und Dreamtime der australischen Aborigines, Ilias und Wagners Ring, die Sagen der Indianer oder die Märchen der Gebrüder Grimm. Das faszinierende Ergebnis: Alle Storys folgten einem ähnlichen Muster, ganz gleich, wo, wann und in welcher Kultur sie entstanden. Die Partnerschaft von Sonne und Mond etwa findet sich in allen Teilen der Welt.

Der kühne Campbell ging noch ein paar mutige Schritte

weiter: Aus den Einzelgeschichten kompilierte er eine Urstory, die vermutlich als globale kulturelle DNA in allen von uns wohnt – die sogenannte »Heldenreise«, die faszinierenderweise für Siegfried und Obama, für Kapitalismus und Sozialismus, für Jesus und Asterix, für Ghetto und Villa, für Jim Knopf und Odysseus, für Eingeborene und Metropoliten, für Männer und Frauen gleichermaßen funktioniert.

Campbells Heldenreise hat 17 Schritte:

- **Der Ruf des Abenteuers**.
- **Weigerung**: Der Held zaudert.
- **Übernatürliche Hilfe**: Mentoren treten auf.
- **Das Überschreiten der ersten Schwelle**: Die Reise beginnt.
- **Der Bauch des Walfischs**: Die Probleme werden gewaltig. Dem Helden wird das Ausmaß der Aufgabe bewusst.
- **Der Weg der Prüfungen**: Eine Reihe von Problemen ist zu bewältigen, zum Beispiel als Kampf mit eigenen Widerständen oder Abschied von Illusionen.
- **Die Begegnung mit der Göttin**: Dem Helden wird die Macht des anderen Geschlechts klar.
- **Die Frau als Versuchung**: Held oder Lebemann?
- **Versöhnung mit dem Vater**: Dem Helden wird sein Erbe, seine Pflicht bewusst.
- **Apotheose**: Dem Helden wird seine edle Herkunft bewusst.
- **Die endgültige Segnung**: Ein Schatz wird erobert, der die Alltagswelt des Helden rettet.
- **Verweigerung der Rückkehr**: Der Held zögert.
- **Die magische Flucht**: Der Held wird zur Rückkehr gezwungen, oft als Rettung vor negativen Kräften.
- **Rettung von außen**: Eine gute Tat oder ein empathischer Gedanke des Hinwegs wird zur Rettung auf dem Rückweg.
- **Rückkehr über die Schwelle**: Der Held trifft daheim auf Unverständnis und muss das Eroberte in den Alltag integrieren.
- **Herr der zwei Welten**: Der Held vereint Neues und Alltagswissen und integriert damit seine innere mit der Außenwelt.

- **Freiheit zum Leben**: Der Held hat Wachstum und Freiheit gebracht und lässt die Welt daran teilhaben.

Warum, fragt die Feministin des 21. Jahrhunderts zu Recht, sind die meisten dieser Erzählungen eigentlich männlich besetzt? Eine mögliche Erklärung lautet, dass die Heldenreise auf dem archaischen Motiv der Initiation aufbaut, jener Transformation vom Jungen zum Mann, vom Kind zum Krieger, zum Jäger, zum vollwertigen Stammesmitglied. Heldsein beinhaltet oft das Abgrenzen zum Weiblich-Mütterlichen, das Verlassen des Nestes.

Während die Frau ihr Erwachsenwerden biologisch eindeutig durch Menstruation, Empfängnis, Schwangerschaft, Gebären erleben kann, fehlen dem Jungen derlei physisch und psychisch intensive Erlebnisse. Um den Knaben zum Mann zu machen, wird die Transformation zum Erwachsenen in vielen Kulturen in kunstvollen Ritualen nachgespielt. Diese Initiationsriten bringen oft reale Entbehrungen, Prüfungen und Schmerzen mit sich – ein Angsttunnel, der dem Knaben klarmacht: Mannsein ist vor allem Panik- und Schmerz-Management. Bei den Samburu in Ostafrika werden Jungen ohne Betäubung beschnitten. Wer zuckt, schreit, weint, wird nicht in die Gemeinschaft der »Männer« aufgenommen. Gefühlsverleugnung ist überall auf der Welt ein Merkmal des Männlichen. Und immer wieder beliebtes Motiv in Literatur und Film.

Dem jungen Mann wird beigebracht, dass er seine Emotionen und Bedürfnisse besiegen kann, wenn er nur die Zähne zusammenbeißt. Die Selbstkontrolle ist kein Selbstzweck, sondern eine Priorisierungsübung: Der Krieger ist in der Lage, den altruistischen Dienst an der Gemeinschaft über sein Ego zu stellen. In zahlreichen Männergruppen wird das Motiv der Initiation nachgeholt, gerade so, als ob es ein Bedürfnis gibt, diesen mythologischen Schritt, egal in welchem Alter, nachzuholen. Gehört eine wie auch immer geartete Initiation unabdingbar zu einer gesunden, erwachsenen Männlichkeit? Auf die Initiation als rituelle Kontrolle testosteronbegünstigter Ausraster gehe ich in Kapitel 3 näher ein.

Die Heldenreise ist eine universelle Erzählung, die in Frauen wie Männern vermutlich gleichermaßen angelegt ist. Als Symbol des Erwachsenwerdens spricht sie aber womöglich vorwiegend die männliche Seele an: Der Mann als labiler Akteur in Grenzbereichen der Weltrettung, die Frau als staunende, zweifelnde, amüsierte Rezensentin.

Kühne Vermutung: Ist diese jahrtausendealte kollektive Sage von der Heldenreise womöglich so mächtig, dass sie sich in unsere DNA geschlichen hat? Hat der Mann den Heroen-Fimmel in den Genen? Was zunächst bizarr klingt, wird, mit aller Vorsicht, von aktuellen Forschungsarbeiten aus der Epigenetik gestützt. Stress, Traumata, vererbte Denkmuster, etwa eine Heldenerzählung, können sich im Blut, im Hirn, in der DNA abbilden, wie Peter Spork in seinem Bestseller *Gesundheit ist kein Zufall: Wie das Leben unsere Gene prägt – Die neuesten Erkenntnisse der Epigenetik* ausführlich erklärt.

Fragen über Fragen: Ist die Heldenreise ein geheimes Programm, dem Männer weltweit folgen? Ist diese Metaerzählung vom Heldenmann modernisierbar, trivialisierbar, adaptierbar für eine Zukunft, die mehrdimensionalere Helden braucht als Superman oder Uwe Seeler? Und wie toxisch ist der männliche Heldenfimmel, der sich auf Lebensqualität und -erwartung nicht immer positiv auswirkt?

In jeder Heldenfigur ist das Tragische eingebaut. Eines Tages kommt der Tag des Falls. Der Held versagt. Sein Mythos stirbt. Diese Dualität von Idolisieren und Entzaubern haben viele Männer in der eigenen Familie erlebt, bei Vätern und Brüdern oder bei medialen Figuren: Superschauspieler Helmut Berger, dem alles egal war. Supermusiker Michael Jackson, der den Kopf verlor. Tarzan Johnny Weissmüller, der mit den Nerven runter war. Old Shatterhand Lex Barker, der einen Herzanfall erlitt und in einer Pfütze endete. Schließlich Superman Christopher Reeve, der seit einem Sturz vom Pferd einen Rollstuhl brauchte. Scott F. Fitzgerald sagt: »Zeig mir einen Helden, und ich schreibe dir eine Tragödie.«

Nichts ist grausamer, als den eigenen Heldenvater zu erleben, wenn er besoffen heimkommt, sich den Frust von der Seele brüllt, still weint oder einfach nur den undenkbaren Satz sagt: »Ich kann nicht mehr.« Der Heranwachsende spürt, dass mit den üblichen maskulinen Parolen – »Wird schon!«, »Kopf hoch!«, »Geht vorbei!« – nichts auszurichten ist.

Mein Vater kam nie betrunken nach Hause, gleichwohl erlebte ich eine dramatische Entzauberung – seinen überraschenden Tod. Krebs. Er war kein Premium-Held. Aber Sterben, einfach so, das war auch für mittlere Helden undenkbar. Ich bin sicher, dass er sich noch auf den allerletzten Metern heftige Vorwürfe gemacht hat, weil er glaubte, versagt zu haben, als Versorger, als Vater, als Ehemann, als Vorbild, als Kämpfer.

Eiserne Männerregel: Den Entzauberungsmoment nie ansprechen, sondern tief vergraben, auch wenn exakt aus diesem Loch schon bald der nächste Dämon kriechen wird. Aber der Erhalt der Legende geht vor. Schließlich ist da die Hoffnung aufs Comeback. Hat bei Rocky und dem Terminator ja auch geklappt.

Im Heldenfimmel offenbart sich ein überaus schmerzhafter Männerspagat, der unauflösliche Konflikt zwischen den übermäßigen Erwartungen, mindestens die Welt zu retten, und den Schattenseiten wie Schwäche, Angst, Scham, Einsamkeit. *Breaking Bad* und *Magnolia*, Schicksale wie der aussichtslose Kampf von »The Greatest« Muhammad Ali gegen Parkinson oder die inneren Konflikte des *Tatort*-Kommissars Faber offenbaren das ewige Dilemma, vom Motiv des Alleinseins zusätzlich dramatisiert.

Gibt es einen heroischeren Alltagssatz als: »Das kriege ich allein hin«? Und wie oft ist's gelogen? Wer will schon wirklich lange allein sein? Spontane Panik. Kennt nicht jeder diese Figur des leicht teigigen Mannes Mitte dreißig, Hoodie, Zopf, der lange, technische Vorträge halten, Inhaltsangaben zu jeder TV-Serie liefern kann und allein wohnt? Leise höhnen die Dämonen: Bald lebst du auch so. Das Drama des einsamen Kämpfers, gescheitert am Erwartungsdruck, wird uns noch in zahllosen Spielarten begegnen.

Männer mögen das Thema nicht. Es gilt der Imperativ des kategorischen Verdrängens. Lieber ein paar Witze machen. Rasch das Thema wechseln. Und Respekt für Gunther Sachs äußern, der die Cojones hatte, sich einen Pistolenlauf an den Kopf zu halten. Schwäche zeigen, das bringt doch nichts. In der Schule habe ich den ersten Selbstmord eines Jungen erlebt, in der Uni den zweiten, im Freundeskreis unlängst den dritten.

Einen Beitrag leistet womöglich dieser kollektive Männerfimmel vom stillen Dulden. »Nur ein Kratzer«, sagt jeder angeschossene Mann, auch wenn er sich soeben einen Steckschuss in die Herzkammer eingefangen hat. Schweigen unter Folter, eiserne Knasthärte, den bewusstlosen Kameraden auf der Schulter durch die Sahara schleppen – und niemals aufgeben. Wird schon. Der Mythos vom Durchhalter begünstigt die Selbstvernachlässigung. Wer um letzte Dinge kämpft, hat keine Bedürfnisse. Frauen gehen zum Arzt, Männer sterben.

Was ist das Leben schon gegen den Lohn des Helden, ewigen Ruhm? Wir erzählen uns die Geschichten des Polarforschers Ernest Shackleton, wie er seine Mannschaft durchbrachte, nachdem das Schiff im Packeis verloren war. 500 See- und Eistage hatten die Männer schließlich hinter sich, in denen der selbstlose Kapitän Shackleton seine Handschuhe verliehen hatte, was ihn ein paar Finger kostete. Oder Admiral Nelson, der sich in der ruhmreichen Seeschlacht bei Trafalgar den gegnerischen Scharfschützen derart ungeschützt darbot, als wollte er mit dem Tod ewigen Ruhm erlangen: gefallen im Sieg gegen Napoleon, in jenem Gefecht, dessen Strategie er ausklügelte und das das britische Jahrhundert begründete. Geschichte wird mit dem Blut von Helden geschrieben.

Das Idealisieren von Tod und Leid ist zentrale Säule des Heldenfimmels. Sich bei der Tour de France zu Tode radeln wie Tom Simpson? Im Himalaya erfrieren? Aus dem Weltraum zurück auf die Erde springen? »Der Mann behandelt seinen Körper wie eine Flachzange«, sagt Ralf Bönt, Autor von *Das entehrte Geschlecht*. Wir wiederholen bis heute Evergreens wie »Schmerz ist, wenn Schwäche den Körper verlässt« und bewundern Marathonläufer, Extrembergsteiger, Weltumsegler, Start-up-Millionäre und Das-schaffe-ich-schon-Rackerer.

Wer wagt, auf seinen meuternden Körper zu hören, ist ein Weichei. Fünfmal mehr Jungen als Mädchen sterben an Diabetes, weil das Prüfen als uncool gilt. Leben Männer auch deswegen etwa fünf Jahre kürzer als Frauen? Warum verschwindet in Kibbuz und Kloster der Unterschied der Lebenserwartungen?

Draußen wispern die Dämonen: Doomsday! Abrechnung! Genug ist genug! »Es kommt der Tag, da will die Säge sägen« – völlig hohl, aber urmännlich, dieses Motto aus *Jede Menge Kohle*, dem Ruhrpott-Epos von 1981. Die Säge will sägen – was genau wollen uns diese Worte sagen? Muss getan werden, was getan werden muss? Ein Mann, ein Wort? Heldentexte legitimieren jeden Unsinn, Sägen, Foltern, Vernichten. Einer muss es ja tun. Die Mission. Alternativlos.

Kann uns Normmännern natürlich nicht passieren, oder? Schon mal eine Grillwurst mit den Fingern vom Rost geangelt, während die Partnerin die Zange reichte? Klar. Bierflasche mit ungewöhnlichen Methoden geöffnet? Logisch. Trotz unklaren Wetters losgewandert in die Berge, unvernünftig schnell nachts über die Landstraße gebrettert? Eben.

Das *British Medical Journal* fragt, warum vor allem Männer völlig irrsinnige Risiken eingehen, auf Autobahnmittelstreifen balancieren oder an steilen Klippen turnen. Ist es die Sucht nach Anerkennung oder Prahlerei mit der Furchtlosigkeit? Auch. Aber zentrale Triebfeder ist am Ende womöglich der Heldenfimmel, der am einfachsten als Gegenteil von Vernunft zu erklären ist. Unter Wissenschaftlern kursiert eine scherzhafte Erklärung, die Male Idiot Theory (MIT), wie der legendäre Darwin Award ist sie Menschen gewidmet, die auf absolut hirnrissige Art ums Leben kommen. Überwiegend Männer natürlich.

Es gilt das Paradox: Vieles von dem, was den Mann zum Mann macht, bringt ihn auch um. »Mannsein«, so Walter Hollstein, »ist hochriskant.« Ob die Akteure im Darknet, ob Terroristen, Hardcore-Gamer, Hooligans, Soldaten, G20-Steineschmeißer, Sportheroen – überwiegend Männergeschichten. Und sie werden immer und überall weitererzählt. »Mädchen sind verletzlich, Jungs sind stark«, ergab 2017 eine Studie der Johns Hopkins University, erhoben in fünfzehn Ländern, in mehreren afrikanischen Nationen, in China, Indien, USA, Ägypten, Schottland und Belgien. Die Legende vom harten Kerl werde in allen Kulturen und sozialen Schichten wiederholt, von Geschwistern und Eltern, Mitschülern und Lehrern, Trainern und Geistlichen, sagt Studienleiter Robert Blum. Normabweichler wiederum würden bestraft. Männer verstehen oft erst im Sterben, dass sie womöglich den falschen Heldenstorys hinterhergelaufen sind.

Die Heldenerzählung, der Kampf bis zum Letzten, all diese archaischen Motive haben in der »postheroischen Gesellschaft«, wie der Historiker Herfried Münkler sie nennt, ihren Glanz verloren. Der Philosoph Christoph Türcke betont die Vorbildfunktion des Heroen, beobachtet aber gleichzeitig, wie der Heldenkult von kriminellen Männerbünden gekapert und missbraucht wird.

Es ist Irrsinn, mit einem Flugzeug in ein Hochhaus zu fliegen, aber: Die Tat erfordert eine gehörige Portion Mut. Sich mit einer Knarre in eine Menschenmenge zu stellen, um sich zu ballern und ganz sicher zu wissen, dass man diesen Ort nicht lebend verlassen wird, ist zu verachten, aber gewiss nicht als »feige« zu bezeichnen.

Islamisten und andere Attentäter fordern die moderne

Gesellschaft an einer empfindlichen Stelle heraus. Wer würde sich opfern für die Idee von Pluralität und Freiheit? Heldentum, das bedeutet nichts anderes als Opferbereitschaft. »Herakles« heißt: »Der von Hera zum Opfer Berufene«. Insofern wird die Frage direkt an uns Männer gestellt. Und negativ beantwortet: Frühe Tode, auf welchem Schlachtfeld auch immer, werden nicht mehr so gern gesehen.

Welche Heldenerzählungen taugen dem modernen Mann als Vorbild? Das mutige Eingreifen in der S-Bahn? Den Jahresurlaub für ein Aufforstungsprojekt im Regenwald drangeben? Der Familie zuliebe einen hochdotierten Job sausen lassen? Hier entstehen die alltagstauglichen Heldenerzählungen der Zukunft.

Schön, wenn wir unseren Kindern Programmieren und Querflöte beibiegen. Was ist mit dem Lernen am Modell, den Vorbildern außerhalb des YouTube-Kosmos? Wo sind die, die für eine Überzeugung einstehen, die Zivilcourage zeigen, die Einbußen oder Nachteile in Kauf nehmen, um der guten Sache zu dienen? Nicht Götzen zum hirnlosen Anbeten, sondern Bewahrer des Guten. Da bieten wir unseren Söhnen bestenfalls die Idole der Computerspielwelt an. Oder Fußballer, die mit der Volljährigkeit schon Millionäre sind. Und was macht der Heldenpapa? Guckt Sportschau. Den dürfen wir jetzt nicht stören.

An dieser Stelle eine kleine Aufgabe: An einem der nächsten Wochenenden, wenn wieder verschärfter Hobbydienst ansteht, einfach die vielen wichtigen Verpflichtungen sein lassen, sogar den Fußball. Stattdessen nichts weiter als auf einem Stück Papier die drei größten Ängste notieren und dazu jeweils den einen Satz, der mit der Angst immer und immer wieder durch den Kopf schießt. Mein langjähriger Favorit: »Ich habe Angst, meine Familie nicht ernähren zu können.«

Und sonst? Nichts weiter. Nur die drei Ängste, ganz in Ruhe. Und sacken lassen, vielleicht eine Runde spazieren gehen und hinterher spüren, was los ist. Wenn es stimmt, dass die Schatten umso mächtiger sind, je unbekannter und verdrängter sie wirken dürfen, dann könnte diese kleine Übung einen guten Schritt Richtung Erleichterung bedeuten.

Der Sehnsuchts-Spagat
Zwischen Pflicht und ungelebtem Leben

Wenn ich mir den Tod vorstelle, drängen große Bilder in meinen Kopf: der einsame Kampf in den letzten Stunden … ein Geheimcode, der mit dem letzten Atemzug verraten wird … ein Holzboot mit der Leiche gleitet auf den See. Männer sterben nicht einfach so, sondern dramatisch: durch eine Kugel aus dem Hinterhalt, im heroischen Kampf, immer zu früh. Und sofort kommt die Frage auf: Ob ich wohl einen stolzen Abgang hinlege?

Immer, wenn ein Freund stirbt, dann stelle ich mir vor, ich sei auch gerade gestorben. Interessante Fragen, die da hochkommen: Was werden meine Nächsten auf der Trauerfeier über mich sagen? »Er war ein echter Kerl, ein ganzer Mann, mutig, entschlossen, ein Kämpfer für das Gute und Wahre«? Bestimmt nicht. Sagt jemand die Wahrheit, vom Schisser und Anpasser? Von einem Mann, der nie so ganz richtig Mann war, sondern viel zu oft ein Erwartungserfüllungsdienstleister? Bitte nicht. Neulich habe ich tatsächlich fantasiert, ob es Rabatt für die Todesanzeige gibt, weil ich doch so lange bei der Tageszeitung gearbeitet habe. Geld, Kosten, Ausgaben – das ewige Thema des Versorgers. Männlich?

Ich habe Angst, dass die ganze, brutale Wahrheit ans Licht gezerrt wird über einen überforderten Egomanen, der Antworten zu haben vorgibt, obgleich er nicht mal die richtigen Fragen stellt. Einer, der sich vom Schiss um den eigenen Job, die Kinder und die Beziehung zerfressen lässt. Ich will ein Pferd und die Prärie.

Wo ist der Kerl von früher geblieben? War er je da? Wie wird wohl meine letzte Bilanz aussehen, kurz vor dem Sensenhieb, wenn es endlich ehrlich zugeht? Was werde ich bereuen? Den Sicherheitswahn. Das unerfüllte schwarze Loch der Sehnsucht. Das schlechte Gewissen, diese Welt nicht ein wenig besser gemacht zu haben. Die lebenslange Furcht davor, einfach mein Ding zu machen.

Mein Ding, mein Ding ... was soll das überhaupt sein? Bauernhof mit Schnurtelefon, Slum-Doktor, Tantra in Goa, Globalisierungskritiker, mit dem Rad um die Welt? Wo kommen wir denn da hin? Wir kennen doch die Geschichten, wie solche Flausen enden. Jetzt mal hübsch auf dem Boden bleiben. Lief doch gut, die ersten fünfzig Jahre. Wohlgeratene Söhne, eine kluge, schöne, geduldige Frau, die ein Vierteljahrhundert mit mir aushält, ein Auskommen, Lebensversicherung und neulich Prostata-Vorsorge ohne Auffälligkeiten.

Ich müsste dankbar sein, sehr dankbar. Bin ich aber nicht. Stattdessen dieser hartnäckige Reflex – schlechtes Gewissen. »Du bist undankbar!« Das warf mir mein Vater zum ersten Mal vor, als Adenauer gerade abgetreten war. Ich bin randvoll mit diesen Sätzen, wie ich zu sein, was ich zu denken, zu fühlen, zu machen habe. Tu das! Lass das! Das ist falsch! Das geht nicht! Und morgen das Gegenteil. Wer bin ich? Was bin ich? Überall Widersprüche und Apokalypsen. Wie zwanzig, dreißig, vierzig weitere Jahre durchhalten trotz wachsender Erschöpfung von Körper, Geist und Seele?

In kurzer Zeit haben sich drei Männer aus meinen Leben verabschiedet, die mir wichtig waren, jeder auf seine Art. Lars starb mit fünfzig völlig überraschend auf dem OP-Tisch; eine unentdeckte Herzgeschichte. Markus, knapp sechzig, verlor im Kampf gegen den Krebs. Die Strahlenkanone hatte seinen Körper zu einem Häuflein zusammengeschossen, sein Herz wuchs zugleich ins Gigantische. Ein Löwe. Georg schließlich, über achtzig, hatte sich in das unheimliche Land Demenz verabschiedet. Er war für sich, aber durchaus fröhlich.

Diese drei repräsentierten die bunte Welt des Mannseins: schwul/hetero, Ost/West, Kriegszeuge/Wirtschaftswunderkind, Familie/Kinder, angestellt/freiberuflich, Feierbiest/Bücherwurm, Silberne Hochzeit/Single, laut/leise, polyamor/monogam (angeblich), Bausparer/Hipster, muskulös/leptosom, geschieden/verwitwet. Soziodemografisch nahezu alles dabei. Mit allen dreien habe ich Abschiede, Ängste, letzte Einsichten erlebt und oft auch beredet. Und alle drei haben mich bestätigt, mich auf die Suche nach dem Mann in mir zu begeben. Denn sie haben einen anstrengenden Spagat gelebt: Alle wussten, zumindest intuitiv, was ihnen zu einem erfüllteren Männerleben fehlte. Aber sie haben dieses Wissen ignoriert. Das soll mir nicht passieren.

So unterschiedlich ihre Leben verlaufen und ihre Werte ausgeprägt waren, so ähnlich war ihr Verhalten auf den letzten Metern: Bei allen fiel die Maske. Keine Status-Show mehr, weder große Klappe noch beredtes Schweigen, kein Wort über Autos, Fußball, ETFs, all die Dinge, die Männer angeblich brauchen. Alle drei zeigten sich mutig in all ihrer Verletzlichkeit. Sie weinten, hatten Angst, suchten Klärung, Nähe, Vergebung. Sie hatten ihre Rüstungen abgelegt. Sie redeten und zeigten Gefühle, was Männer angeblich ja nie tun. Sie ließen den Druck erahnen, den sie ihr Leben lang verspürt hatten. Sie wagten es, ihr maskiertes Leben zu offenbaren, sie gaben zu, dass sie viel zu oft gegen ihre Gefühle, ihre Bedürfnisse gelebt und stattdessen Erwartungen erfüllt, Rollen gespielt hatten: Steh deinen Mann!

Sie berichteten von einer lebenslänglichen Einsamkeit, von der Scham für Gefühle, die sie für Schwäche hielten, von der unspezifischen Traurigkeit, der Wut, der Verzweiflung, diesem männlichen Giftcocktail, der mir so vertraut war, den wir aber von zerschrammten Kinderbeinen an gelernt hatten zu verdrängen und zu verschleiern. Auf den letzten Metern hatten Georg, Markus und Lars den Zugang zu ihrer inneren Welt gefunden, die ihnen ihr Leben lang verborgen geblieben war: eine Welt ohne Maskerade. Mit meiner Neigung zum Drama bildete ich mir ein, ein Erbe, ein Vermächtnis, einen Auftrag zu erhalten, der lautete: Warte nicht so lange wie wir. Guck dir deine Giftfässer an, du hast doch auch genug davon im Seelenkeller. Lass die Show und hör auf deine wahren Bedürfnisse.

Der zunehmend demente Georg hatte in der großen Alzheimer-Lotterie ein vergleichsweise glückliches Los erwischt, eine freundliche Form der Krankheit. Sein Leben lang war Georg eher grummelig und introvertiert gewesen, sehr ernst, bescheiden, freudlos-protestantisch, gerade so, als wollte er sich selbst bestrafen, für was auch immer. Georg entstammte einer bildungsbürgerlichen Familie mit Professoren und anderen Gelehrten, die ihm immense Traditionspflichten aufgeladen hatte. Doch traumatische Kriegserlebnisse als Junge, die nie bearbeitet worden waren, hatten ihn verschüchtert und verkapselt; sein Studium hatte er nicht beendet. Georg lebte unter dem unmenschlichen Druck, den Erwartungen seiner Dynastie nicht gerecht geworden zu sein.

Die Lockerheit von Achtundsechzig war spurlos an ihm vorübergegangen. Georg war zeitlebens verklemmt und verstockt, fand immer einen Grund, sich zurückzuziehen oder zu schämen, vor allem für Vergnügungen. Sport, Sonnenbaden, Konzerte, Feiern – alles Emotionale oder gar Erotische war ihm unheimlich, Freude suspekt. Er hatte sie nicht verdient, fand er.

Nun plötzlich, als die Krankheit die Diktatur der Dämonen niedergerungen hatte, entdeckte er die Freundschaft zu sich, seinem Körper, seinen Bedürfnissen. Wie befreit sang und lachte er, zog sich plötzlich aus, spielte bisweilen hemmungslos an sich herum, tanzte, juchzte, freute sich seiner Nacktheit. Für das Pflegepersonal, die anderen Heimbewohner und Besucher war der alte Mann eine ziemliche Zumutung, obgleich er niemandem etwas zuleide tat. Er hatte offenkundig Spaß daran, herumzutollen, unbefangen wie ein Kleinkind im Planschbecken. Die Scham war verschwunden, der Statuskampf, der ganze Pflichtballast, das schlechte Gewissen, das bittere Raunen der Versagensstimme. Peinlich berührte bis empörte Blicke störten ihn nicht mehr. Wer vermag zu beurteilen, welcher Georg der glücklichere, der authentischere, der männlichere gewesen ist?

Markus war einer dieser Männer, die ich seit jeher bewunderte. Er war ein Künstler durch und durch, keiner dieser kreativen Arroganzlinge, sondern lebenstüchtiger Ausprobierer. Ein Stück Holz, eine Kamera, ein Stift, ein Instrument, eine Tastatur – was immer er vorfand, Markus machte etwas Schönes, Schlaues, Dauerhaftes daraus. Er hatte eine tolle Frau, tolle Kinder, es herrschte eine prima Atmosphäre, wo immer er auftauchte. Ein großartiger Mann, er hatte alles richtig gemacht. Dachte ich.

Kurz vor seinem Tod berichtete Markus dann unter Tränen, wie sehr er unter den Unzulänglichkeiten gelitten hatte, die er ständig empfand. Was ich für Kunst hielt, kam ihm ungenügend vor, banal. Nie hatte er einen großen Preis gewonnen, einen Bestseller geschafft, irgendeine Hitliste erobert. Er meinte, seine Perfektionspflicht als Mann nicht erfüllt zu haben, hatte zu wenig Erfolg, zu wenig Anerkennung, hatte nicht gebracht, was er von sich selbst erwartet hatte. Obgleich er unglaublich vielen Menschen Freude bereitet hatte, sah er nur die, die er nicht begeistert hatte.

Seit seiner Kindheit hatte er die Bürde des Nicht-Genügens mit sich geschleppt, den ewigen Imperativ des Nochmehrleistenmüssens. Erst im Angesicht des Todes konnte er über diese unsichtbare Last sprechen, über seine Glaubenssätze, die ihm immer noch mehr abverlangten, die vermeintlichen Erwartungen, die in ihm wühlten, das unerfüllbare Superheldensein. Eine befreundete Psychologin riet ihm zu einer Meditation, mit der der Mensch sich selbst verzeihen lernt, Frieden schließt und Ruhe findet im Kampf mit der inneren Peitsche. Markus hatte damit begonnen. Dann starb er, tapfer, stark und stolz. Wir bewunderten seine Würde; ihm wäre es wahrscheinlich nicht gut genug gewesen.

Lars war auch so einer, den ich beneidet habe, weil er scheinbar ein sozialverträgliches Bohemien-Leben führte und jene unbefangene, hemmungslose Fröhlichkeit verströmte, die festangestellte Familienväter an freiberuflichen Singles verabscheuen, weil sich darin ihr eigenes ungelebtes Leben so furchtbar präzise zu spiegeln scheint. Lars war ein fröhlicher Schwuler, »manchmal auch bi«, wie er gern erzählte, er lebte offen polyamor, streifte durch die tollsten Berliner Partys und die schummrigsten Klubs, er kannte die verrücktesten Leute. Sein Job als Agent für Prominente hatte ihn reich, ziemlich berühmt und überwiegend beliebt gemacht. Lars lebte im dystopischen Babylon Berlin Männerträume vom Ungezügeltsein aus. Der traut sich was, so dachte ich, der lebt nur einmal, aber richtig. Manchmal fragt sich der Bausparer eben, ob er auf seinem Lebensweg immer die richtige Abzweigung genommen hat.

Kurz vor einer Operation, die er nicht überleben sollte, schickte Lars eine knappe, bewegende SMS: Er habe mich immer beneidet um meine Familie, um die Nähe zu meinen Kindern, um die Tiefe meiner Partnerschaft. Sich selbst sah er an der Oberfläche des Lebens dümpeln, immer mit diesem Gefühl, vor lauter Szene-Hüpfen etwas Wesentliches zu verpassen. Mal abgesehen davon, ob Lars mein Leben richtig einschätzte: Unsere beiden vermeintlich ungelebten Leben passten ineinander wie Yin und Yang. Was ist eigentlich sinnloser, als sich gegenseitig zu beneiden? Auch so eine Männersache – die Jagd nach dem perfekten Leben und die Traurigkeit darüber, dass scheinbar alles an uns vorbeiläuft, während wir die Hypothek abstottern.

Scham und Schuld, der Druck von Familie oder den brutalen eigenen Erwartungen, diese Angst, nicht zu genügen, nicht richtig zu leben, der stete Antreiber im Kopf – ich konnte all diese Dämonen bei Georg, Lars und Markus sehen, hören, nachspüren. Ich war nicht allein mit all diesen alten Bekannten. Es war bewegend, diese drei Männer in ihrer ganzen ungeschützten Ehrlichkeit erleben zu dürfen. Und ich betrachtete ihre Bilanzen als Geschenk und als Auftrag zugleich, Spaß und Tiefe am Mannsein zu empfinden, ohne die Bürden von Evolution, Tradition, Kultur und Mindfucks zu ignorieren. Ich nahm den deutlichen Hinweis wahr, nicht erst im Sterben mit dem Aufräumen anzufangen. Was nützt es dem Marathonläufer, wenn er auf den letzten Metern des Rennens feststellt, dass er sein Leben lang falsch trainiert hat?

Der Tod der drei Freunde kam mir wie die Aufforderung zu einer Mutprobe vor. Markus hätte gesagt: »Wie lange willst du dich noch in Arbeit und Konsum und Sucht und Grillbibeln und Bundesligatabellen und all den anderen Ablenkungskram flüchten? Mach, was ganze Kerle machen: Stell dich deinem härtesten Gegner – dir selbst.«

Was wäre, wenn ich mir meine Glaubenssätze, meine Geschichte, meine Prägungen, meine Ticks und Macken und all die inneren Peitschen wirklich anschauen würde?

Was wäre, wenn ich das tantrische Prinzip des liebevollen Beobachtens anwende? Was auch immer auftaucht, alles ist willkommen.

Was wäre, wenn ich auch unangenehme, peinliche, merkwürdige Gefühle etwas länger betrachte, ohne sofort zynisch abzuwinken und wegzuzappen? *Du hast Gefühle, aber du bist nicht deine Gefühle.*

Was wäre, wenn es mir gelänge, meinen inneren Mann als Freund zu gewinnen? Immer unter der Prämisse: Du hast eine Männlichkeit in dir, aber du bist nicht deine Männlichkeit. Sie kann dich steuern, wenn du das willst, sie muss das aber nicht.

Und was wäre, wenn ich sofort mit der Selbstinspektion beginnen würde, anstatt mich zu ermahnen, mich doch bitte nicht so wichtig zu nehmen?

Die Killerfrage vor jedem Abenteuer lautet: Was kann im schlimmsten Fall passieren?

Antwort: nichts. Außer dass Dämonen ans Licht kommen. Na, dann los.

Der Defensiv-Spagat
Abwehren, abwehren, abwehren

Schäme ich mich? Wahrscheinlich. Weil Emotionen für mich oftmals gleichbedeutend sind mit Schwäche. Das Wegschieben unangenehmer Gefühle ist so fest in mir verankert, dass allein das Bewusstmachen schon eine gewaltige Anstrengung bedeutet.

»Na, wie geht's?«

Typische Männerfrage, die allerdings nicht auf eine ehrliche Antwort zielt. Dann müsste ich sagen: »Nicht so doll. Meine Söhne arbeiten sich gerade heftig an ihrem Vater ab. Das tut ganz schön weh. Meine Frau langweilt sich mit mir, glaube ich. Und im Job erst: Die jungen Leute machen mich fertig. Früher war ich immer der Dynamiker. Jetzt frage ich mich, wie ich die Jahre bis zur Rente rumkriegen soll, ohne dass jemand merkt, wie fertig ich bin. Außerdem saufe ich zu viel. Zu fett bin ich auch. Und dieses Ziehen im Magen wird immer schlimmer. Durchhalten, sage ich mir dann, durchhalten. Und hör auf zu jammern.« So würde eine ehrliche Antwort lauten. Aber die mute ich maximal zwei sehr guten alten Kumpels zu.

Ich versuche also ein bittercooles Lächeln zwischen Selbstironie und lässiger Tapferkeit und sage: »Och, muss ja, ne?«

So hätte mein Vater geantwortet. Und ich habe diese zwei Worte übernommen. Immer, wenn mich jemand fragt, wie's denn so geht, sage ich reflexartig: »Muss ja.« Ich fand die westfälische Lakonie eine Weile lustig, diesen selbstironischen Alltagshelden-Blues zwischen Pflichtenhorror und Duldsamkeit.

»Muss ja« – ich bin mir nicht mehr sicher, ob diese Antwort gut ist. Sie ist eine Vermeidungsfloskel. Wer »Muss ja« sagt, wird am Ende des Lebens keine optimistische Lebensbilanz ziehen. Man musste ja. Aber wollte ich auch? »Muss ja« impliziert Fremdsteuerung, jemand hat mir etwas befohlen.

Zufrieden ist, wer sein Leben in den eigenen Händen zu halten glaubt, sagt die Psychologie. Zufrieden sind Menschen, die sich autonom fühlen, aktiv zu entscheiden. »Muss ja« ist passiv, die Bassline für das endlose Lied von Unerfüllt- und Überfordertsein durch andere: Ich hätte so gern gewollt, aber ich konnte nicht. Da ist es wieder, das Heroische.

Mit dem duldsamen Heldendasein, das die Außenwelt bedient, kommt fast automatisch die Gefühlsreduktion, das Vernageln der Innenwelt. Unsere eingebildete Mission verlangt Langmut, Disziplin, Unempfindlichkeit, Opfer, aber kein Gejammer. Mannsein bedeutet, mit einem knappen Vorrat an Emotionen zurechtzukommen. Jungen überall auf der Welt trügen eine übergroße »heroische Hälfte« in sich, sagt der Harvard-Psychologe William S. Pollack, die zugleich verschnürt sei in einer viel zu engen emotionalen Zwangsjacke. Mal sehen, ob der Aufwand berechtigt ist, den wir Männer treiben, um auf gar keinen Fall diese Gefühle an uns heranzulassen.

Einen der bewegendsten Männertexte hat der Moderator und Lauftrainer Rafael Treite bei Facebook verfasst. Exakt dreißig Jahre nach einer traumatischen Delle im Leben findet er endlich die Kraft, darüber öffentlich zu berichten. Es war der Moment, als seine Eltern ihn weggaben zu einer anderen Familie. Den Umzug bewältigte Rafael, sechzehn Jahre alt, mit zwei Umzugskartons im Intercity, er trug den Abschiedsbrief seiner ersten Freundin in der Tasche und dazu die Fahrkarte für die Hinfahrt. Rückfahrkarte gab es keine.

Rafael gesteht, dass er heute noch weinen muss, wenn er an diesen Moment auf dem Bahnhof denkt. Er gibt zu, ein sensibler Mensch zu sein, »ein bekennendes Weichei«. Ich war gefesselt von dem Mut dieses Kerls. Weil er alles auf den

Tisch packte, was wir so gern ignorieren: Angst, Einsamkeit, Traurigkeit.

Er ist jedem Suchtmittel aus dem Weg gegangen, aus Angst, dran hängenzubleiben, und musste sich dafür als Spielverderber beschimpfen lassen. Ihm hat das Laufen geholfen, sein Leben mit den vielen Momenten des einsamen Zweifelns zu bewältigen. Rafael Treite hat seine Geschichte vor allem deswegen erzählt, weil ihm zu viel Neid und dummes Gerede begegnet sind, von Menschen, die einfach nicht wissen, wie es anderen ergangen ist. Respekt. Warum berührte mich der kurze Text so? Weil diese Klarheit bei Männern so selten ist, das freimütige Eingestehen dessen, was ich so gut kenne und so sehr fürchte.

Scham … Ich gründele vorsichtig. Ja, da wäre was. Eine Menge düsterer Erinnerungen werden angespült: Momente auf dem Schulhof, Garstigkeiten meiner Mutter gegenüber, zahllose Anzüglichkeiten, die ich offenbar ganz allein komisch fand. Bange Frage: Habe ich mich in meinen wenigen Jahren als Vorgesetzter immer korrekt verhalten? Eher nicht. Abwerten, das konnte ich gut.

Und da wäre noch was: Scham wegen Feigheit. Habe ich jemals die Stimme erhoben, wenn andere in meiner Gegenwart angemacht, runtergemacht, einfach schlecht behandelt wurden, ganz gleich ob Männer, Frauen, Kinder? Habe ich, aus welchen Gründen auch immer, weggehört, gegrinst, mitgemacht? Ja, klar. Ich war dabei. Vielleicht nicht in vorderster Linie, aber garantiert auch nicht im edlen Bereich. Natürlich war und ist die MeToo-Debatte mir unangenehm, weil ich mich erwischt fühle. Ich kann das verdrängen, so wie ich es lange gewohnt war. Oder damit umgehen. Aber wie?

Das Erweitern der männlichen Gefühlspalette sei seine Hauptaufgabe, sagt der großartige Therapeut Björn Süfke. Sein Buch *Männerseelen* ist ein ebenso klarer wie liebe- und verständnisvoller psychologischer Reiseführer. Um mit den eigenen Gefühlen umgehen zu können, muss man sie erst einmal sehen, spüren, wahrnehmen und bestenfalls sogar benennen können. Hier beginnt das Drama. Männer, so Süfke, haben durchweg eine Gefühlsblockade. Nicht weil sie dumm oder unempathisch sind. Sondern weil sie es so gelernt haben, Generation für Generation.

Björn Süfke sagt: »Für uns Männer ist das die schwerste und großartigste Aufgabe überhaupt: in den eigenen Teich zu blicken, sich dabei nicht vom Spiegelbild der Oberfläche beirren zu lassen, sondern in die Tiefe zu schauen, in die heimliche, die unheimliche Innenwelt. Auf eine Entdeckungsreise zu gehen, die Verborgenes zutage bringt. Und die Erkenntnis: Dort unten, in uns drin, lauert nicht der Feind.«

Warum aber sind diese elenden Gefühle so wichtig? Sind doch lästig, die Dinger. »Heul nicht rum, mach weiter«, sagen Männer in vielen Varianten. Und das ist ungesund. Männer verkraften Trennungen schlechter als Frauen, trinken mehr, flüchten in Aggression, suchen selten nach Hilfe. Die seelischen Verletzungen wachsen sich zu Depressionen aus oder anderen Krankheiten. Warum leidet der Mann schweigend? Weil negative Gefühle als unmännlich gelten, wie im Frühjahr 2018 der Fußballer Per Mertesacker erfahren musste. In einem Interview hatte er offen berichtet, wie sehr ihn der doppelte Druck von öffentlicher und eigener Erwartung quält; so sehr, dass er vor jedem Spiel massiven Brechreiz verspürt. Die Häme, die dem unerschrockenen Abwehrturm daraufhin entgegenschlug, klang geradezu mittelalterlich. »Weichei!«, so lautete das Urteil vieler Fußballanhänger. Die SPD-Politiker Beck, Platzeck, Schulz haben Ähnliches erlebt. Schwäche zeigen, das wird in der Theorie oft gefordert, aber in der Praxis kaum geduldet.

Durchhalteparolen funktionieren in Krisenphasen, aber als dauerhafter Sirenenton verschleißen sie sich und andere. Zufriedenheit ist das Gegenteil von Krise, ein Zustand von befriedigten Bedürfnissen.

Die ebenso simple wie herausfordernde Aufgabe für jeden Mann: die eigenen Bedürfnisse zunächst einmal erkennen, akzeptieren, befriedigen. Ein Mann, der sich einsam fühlt, weil er an einem Mangel an sozialen Kontakten leidet, könnte theoretisch alte Bindungen wiederbeleben und neue knüpfen, um seine Zufriedenheit zu erhöhen. So weit die Theorie. In der Praxis wird dieser Mann womöglich viel fernsehen, im Internet trollen, AfD wählen.

Starke Emotionen dienen als deutlicher Hinweis, wo ein Bedürfnis nach Aufmerksamkeit verlangt. Angst kann auf ein Gefühl des Kontrollverlusts hinweisen, Wut auf mangelnden Lustgewinn, Trauer auf ein verletztes Selbstwertgefühl, aggressive Spottlust auf tiefsitzende Einsamkeit. Diese Warnzeichen dauerhaft zu unterdrücken, führt zu gestauten Gefühlen und damit womöglich zu hartnäckigeren, etwa psychosomatischen Problemen wie Tinnitus oder Rücken. Wer dagegen die eigenen Gefühle und deren Ursachen lesen kann und will, wer seine Bedürfnisse wahrnimmt und befriedigt, wird seine Seele gesund halten und den Körper dazu.

Unsinn, entgegnet mein innerer Mann. Warum soll ich Trauer oder irrationale Hoffnung wahrnehmen? Ist doch Zeitverschwendung, sich mit schlechten Energien zu belasten.

Leider falsch. Gefühlssparsamkeit kommt einen teuer zu stehen. Denn psychische Gesundheit bedeutet, dass sich Bewusstsein und Emotionen in Übereinstimmung befinden. Wer traurig ist, sollte die Traurigkeit wahrnehmen und zulassen. Der Therapeut spricht von Kongruenz. Wer Traurigkeit dagegen verdrängt oder überspielt oder niedertrinkt, der steuert in die Inkongruenz. Entfremden sich Innenwelt und Bewusstsein aber dauerhaft, können die bekannten Symptome einer Depression auftreten: Lustlosigkeit, Leere, die große Sinnfrage. »Ein guter Kontakt zu seinen eigenen inneren Impulsen verbessert per se die psychische Gesundheit«, weiß Björn Süfke.

Die gute Nachricht: Zu ihren positiven Gefühlen haben die meisten Männer Kontakt. Aber die düsteren Emotionen behandeln sie wie Giftmüllfässer in ihrem Seelenkeller: Licht auslassen, auf keinen Fall den Deckel heben. Leider wachsen im Giftmüll die Dämonen besonders gut. Und leider verstärken Partnerinnen den Gefühlsstau manchmal noch.

Immer wieder habe ich Partysituationen erlebt, wo Frauen, bisweilen unter Alkoholeinfluss, die Gefühlswelt des Mannes im Allgemeinen und des eigenen Mannes im Besonderen herablassend kleinreden, was zu Lachern und Fremdschämen zugleich führt. Manche Männer beeilen sich auch noch, das Narrativ vom emotionalen Einzeller zu bestätigen, knöpfen das Hemd auf und zeigen das Trikot vom Lieblingsverein, das sie drunter tragen. Das muss reichen als Gefühlswelt.

Gern wird auch die Nussknacker-Story genommen: Der hilflose Mann trägt seinen edel-weichen Kern unter einer rauen Schale. Die notorisch helfende Frau versucht sich unermüdlich als Nussknackerin. Dann der magische Moment: Sie bricht den Panzer auf und befreit das schöne, sanfte Innere, das nun für immer offen daliegt. Ewiges Glück für beide. Die Frau als heroische Expeditionsleiterin, als Indiana Jane, der Mann in seiner Paraderolle als gutmütiger Trottel, der nicht viel merkt.

Leider Unsinn. Erstens baut diese symbolische Geschichte auf der toxischen alten Geschlechterpolarität auf, zweitens wird ein Gegensatz von böser, harter Schale und gutem, weichem Kern konstruiert. Und drittens gibt es diesen magischen Knacks nur selten. Beim Weg in die Gefühlswelt haben wir es weniger mit dem einen explosionsartigen Moment zu tun als vielmehr mit einer längeren Wanderung, mit Herantasten, Entdecken, Ausprobieren völlig neuer Spiel- und Werkzeuge, die unseren emotionalen Vorrat Schritt für Schritt erweitern.

Warum nur bestätigen wir die Story vom emotional verkarsteten Kerl so gern? Ganz einfach: Die Geschichte ist schön simpel. Männer delegieren die Verantwortung fürs Emotionale bereitwillig. Und, ehrlich, wir fühlen uns ja auch ganz wohl damit, dass unser Erleben und Verhalten durch den vertrauten engen Korridor von Müssen und Nichtdürfen führt. Ein reduziertes Gefühlsangebot führt zu mehr Übersichtlichkeit. Hat doch ganz gut geklappt, all die Jahre. Never touch a running system.

Doch. Denn die düsteren Gefühle sind immer noch da. Und sie kratzen und rumoren. Es gibt keinerlei Hinweis darauf, dass Männer Freude und Stolz, Liebe und Angst, Sehnsucht und Scham, Wut und Einsamkeit nicht genauso empfänden wie Frauen. Bei Männern stauen sie sich nur häufiger.

Wie viel Aufwand treiben wir, um diesen toxischen Cocktail zu kaschieren? *Die Maske der Männlichkeit* heißt ein Buch des früheren Football-Profis Lewis Howes. Er hat neun Tarnkappen fürs Emotionale identifiziert:

- die Maske des Stoikers: cool und unverwundbar
- die Maske des Athleten: immer fit und im Wettkampf-Modus
- die Maske des Materialisten: rackern und sich was leisten können
- die Sex-Maske: allzeit bereit, perfekte Liebesmaschine
- die Maske der Aggression: Wut bis Killerinstinkt. Jäger, nicht Sammler
- die Joker-Maske: Ironie und Sarkasmus sind die Waffen der Überlegenen
- die Alleswisser-Maske: ist ja wohl klar
- die Maske des Unbesiegbaren: keine Angst, Risiko willkommen
- die Alpha-Maske: Es gibt nur zwei Sorten Männer – Winner und Loser

Längst überholt? Leider nicht. Howes zitiert die New Yorker Lehrerin Celine Kagan, die ihren Schülern zehn Minuten Zeit gibt, klassische männliche Eigenschaften aufzuschreiben. Das Ergebnis: »Stark, groß, hart, tapfer, weint nicht, unabhängig, mag Autos und Sport, hat viel Sex, guckt Pornos.« Danke sehr, alle Stereotypen versammelt.

Das Abgetrenntsein von den eigenen Gefühlen ist unser kollektives Männerproblem, Grundbaustein der maskulinen Identität. Gerade ältere Männer können Gefühle weder erkennen noch benennen. Wie sollen sie formulieren, was sie belastet? Woher stammt aber die universelle männliche Gefühlsblockade? Björn Süfke hat vier Stufen identifiziert: das Entfremden von der Innenwelt in der Kindheit, das Orientieren in die Außenwelt, dann die Hilflosigkeit, schließlich dauerhaftes Unbehagen.

Entfremdung von der Innenwelt

Mit der Geburt bekommen wir einen rosa oder hellblauen Strampler. Die gesellschaftliche Prägung beginnt, das sogenannte »Gendering«. Wir lernen, wer wir sind, was wir dürfen und sollen und was nicht. Wer sitzt am Steuer? Wer liest abends vor? Wer ist Hooligan? Wer telefoniert länger? Wer bricht sich den Arm? Wer wuchtet den Kühlschrank in den dritten Stock? Wer kocht? Wer brüllt? Und wie sind die Rollen in Kinderbüchern, Filmen, Spielzeugläden verteilt?

Diese oft stereotypen Botschaften stanzen eine Mann/Frau-Dualität in die Kinderseele. Jungen können biologische und soziale Phänomene nicht trennen und verinnerlichen das Rollenspiel als unveränderlich, ja schicksalhaft: Frauen bekommen Kinder, Frauen trösten mich, wenn ich mir wehgetan habe. Und Männer sind draußen, auf der Jagd. Normabweichendes Verhalten wird bis heute zart bis hart sanktioniert, von Müttern und Vätern, Nachbarn und Erzieherinnen, mit Blicken und Hinweisen: Jetzt ist gut mit dem Geheule! Beiß die Zähne zusammen! Muss ja. Training fürs Heldenleben. Bis heute sind die primären Bezugspersonen des Jungen überwiegend Frauen. Und zahlreiche Studien weisen nach, dass positive Gefühle der Jungen von den weiblichen Betreuerinnen gespiegelt werden, negative im Vergleich zu Mädchen dagegen eher bagatellisiert oder ignoriert. Mütter zeigen ihren Töchtern von Geburt an eine breite Gefühlspalette;

die Jungs bekommen ein vergleichsweise schmales Repertoire vorgesetzt.

So wird den Knaben ins frühe, weiche Seelenwachs geprägt, dass sie das Gegenteil von Frauen sind. »Sei doch kein Mädchen!« – diesen Satz habe ich, wenn auch scherzhaft, mehrfach zu meinen Söhnen gesagt. Und die Botschaft war klar: Mach das Gegenteil. Denn das Weibliche, Gefühlige ist als das Anti-Männliche abzulehnen. Der kleine Mann lernt, dass seine negativen Gefühle nicht gut ankommen. Die Persönlichkeit und ihre Emotionen werden früh getrennt und machen es dem erwachsenen Mann so schwer, sie wiederzufinden.

Die vielen Frauen der Kindheit fordern vom Knaben noch eine weitere Transferleistung. Während sich Mädchen direkt mit Müttern, Erzieherinnen, Lehrerinnen als weiblichen Leitbildern identifizieren können, wird vom Jungen eine sehr viel komplexere Identitätsbildung verlangt, die eine doppelte Negation verlangt. Die Frau ist ein Nicht-Mann, der Junge definiert sich also als Nicht-Nicht-Mann, wenn vorwiegend Frauen zur Identifikation bereitstehen. Zweimal minus ergibt plus, aber der Weg ist komplex. Der Junge definiert sich mangels Vorbildern zunächst ex negativo.

Süfke weist auf den logischen nächsten Schritt hin: Jungen müssen sich eines Tages von den Frauen des-identifizieren. Um sich abzugrenzen, werden die emotionalen Anteile, die die Jungen überwiegend von Frauen kennen, nun rigoros abgespalten. So werden Angst, Trauer, Einsamkeit sehr früh sehr tief in den Giftmüllfässern versteckt. All das sind wir Männer ja nicht. So gewinnt der Heldenfimmel Seelenraum, um hineinzuwachsen.

Ein einziger geerdeter Kindergärtner oder Grundschulpädagoge im Leben eines Jungen könnte womöglich manche Identifikationsprozesse von früh an positiv ausgleichen. Wenn überall Quoten helfen, warum dann nicht auch beim Personal der frühkindlichen Erziehung? Fünfzig Prozent Kindergärtner, das wäre mal ein ambitioniertes gesellschaftliches Ziel.

Doch selbst wenn am Anfang eines Jungenlebens mehr Männer auftreten, wenn der moderne Vater viel öfter präsent ist als bei unseren Vorfahren, so bleibt doch die Sozialisierung durch den eigenen Erzeuger: Wie soll ein Vater seinem Sohn den Zugang zu Gefühlen vermitteln, wenn er es selbst nicht gelernt hat? Bislang gibt der Vater viel zu oft, wenn auch ironisch, sein selbst gelerntes Leitbild weiter – zäh wie Leder. Traurigkeit? Wird nicht so gern gesehen. Anerkennung? Nicht getadelt ist Lob genug. Furcht? Sei doch kein Angsthase. Es dauert, bis genügend Vorbilder, positive Helden, Identifikationshelfer herangewachsen sind.

Die Orientierung im Außen

Abgeschnitten von einem Teil seiner Gefühlswelt sucht der angehende Mann nun zunehmend Bestätigung im Außen – mein Auto, meine Jacht – und hält die Kellertür geschlossen. Die Wissenschaft spricht von Externalisierung. Der jugendliche Held betritt den Schulhof, als Hauptdarsteller seines eigenen Helden-Epos. Das Leben wird zum permanenten Darstellen, Abgleichen und Kontrollieren. Der Gang, die Klamotten. Erst Moped, dann Auto. Die Immobilie. Status und Karriere. Trophy-Frau und Vorzeigefamilie, Drei-Sterne-Rallye und New-York-Marathon. Und ständig die Frage: »Wie war ich, Schatz?« So rotiert der Teufelskreis. Denn mit wachsender Orientierung ins Außen rückt das Innen immer weiter in die Ferne.

Dogmatismus und Hilflosigkeit

Männer suchen Sicherheit gern in der evidenzbasierten Welt. Zahlen, Daten, Fakten sind unverhandelbar und bieten ein rationales Bollwerk gegen alles Emotionale. Dazu gesellen sich häufig scheinbar eiserne Lebensregeln, mit einem unpersönlichen, gleichwohl absoluten »man« angereichert: Da darf man keine Schwäche zeigen! Das kann man sich in meiner Position nicht leisten! Da muss man die Kirche im Dorf lassen!

In langen Jahren mit Excel-Tabellen und Man-Weisheiten wachsen Distanz und Abstraktion. Das Leben wird entlang vermeintlicher Naturgesetze gelebt, die sich zu Dogmen auswachsen. Wen wundert es, wenn die scheinbar rational unterfütterten Verschwörungstheorien der Rechten – etwa zu Klimawandel, Kriminalität oder Zweitem Weltkrieg – ausgerechnet bei gefühlsabwehrenden Männern ankommen, die nichts mehr fürchten als den einfachen Satz: »Ich habe Angst.« Warum kommt mir jetzt der hyperkorrekte Thilo Sarrazin in den Sinn mit seinem statistikprallen Bestseller *Deutschland schafft sich ab* und seinen geradezu roboterhaften Auftritten im Jahr 2010? Sarrazin hatte offenkundig Angst, kam an dieses Gefühl aber nicht heran. Die unbewusst gefühlte Schwäche wird überkompensiert mit Überlegenheitsfantasien einerseits und Abwertungen andererseits.

Dilemma, Depression

Spaltet sich der Mann dauerhaft von seinen Gefühlen ab, wächst die Abhängigkeit vom Weiblichen. Denn Frauen mit ihren Nussknackerambitionen finden den Weg in sein Inneres, zumindest dann und wann. Diese emotionale Abhängigkeit wird wiederum als Schwäche wahrgenommen, die ein Gefühl von Hassliebe zur Frau erzeugt. Ja, man liebt sie. Aber zugleich hebe ich hilflos die Schultern, begleitet von Augenrollen und leisem Stöhnen, wenn sie wieder retten, reden, das Emotionale hervorheben will.

Die unbewusste Hassliebe begünstigt wiederum eine Kultur des Abwertens, durch Spott oder Ignorieren, Runtermachen oder Gewalt. Viele Frauen, meine leider auch, hadern mit diesem unspezifischen Gefühl, bisweilen nicht für voll genommen zu werden, was Männer wiederum dementieren. War doch lustig gemeint. Die Frauen kontern mit spitzen Bemerkungen über emotionale Defizite der Herren. Manche Paare, die privat angeblich ganz nett miteinander umgehen, führen sich in der Öffentlichkeit aufs Peinlichste gegenseitig vor. Killersatz zum Abschied: »Zu Hause ist er ganz anders.«

Aber draußen muss die Abgrenzung sicht- und spürbar werden.

Der Mann hat die Wahl zwischen zwei toxischen Optionen: Dringt er zu seinen Bedürfnissen vor, wird er als Schlappschwanz qualifiziert und von Frauen womöglich in die schreckliche Kategorie »guter Freund« einsortiert, Übersetzung: taugt nicht für Sex. Bleibt er seiner gelernten Abwehrstrategie treu, schleicht sich dauerhaft Niedergeschlagenheit ins Leben. Hat alles keinen Zweck. Mit Kindern, Karriere, Konsum kann man sich eine Weile ablenken, aber die Dämonen röhren unüberhörbar. Und bringen Sucht, Gewalt, Einsamkeit, Narzissmus und viele andere Ekligkeiten mit.

Führt die männliche Gefühlsabwehr zwangsläufig zur Eskalation?

Ja, sagt Therapeut Süfke, solange sich an der Sozialisierung der angehenden Männer nichts ändert.

Muss das so bleiben?

Nein, sagt Süfke. Man kann dran arbeiten.

Und wie?

Indem wir uns die Mechanismen der Gefühlsabspaltung und ihre Herkunft bewusst machen.

Im Vergleich zu unseren Vätern hat sich schon eine Menge getan. Männer spüren das Dilemma und suchen Hilfe. Kaum beim Therapeuten, flüchtet der Patient zunächst aber gern in die vertrauten Rollen. Da wird heruntergespielt und banalisiert, Heldenstoff aufgetischt, Internet-Halbwissen aufgesagt. Oft sind etliche Sitzungen vergangen, bis der erste kurze, klare, ehrliche Satz fällt, etwa: »Ich fühle mich überfordert.«

Gefühlsabwehr ist einer Sucht nicht unähnlich und auf Dauer genauso anstrengend. Es geht ja nicht um lockere Ignoranz, sondern um aktives Abwehren. Die seelische Innenverteidigung muss stehen, unser innerer Jerôme Boateng rackert, um die eigene Identität zu schützen, den Nicht-Nicht-Mann. Draußen wiederum ist der kompensatorische Nachweis von Männlichkeit gefragt: mehr Karriere, der 2000-Euro-Grill, verschleißreiche Triathlon-Abenteuer (Anmerkung: Der Autor ist Experte auf dem Gebiet des Kompensationssports), dazu die Harley. Männer veranstalten die unmöglichsten Dinge, um nicht als schwach, weich, verletzlich wahrgenommen zu werden. Bis der Körper Alarm schlägt. Dem Kreislaufzusammenbruch folgt der Besuch beim Psychosomatiker. Herr Doktor, ich habe keine Ahnung, woher Tinnitus, Rücken, Impotenz stammen könnten.

Die Gefühlsabwehr, der Zwang des Mannsein-Müssens, diktiert häufig das gesamte Denken und Handeln. Job, Geld, Macht, die drei gehen immer. Familie, Gespräche, guter Erzieher? Später. Der freche britische Autor Jack Urwin vermutet eine tiefe Entmannungsangst, die so mächtig ist, dass sie oftmals sogar Weltpolitik macht.

Betrachten wir politische Anführer unter dem Blickwinkel von Gefühlsabwehr und Entmannungspanik, dann bekommt das Handeln von Donald Trump und Alexander Dobrindt, von Wladimir Putin und Recep Tayyip Erdogan plötzlich einen gespenstischen Sinn. Ob in Osteuropa oder der Türkei, in Moskau, Washington oder der arabischen Welt – allenthalben scheint ein Typus Mann zurückzukehren oder sich sehr zäh zu halten, den wir eigentlich hofften, im letzten Jahrhundert zurückgelassen zu haben. Das Duo Angela Merkel und Barack Obama, die mächtigste Frau der Welt und ein bekennender Feminist im Weißen Haus, galten uns eine Weile als starkes Zeichen, dass die Welt sich zum Besseren wende. Verfrüht gehofft.

Mit US-Präsident Trump kehrte eine bis ins Operettenhafte glaubwürdige Art toxischer Männlichkeit auf die Weltbühne zurück. Dass sich einer so was heute tatsächlich noch traute. Nicht nur die Worte waren peinlich, nicht das Geprotze, die Lügen, all das Ignorante. Nein, am peinlichsten war das Durchsichtige seiner permanenten Breitbeinigkeit: Da fummelte einer mit Atomraketen herum, um seine Gefühlsabwehr zu stabilisieren.

»Er steht für den Typus des Schulhof-Tyrannen«, sagt Männerforscher Michael Kimmel, »der Tyrann hat ständig Angst davor, zu klein, zu schwach zu sein. Deswegen sucht er sich ständig Opfer, die ihm unterlegen sind.« Trump fasst das Vierstufen-Modell von Björn Süfke geradezu prototypisch zusammen, inklusive der Prägung durch den Vater, der seinen Jungen brutalstmöglich auf Nicht-Nicht-Mann-Sein trimmte. Statt als weich und weiblich wahrgenommene Prioritäten wie Gesundheit, Bildung, Kultur zu fördern, setzt ein verhärteter Kerl auf Kohlefördern, Straßenbauen, Militär-Verstärken – männlicher geht es nicht.

Donald Trump, und das ist praktizierte Bildungspolitik, präsentiert der ganzen Welt schonungslos offen die Techniken der Gefühlsabwehr, ob die Hassliebe zu Frauen, das Dogmatische, das Leben im äußeren Schein des Blattgolds. Und jeder Mensch erlebt die Spannung zwischen Hilflosigkeit und Härte, mit der die Camouflage betrieben wird. Gefühlsabwehr ist nichts für Pussys. Die Angst, nicht als ganzer Kerl zu gelten, ist stärker als die Angst vor Peinlichkeit und Weltkrieg. Wird dieser Mann Söhne erziehen, die wir uns für die Zukunft wünschen?

Unsicherheit, Angst, Kränkung werden mit dröhnender Attitüde, absichtsvollem Chaos und notfalls jeder Menge Unwahrheit überspielt – das unreife Männliche bedeutet Überkompensation, gerade so, als wollte der Mann durch lautes Trompeten jede Kritik, jeden Zweifel noch vor deren Aufkommen niederlärmen. Es geht um Machtbeweise auf allen Ebenen, gegen Mitarbeiter, Gegner, Frauen, Medien, Randgruppen. Die Stilmittel: Nationalismus, Rassismus, Sexismus. Überheblichkeit. Bist du nicht Freund, bist du Feind. Die Welt wird allein durch die Polarisierungsbrille betrachtet. Toxisch halt.

Die gute Nachricht: Wir sind nicht alle so. Die schlechte Nachricht: Aber ein wenig doch. Was in der Person Trump wie unter einem Vergrößerungsglas sichtbar wird, tragen die meisten von uns Männern in Anteilen mit sich herum.

Das Verdrängen von Gefühlen mobilisiert so unglaublich viele Reflexe; jetzt gerade, beim Schreiben, merke ich, wie ich ständig gegen den Selbstironie-Modus ankämpfe. Es ist ungewohnt, in der Gefühlswelt ernst und sachlich zu bleiben und sich nicht das gewohnte »Heul doch« zuzuraunen.

Der Show-Spagat
Zwischen Besserwissern und Fußballwahn

Schon mal von Mansplaining gehört? Ich fühle mich ertappt. Diese männliche Doziererei ist mir schon häufig unterlaufen, wie mich meine Frau recht liebevoll auf Nachfrage wissen ließ. Peinlich. Schnell Fußball einschalten. Da kann ich das Gefühl des schlechten Gewissens gleich auf den Platz delegieren.

Ich erwähnte es bereits: Als weißer Mann Mitte fünfzig gehöre ich nicht unbedingt zu den gesellschaftlichen Sympathieträgern. Ein Merkmal des Helden ist die relative Jugend. Der junge Leimener, Mario Götze, Emanuel Macron, Jens Spahn, die Fußballtrainer Nagelsmann und Tedesco, allesamt »Milchbärte«, wie ein Mann in den besten Jahren mit neidvollem Spott sagen würde. Dazu Kurz, Trudeau und Lindner und das gesamte Silicon Valley. »Wir tun nichts Böses«, so lautet der jugendlich-unbefangene Schlachtruf von Google. Schon klar.

Auf der anderen Seite rangieren ältere Herrschaften wie Gandalf, Yoda und Dumbledore, Wolfgang Schäuble und Jupp Heynckes. Entweder biete ich Kraft oder Erfahrung, bin verwegen oder weise. Im Zwischenalter, über vierzig und unter siebzig, klafft ein tiefer Identitätsgraben, leider genau dort, wo ich mich sehe: nicht jung, nicht alt, nicht Frischling, nicht Senator, Familienvater halt, Versorger, Pflichterfüller. Der Anti-Held.

Der Mann in den Jahren zwischen Jugend und Hochbetagtheit hat ein Problem. Er wird in Kunst und Literatur überwiegend als Trottel dargestellt. Er leidet an der unbefriedigten Geilheit der Jugend, ihm fehlt die Reife. Karriere stockt, Haare fallen aus, Hemd spannt, die Frau lacht über ihn, die Kinder nehmen ihn nicht ernst. Der mittelalte Mann versammelt alles, was die männliche Unzulänglichkeit zu bieten hat, das Übergriffige, Ungelenke, Ungalante, der Schuhverkäufer Al Bundy ebenso wie Homer Simpson oder Donald Duck.

Es sind Männer wie ich, die sich zu alt fühlen, um noch mal von vorn anzufangen, aber zu jung sind für ein Vorruhestandsmodell, Männer, die sich bedroht sehen in ihrer Männlichkeit, die sich nicht mehr spüren, nur noch Wut und Leere. Die Kurve des Lebensglücks entspreche einem U, sagt die Wissenschaft, der Tiefpunkt ist also exakt zur Lebensmitte erreicht, in jener Sandwich-Phase, wenn Kinder und Karriere, die eigenen Eltern, das neue Haus und die wachsenden Statusanforderungen gleichzeitig drücken. Jeden Tag finden auf dem Boden des U millionenfache Heldentaten statt; es merkt nur niemand. So enden Männer mittleren Alters oft im Alkohol, bei Pegida oder, die Mutigen, beim Therapeuten.

Fast alle dieser mittelalten Problembären, ich weiß, wovon ich rede, behelfen sich mit zwei bewährten Männertricks. Sie suchen sich erstens einen Gefühlsspielplatz, wo sie das Durcheinander im eigenen Inneren mit Leihemotionen übertönen. Das ideale Spielfeld bietet der Fußball, wie wir gleich sehen werden.

Zweitens basteln wir gern unsere eigene kleine Heldenstory, wenn auch eine Nummer kleiner als Schweini. Die Skripte der Alltagsheroen haben ihre Wurzeln in TV-Serien, Comics, den Fantasiewelten der Computerspiele. So schichten sie einen weiteren Verteidigungswall auf gegen die unheimlichen Gefühle. Üppiger als einst im Olymp reichen die Rollen für Alltagshelden von lustig bis verschroben:

- der Ingenieur mit hundert Sorten Werkzeug, der alles über Router, Solaranlagen und die Legierung von Getriebescheiben weiß
- der Juvenile mit Bomberjacke, Sneakern, Fixie, der die Wo-

chenenden im Kite-Surfing-Paradies verbringt, im alten VW-Bus

- das verkannte Genie, das alles weiß über slowenische Winzer, kongolesische Philosophen und die Umfassungsstrategie bei der Schlacht von Cannae
- das Feierbiest, das nicht eher Ruhe gibt, als bis das letzte Bier im Bauch ist und die letzten Krümel vom Tisch verschwunden sind
- der Mysteriöse, der immer unentwegt andeutet, er habe »da was laufen«. Aber was? Das verrät er nicht. Er verfügt über Geheimwissen, das macht ihn stark.
- der Künstler, lange Haare, wehendes Gewand, immer einen Stift dabei. Macht jetzt auch Video-Installationen.
- der Alpha, meist kleinwüchsig und machtgeil, und all die anderen Außenmänner, ob Romantiker, Pumper, Yogi, Clown, Wüterich, Survival-Künstler, Formalist oder Cordhose.

Kern dieser Rollenspiele ist fast immer der Archetyp des Experten. Kaum ein Mann, der nicht Fachmann ist für Bob Dylan, Bierbrauen, Poker, Vogelhäuschen, das perfekte Steak, Bartpflege, das Internet, Marathon, Garten, Computerspiel, Angeln, Auto, Gin. Da ist manch Sinnloses dabei, aber das ist egal. Gefühlsabwehr ist eine aufwendige, teure, sinnlose Angelegenheit. Davon lebt eine gigantische Männerbespaßungsindustrie, die uns hilft beim Ablenken und Verdrängen. Wir nennen es Hobby, Leidenschaft oder baumarktartig »Mein Projekt«, womit wir uns jede freie Minute zumüllen. Wir gefallen uns als Kenner geheimen Genusswissens. Wobei, unter uns: Gin schmeckt ganz häufig sehr ähnlich. Früher konnte man mit Freuden einfach so Bier trinken, heute muss ich ewige Tastings über mich ergehen lassen, um herauszufinden, welche I.P.A. oder welches Bitter aus welcher Hinterhofbrauerei ich lieber mag.

Warum nicken Frauen zu Sätzen wie: »Ich erklär dir das mit der Fermentierung noch mal ganz langsam, Schatzi«? Ob

Rotwein, Kaffee, Olivenöl oder eben Bier – es ist unglaublich, wie Männer Blogs und Fachzeitschriften auswendig lernen, weitaus akribischer als früher Vokabeln. Wer nicht fühlen will, muss büffeln. Oder rösten. Die Grillbibel ist das erfolgreichste Männerbuch unserer Tage.

Bei mir dienten Marathon und Triathlon jahrelang als Kompensation, aber auch zur Vermeidung. Ich hatte mir einen Leistungs- und Sportkosmos geschaffen, der kaum Zeit ließ für relevante Gespräche. Alles drehte sich um Zeiten, Material, Eiweiß, Verletzungen, Nebensächlichkeiten. Heute weiß ich: Viele Missverständnisse und Probleme eskalierten damals still, weil ich nicht redete, sondern mich aufs Rennrad schwang. Ich dozierte über Trainingspläne und Karbonfelgen, aber nie über meine Ängste, Sorgen, den Druck.

Das Ziel: Die Story von Dranbleiben und Durchhalten weitertreiben, von Kampf und Tücke, von Mut und Genie. Mit unseren vielfältigen Ersatzheldentaten vermeiden wir jeden Tag aufs Neue den Vorstoß zum Kern, dorthin, wo die wahren Schmerzen eingefroren sind, Schuld und Scham, Sehnsucht und Einsamkeit. Lieber kreisen wir um den inneren Misthaufen herum, mit einem gigantischen Aufwand. Zeit für das längst überfällige Beziehungsgespräch? »Nein, Schatz, geht gerade leider nicht, ich muss schnell noch die Renke beizen.«

Es muss mit dem ständig wiederholten, sanft zustimmenden »Hmmm« unserer legendär geduldigen Mütter zu tun haben, dass wir Männer unsere endlose Doziererei für spannend halten, die Feministinnen »Mansplaining« nennen. So werden Männer beschrieben, die die Stimme senken, um Frauen aus der Hochstuhlposition des Tennisschiedsrichters die Welt zu erklären, bevorzugt technische oder ökonomische Zusammenhänge. Weil Frauen dann, wie Mutti, bisweilen »Hmm« machen oder »interessant« flunkern oder einfach nur nicken, glaubt der Mansplainer, er mache einen guten Job, und wird etwas lauter, damit auch alle Menschen in der näheren Umgebung hören, welch ein Super-Checker er ist. In Wirklichkeit handelt es sich um onkelhaften Hochmut.

Die Gynäkologin Dr. Jen Gunter schrieb in der *New York Times* über Männer, die ihr die Funktionsweise ihrer Vagina, letzte Geheimnisse des weiblichen Orgasmus, vor allem aber die Segnungen von allerlei Hilfsmitteln erklären wollten. Als ein Mansplainer behauptete, dass das Einreiben der Schleimhäute mit Wick Vaporub sehr zu empfehlen sei, platzte die Frauenärztin vor Wut: Immer und immer wieder ginge es den Männern darum, verdrängte eigene Bedürfnisse mit dem Siegel »Ist gut für Frauen« zu tarnen. Dr. Gunter erinnerte an die Anzeigen aus den fünfziger Jahren, als mit Menthol aromatisiertes Petroleum zum Wundermittel erklärt wurde, das die Vagina der Frauen wieder »mädchenhaft« werden ließe. Was natürlich Quatsch war. Ich wünsche mir Frauen, die Mansplainern den Mund mit mentholaromatisiertem Petroleum auswaschen.

Die Besserwisser-Attitüde führt zu einem Überhöhen des maskulinen Ichs, was automatisch mit dem Erniedrigen des femininen Du einhergeht. Dieses Nichtwahrnehmen des Weiblichen, in frühester Kindheit gelernt, führt zu Männerbüchern, die Gebrauchsanweisungen für Frauen ähneln, von der Kunst der Anmache bis hin zur Anleitung für den perfekten Höhepunkt. Experten auf diesem Gebiet nennen sich Pick-up-Artist, etwa Abschleppkünstler, die Frauen als Maschinen betrachten: bedienen, um sich bedienen zu lassen.

Mansplaining wird prototypisch am Wochenende im Romantik-Hotel aufgeführt, wo das Essen die Erotik verdrängt. Er hat minutiös die Route geplant, fährt das polierte Auto, sucht Rotwein aus. Ihre Aufgabe: Publikum sein. Das Reden der Männer ist oft eine sehr wortreiche Art des Schweigens. Im Gegensatz zum Gespräch, wo das Ziel ein Austausch ist, monologisiert der Experte unverdrossen vor sich hin, über die Abwehrreihe von Arminia Bielefeld aus dem Jahre 1973 inklusive Auswechselspieler oder die besten Ölmühlen in Ligurien, die er auf seinem selbstgelöteten Rennrad alle schon besucht hat. »Der hat Ahnung« ist das größte Kompliment, das Männer sich untereinander machen können.

Die brutalste Blutgrätsche gegen die eigenen Gefühle liefert der Fußball. Ich gestehe, ein gespaltenes Verhältnis zum Kicken zu haben. Auf der einen Seite sehe ich die gigantische kulturelle Leistung, Konflikte und ihre Lösung ritualisiert und entschärft zu haben. Fußball bietet Ersatzkrieg, Gewalt, Aggression, Wut, Ekstase, Verzweiflung, kollektive Lust. Ein gewaltiges Arsenal an überschüssigen Gefühlen wird in einem festen Rahmen von meist 90 Minuten und strukturierten Spielplänen abgelassen, kehrt zuverlässig wieder und ist deutlich sozialverträglicher, als wenn sich diese kollektive Kraft von Millionen Männerseelen auf archaischeren Umwegen entladen würde.

Auf der anderen Seite erlebe ich einstmals intelligente, zugewandte Männer, die über nichts anderes mehr reden als die 4-2-4-Formation eines unspektakulären Zweitligisten, über Transfersummen, Kreuzbänder und Taktiken. Ich ärgere mich, wie die kollektive Männlichkeit Unmengen positiver Energie im Bällebad vernichtet. Skandale, Betrügereien, Milliardenschlachten, die uns in der Politik, im Kapitalismus an sich und überall anders zu Recht empören, sind beim Fußball egal. Jedes moralische Sicherheitssystem fällt im Moment des Anpfiffs aus. Realitätsflucht wird konsensual betrieben, die Heldensurrogatmaschine Fußball heiligt auch die schmutzigsten Mittel. Denn das Spiel dient als Emotions-Inkubator.

Der Fußball bietet Männern mit eingekapselten Gefühlen die Chance, Emotionen gleichsam stellvertretend zu erleben. Wir sehen den Jubel nach dem Tor, den Schmerz nach dem Foul, Enttäuschung übers Ausgewechseltwerden, späte Triumphe der Silberrücken, die Energie der Jugend, Kampf, Wut, Umarmung und immer vor 60000 Menschen im Stadion und Millionen am TV-Gerät. Es ist wie beim Konsum von Youporn-Filmchen: Männer schauen zu, empfinden mit, fühlen sich irgendwie beteiligt, ohne in die Pflicht genommen zu werden. Fußball ist Gefühlsporno und manchmal ziemlich geil. Die Gefühle beispielsweise, die der Jahrhundert-Fallrückzieher von Cristiano Ronaldo im Spiel gegen Juventus Turin auslöste, waren überwältigend. Wie eine Rakete rasten Adrenalin, Endorphin durch die Blutbahnen. Was ist der Unterschied zwischen Heroin und einem Sky-Abo? Praktisch keiner; beides macht süchtig nach dem nächsten Kick und führt dauerhaft zu Persönlichkeitsveränderungen.

Das emotional aufgeladene Gekicke könnte eine großartige Brückentechnologie sein; die entdeckten Gefühle müssten nur auf das richtige Leben übertragen werden. Ist aber oft nicht so. Der Fußball ist seine eigene Welt, ein Fluchtraum, abgeriegelt gegen die komplexe Welt da draußen. Fußball verbreitert die emotionale Palette ein wenig, fördert vor allem aber die Realitätsflucht, so wie Daily Soaps oder Romane: Man kennt die Akteure, man will dabei sein, wissen, wie es weitergeht. Man ist mittendrin in einem Geschehen, das als Ersatz für Freundeskreis und Familie gleichermaßen dient, womöglich auch als Spiegel des eigenen Ichs. Die Historie des Lieblingsklubs ist oftmals eine Art Selbstbeschreibung: Früher, ja, da lief's. Jetzt gerade nicht so. Aber: Wird schon, muss ja.

Ist die Heldenmaschine Fußball geeignet, den emotional verkarsteten Mann zu lockern und zu öffnen? Ist der Hero tatsächlich ein gesundes Vorbild, wenn sich schon Grundschüler auf dem Platz und in der Kabine schlimmer aufführen als Lothar Matthäus? Oder ist die Fußballwelt nicht ein Refugium der schmalen Spur?

Um mir die Illusion vom gesunden Leben zu verschaffen, besuche ich bisweilen einen öffentlichen Sportplatz. Dort trabe ich ein paar Runden und simuliere Gymnastik, wie ich sie beim Physiotherapeuten auf dem Plakat gesehen habe. Oft tollen dort jugendliche Fußballer umher. Noch häufiger als ihr Smartphone checken sie die Frisur. Dann wird gerotzt und über das Trikot des Mitspielers gespottet, wenngleich genauso Arsenal-hässlich, Real-teuer und plastikhaltig wie das eigene. Wie immer: Je unbeweglicher der Spieler, desto teurer die Klamotte. Mutti steht derweil mit Elektrolyten am Rand und wartet auf einen Spielervermittler. Sprinten, Flanken, Grätschen? Och nee, Trainer, ist so anstrengend. Die aufgeblasenen Prinzen spielen halt nach, was sie auf YouTube sehen – dicke Hose.

Neulich erzählte mir eine Mutter von der Fußballbesessenheit ihrer Tochter, 12. Sie spiele so gut, dass sie seit sieben Jahren bei den Jungen kickt – Stahlgewitter. Permanent wird sie von Gegenspielern blöde angequatscht, allein unter Jungs steht sie in der Kabine. So müssen sich Menschen fühlen, die unter Wölfen aufgewachsen sind – tendenziell einsam. Als sie in einem harten Spiel den Siegtreffer erzielte, drehte die gegnerische Mannschaft komplett durch. Die Spieler brüllten sich gegenseitig an, dass man ja wohl »gegen ein Mädchen« nicht verlieren dürfe. Der Trainer brüllte die Abwehr nieder. Der Torwart wurde von seinem Vater geohrfeigt.

Einzelfall? Eher der Alltagsbeweis, dass die Mann/Frau-Rollenbilder sehr viel tiefer in unseren Köpfen, Herzen, Seelen nisten, als wir wahrhaben wollen. Und auch heute millionenfach weitergegeben werden. Wann werden unsere Kinder kapieren, dass die Leistung zählt und nicht, wer sie erbracht hat? Erst, wenn ihre Eltern so weit sind.

Der Pavian-Spagat
Zwischen Leistungswahn und Abstiegsangst

Wie viele sinnlose, kostspielige, hochriskante Abenteuer habe ich in meinem Leben schon veranstaltet, nur um andere zu beeindrucken? Und wie häufig ging es um Prestige, Status, meinen Rang auf dem Pavianfelsen? Sehr verschleißend, dieser Kampf um ..., ja, um was eigentlich?

Da steht sie, die nackte Betonpyramide, hier und da ein Plateau, ein paar Schalen mit Erdnüssen und Bananen. Der Pavianfelsen. Heimat des Mannes und ständiges Schlachtfeld. Die Männchen sind in eine endlose Rangelei verwickelt, wer auf welcher Höhe des Felsens sitzen darf. Sie fletschen ihre Gebisse, zeigen sich ihre roten Hintern, sie schreien, raufen und gucken immer wieder in die Zuschauerränge. Ob Redaktionen, Parteien, Mannschaften, Schulklassen, Schwulenverbände – der Pavianfelsen steht überall.

Die Evolution habe dieses System des ständigen Statuskampfes geschaffen, sagen Biologen, aus Gründen des Fortbestands. Denn Weibchen können nur wenige Nachkommen austragen, also sind sie wählerisch beim potenziellen Vater. Die Männchen wiederum wollen so oft und so viel wie möglich zeugen – schon mathematisch ein Problem.

Daher die Show auf dem Felsen: Sieh her, ich bin der Schönste, Stärkste, Tollste, nimm mich! Männer führen Kriege, bauen Pyramiden und erdenken die Relativitätstheorie nur aus einem einzigen Grund, sagt der Evolutionsbiologe: Sie wollen Frauen imponieren. Der Stärkste bekommt die Schönste, zwei optimale Genpools paaren sich, alle profitieren, weil der

Stamm gestärkt wird. Und alles vor Publikum: Der Pavianfelsen ist der Schauplatz des männlichen Außen.

Wer sich jemals auf dem Schulhof geprügelt hat, kennt die Phänomene. Die Meute mit ihrer untrüglichen Witterung für Aggression merkt sofort, wenn sich zwei Jungs ineinander verkeilen. Die Zuschauer ziehen ihren Kreis um die Duellanten immer enger, die Rufe werden erregter, ich erinnere mich wie heute an dieses grausame emotionale Paradox: Ich ahne, dass ich verlieren werde. Ich weiß, dass die Schläge meines Gegners wehtun. Ich fürchte den Moment, wenn ich daheim die zerrissene Hose und das Blut erklären muss. Aber ich muss es dennoch ausfechten. Warum? Weil Männer das so machen. Dabei geht es um exakt – nichts. Vielleicht nur eine kleine Beleidigung, die mit einem »Sorry, tut mir leid« locker aus der Welt zu schaffen wäre. Und? Warum suche ich nicht diesen Ausweg? Weil ich das Raunen der Menge fürchte, dieses »Feigling«, »Schlappschwanz«, »Pussy«. Die Angst, den Pavianfelsen hinabzurutschen, ist größer als die Angst, vermöbelt zu werden.

Der junge britische Männerversteher Jack Urwin stellt in seinem klugen Buch *Boys don't cry* die einfache Frage: Was wäre auf dem Schulhof wohl passiert, wenn die beiden Kämpfer sich ohne Zuschauer gegenübergestanden wären? Meine These: Sie hätten sich die Hand gegeben und vertragen. Warum muss ich umgehend an *Brokeback Mountain* denken, diesen Film über zwei junge Cowboys, die erst in der Abgeschiedenheit der Wildnis ihr Schwulsein entdecken und ausleben, was im Kreise der anderen Cowboys vielleicht nie passiert wäre. Ein schmalziger, ein großartiger Film – und so wahr. Viele Männer werden erst zu sich selbst finden, wenn die Zuschauer verschwunden sind.

Das Prinzip Pavianfelsen ist brutal amoralisch. Leises Nettsein wird nicht zwingend belohnt, dröhnender Narzissmus fast immer. Nebenbei: Der Narzisst ist bisweilen besser als sein Ruf. In sozialverträglicher Dosierung ist gesteigerte Selbstverehrung oft hilfreich, vor allem in Bühnenbranchen wie Politik, Schauspielerei, Sport und natürlich in den Medien.

In seiner pathologischen Form, häufig am Bademantel zu erkennen, ist die narzisstische Persönlichkeitsstörung eine Gefahr für den Weltfrieden. Den Beruf des Diktators wird kein Mensch mit unterdurchschnittlichen Narzissmuswerten ergreifen, wobei es nicht nur um politische Diktatoren geht. Verlage, Produktionsgesellschaften, Sender, Unternehmen, auch Wohltätigkeitsorganisationen oder Parteien können diktatorisch organisiert sein. In der Diktatur wird kein Unterschied gemacht, ob da jemand mit unfairen Tricks oder illegalen Mitteln aufsteigt, mit einem gesunden Ego ausgestattet ist oder aber intensive Behandlung nötig hat. Gleichstellung ist weder Ziel noch Wert. Auch oder gerade »perfekte Idioten«, so Alexander Gorkow, halten sich ganz weit oben.

An der Spitze des Felsens herrscht permanenter Performancedruck. Der Teufelskreis aus Hochleistung, Status und seinen Symbolen, Singularitätsdruck und Chuzpe rotiert brutal. Wer ist Freund, wer ist Rivale? Wessen Loyalität kann ich sicher sein? Und wer meiner? Wer bedroht meinen Status? Wer stabilisiert? Wer schleimt dumm rum? Und wo stehe ich? Und manchmal, in den wenigen ruhigen Momenten, kommen diese miesen kleinen Fragen hoch: Wer bin ich eigentlich? Was mache ich hier? Und wie lange kann das noch gutgehen? Jetzt nur nicht sentimental werden. Und ab, zurück in die Führungsrolle.

Am wirkungsvollsten und ekligsten verfährt das Alpha-Männchen. In meiner Handballmannschaft spielte ein Junge, der alles niederrammte, was ihm im Weg stand, egal ob Freund oder Feind. Wir fürchteten, aber verehrten ihn. Denn er sorgte für Siege. Ich hatte einen Vorgesetzten, dessen Hinweis zur Mitarbeiterführung lautete: »Tritt ihnen ins Kreuz, bis es knackt.« Wir hassten und wir liebten ihn. Denn er brachte uns Gehaltserhöhungen und der ganzen Abteilung den Ruf einer zu allem entschlossenen Kampftruppe.

Ich habe ein paar Jahre über Gerhard Schröder berichtet und bin bis heute beeindruckt, wie dieser nicht eben riesenhafte Mann mit wenigen Gesten, Blicken und vor allem kunstvollem Ignorieren sofort klarmacht, wer der Herr auf dem Felsen ist. Dr. No, Hannibal Lecter, Voldemort – faszinierende Spielarten rücksichtsloser Machtmännlichkeit, die in mir stets einen Mangelschmerz hinterließen. Warum war denen alles scheißegal und mir nicht? Manchmal sehne ich mich nach dieser brutalen Männlichkeit: böse sein, weil ich es kann, nehmen, weil es mir zusteht. Wem sonst!

Das klammheimliche Bewundern des Terminator-Typs ist mir peinlich, weist mich aber auf einen düsteren Punkt hin – das ungelebte Leben. Wenn ich meine kindlichen Heldenpläne mit der Realität der letzten Jahrzehnte abgleiche, klafft eine ziemliche Lücke zwischen Wunsch und Wirklichkeit. Ich habe meinen Zivildienst nicht als Entwicklungshelfer gemacht, ich habe nie eine Medaille gewonnen, keine Geiseln gerettet, kein Start-up gegründet, war kurz mal Chefredakteur, aber nie DAX-Vorstand. Ich kann nicht mal reiten oder Bogenschießen. Platz im Pavian-Ranking? Irgendwo in der Mitte, genau dort, wo Wut und Angst grassieren und das Zuviel. Zu viele Reize. Zu viele Optionen. Zu viele Pflichten, Aufgaben, Erwartungen. Jede Menge Druck. Klar, da sind natürlich Phasen von Stolz, Glück, Zufriedenheit. Aber dann kehrt das Nagen zurück. Manchmal, wenn ich allein im Wald bin, brülle ich Bäume an. Wenn die Aufstiegsfantasien begraben sind, kommt die Angst vor dem Abrutschen. Stets drängen neue junge, kräftige Paviane den Felsen empor. Dafür müssen andere runter. Der Platz wird knapp.

Jeder Mann kennt andere Männer, die hinabgekullert sind. Joachim, der eine Firma in den Sand gesetzt hat. Max, der nach seiner Scheidung in der Wut steckenblieb und arbeitslos wurde. Uli, der seit seinem schweren Autounfall in der Depression gefangen ist. »Wenn ich dir helfen kann, ruf einfach an!«, sage ich dann. Aber es ruft niemand an. Kein

Mann bittet um Hilfe. Lieber verrecken wir in unseren kleinen, miefigen Buden.

Und das ist die dunkle Seite des Pavianfelsens: Unten, im Schummerlicht, da guckt keiner, da strahlt nichts mehr. Da treffen sich die, die auch mal große Pläne hatten, aber nicht mitmachen wollten oder konnten beim Rennen um Macht, Geld, Sex. Auch so eine Pavianpanik: die männliche Jungfrau, Brüder, die nie richtigen Sex erlebt haben. Am Fuße des Pavianfelsens gärt die Wut, der Hass, das Scheißegal. So war es schon im Alten Testament. Ein vergewaltigungslüsterner Mob, die Verlierer in der Frauenlotterie, legte Sodom und Gomorrha in Asche.

Wie lässt sich ein Mann in eine solche archaische Wutbombe verwandeln? Ganz einfach: Man nimmt ihm die Arbeit weg. Denn Status und Rang definieren sich vor allem aus der Beschäftigung, die Sinn für die Seele und Geld für das Selbstwertgefühl als Versorger liefert. Männer ohne Arbeit und Familie, sagt die Feministin Susan Faludi, seien ein massives Problem: zu viel Wut, zu viel Gewalt, zu viel Alkohol.

Vor einigen Jahren war ich mit einem Segelboot im Mergui-Archipel unterwegs. Dort, in der Andamanensee vor Myanmar, leben die letzten Moken, ein indigenes Volk von Seenomaden, die im Kajak geboren wurden, lebten, liebten, starben. Was für uns das Land, ist für diese Menschen das Wasser – vertrautes Terrain. In ihren einfachen Booten fuhren sie über unzählige Generationen zwischen den Inseln des Archipels umher.

Seit ein paar Jahren mühen sich Regierung und regierungsnahe Buddhisten, die vermeintlichen Wilden an Land zu holen, schon als Touristenattraktion. Indigene gehen immer. Hütten wurden gebaut, Straßen, Tempel, dazu gab es Strom und Satellitenschüsseln. Und wie überall, wo Naturmenschen in die Korsetts der Moderne gezwängt werden – ob bei den Ureinwohnern Amerikas, den Inuit, Aborigines oder Maori –, ist auch bei den Moken eine verhängnisvolle Tendenz zu beobachten: Die Frauen kümmern sich um Kinder, Familie, Haushalt, so wie es offenbar immer war. Und die Männer hängen vor Satelliten-TV und an der Flasche. Ihre einstigen Kernkompetenzen bei Bootsbau und Fischfang werden nicht mehr gebraucht; das Überleben sichert die Wohlfahrt.

Nein, dies ist kein Plädoyer fürs Patriarchat und gegen soziale Fürsorge. Auch archaische Gesellschaften lassen sich anders organisieren. Die Samen, Bijagos und Saharawis funktionieren matriarchalisch. Der Fortschritt ist geschlechtslos, er hat es nicht auf Männer oder Frauen abgesehen, sondern darauf, teure menschliche Arbeit von Maschinen übernehmen zu lassen. Die Brutpflege ist eine aufwendige private Tätigkeit mit hohem Personaleinsatz, ökonomisch also uninteressant und obendrein kaum durch Maschinen ersetzbar. Bootsbau und Fischfang dagegen lassen sich brutalstmöglich industrialisieren, nicht nur bei indigenen Völkern.

Und das ist der teuflische Trend der vor allem ökonomisch getriebenen Modernisierung: Männer sind, mehr als Frauen, Opfer des globalen Rationalisierens, während Frauen, so die Berliner Publizistin Katharina Rutschky, die Gewinnerinnen auf dem Arbeitsmarkt des 21. Jahrhunderts sind. Einfache Männerjobs in Landwirtschaft und Schwerindustrie, die Körperkraft erfordern, fallen seit Jahrzehnten weltweit weg. Auf den Männern liegt der Fluch der alten Ordnung.

Wann aber sind Frauen millionenfach aus dem Produktionsprozess geflogen, so wie Männer mehrfach in den vergangenen 200 Jahren? Hier tut sich eine Kehrseite der traditionell ungleich verteilten Berufstätigkeit auf. Weil vor allem Männer in Bergwerken, Stahlhütten und auf Treckern schuften, stellen sie nun die Mehrheit der Leidtragenden. Und als Nächstes sind vielleicht Trucker, Bus- und Kurierfahrer dran, wenn das autonome Fahren eines Tages kommt. Ein Kollateralschaden der digitalen Rationalisierung ist womöglich die Radikalisierung des Mannes. Während Frauen in die Jobs der Zukunft streben, verlieren Männer ihre Kernaufgaben Jagen und Versorgen. Ohne Arbeit, Geld, Sinn aber rutschen sie den Pavianfelsen ungebremst hinab. Gekränkte Männer sind Brandbeschleuniger der Gesellschaft.

Michael Kimmel, Direktor des Zentrums für Männerstudien an der Universität Stony Brooks in New York, hat sein Buch *Angry White Men* nach dem Wahlsieg Donald Trumps aktualisiert und um einige Erkenntnisse erweitert. Fazit: Trumps Wählerschaft wohnt überwiegend in Orten mit weniger als 250 000 Einwohnern, oftmals bedrohten oder längst geschlossenen Fabriken, mit wenig urbanem Feeling und klaren, gelernten Hierarchien.

»Sie sind wütend«, so Kimmel, weil diese Menschen glaubten, alles richtig gemacht zu haben: Sie haben hart gearbeitet, Steuern gezahlt, Kinder aufgezogen, sich nach oben konsumiert, vielleicht ein kleines Haus auf Pump gekauft. Wie die Moken: nicht reich, nicht bedeutsam, aber ein Auskommen in Würde und halbwegs geregeltes Miteinander. Ehrensache, dass der Mann die Familie ernährte. Er hetzte keine Tiere mehr in den Tod, aber brachte jeden Monat Geld nach Hause. Wie mein Vater früher.

Dann verschwanden die Jobs, im Rust Belt der USA, in der ehemaligen Industrienation Großbritannien ebenso wie in Frankreich oder im Ruhrgebiet. Die Gesellschaftsordnung zerfiel. Es ging nicht nur um Geld und Wohlstand. Sondern um Stolz. Um Selbstwert. Das unverschuldete Abrutschen führte zu einer Vertrauenserosion zwischen Staat und Menschen und zum Verdacht, Politik, Wirtschaft, Journalisten, eben »die da oben«, hegten geheime »Umvolkungspläne«. Der einst stolze Malocher sei nicht mehr Herr im eigenen Land, die Political Correctness verbiete jedes offene Wort, das Narrativ von der bedrohten Nation beginnt überall auf der Welt zu blühen. So wachsen mit den Verletzungen erst Verschwörungstheorien, dann die rechten Parteien und Feindbilder: China, Migranten, Eliten.

Das Phänomen des gekränkten Malochers ist überall zu beobachten, auch in der Literatur. So wie J. D. Vance in *Hillbilly Elegy* Abstieg und Kränkung seiner Arbeiterfamilie in den USA beschrieb, erklärte Didier Eribon in *Rückkehr aus Reims* am Beispiel seiner Angehörigen, wie eine um Stolz und Hoffnung beraubte ehemalige Arbeiterschaft von stramm links stracks nach rechts rutschte. Oliver Nachtwey analysiert die gesellschaftlichen Umbrüche in Deutschland eindrucksvoll in *Die Abstiegsgesellschaft*. Ein millionenfaches Männlichkeitsdrama, das mit soziologischem Vokabular vom »Modernisierungsverlierer« nicht zu packen ist. Es geht um Herz, Seele, Stolz. »Ihr nennt sie white male trash«, so J. D. Vance, »ich nenne sie Familie, Freunde, Nachbarn.«

Und die Frauen der Ex-Malocher, so Michael Kimmel, rutschen oft mit. Feminismus schreckt die Partnerinnen der Perspektivlosen eher ab; sie sehen den Gerechtigkeitsgraben weniger zwischen Mann und Frau als zwischen Reich und Arm oder zwischen Eingeborenen und Zuwanderern verlaufen. Die Mehrheit der weißen Frauen in den USA hat nicht die liberale Kandidatin Hillary Clinton gewählt.

Probleme ferner Länder? Mitnichten. Deutschland hat gleich zwei solcher sozialen Brennpunkte. Im Westen das Ruhrgebiet, wo seit Jahrzehnten nicht sehr erfolgreich die Konversion von Schwerindustrie zu Software versucht wird. Im Osten fielen mit der Mauer die Kombinate der untergegangenen DDR, wo ganz ähnliche Mechanismen wirkten: Arbeitslosigkeit ist auch in der ehemaligen DDR überwiegend männlich.

Das Berlin-Institut hat in seinem Report *Not am Mann* die Lage im Osten analysiert. Alte ohne Arbeit, Junge ohne Bezugspersonen, Frauen auf der Flucht, Männer an der Flasche, zu viele Lehrerinnen, zu wenig positive maskuline Rollenbilder, wachsende Angst, schwindende Hoffnung, Trotz, Wut, Leere.

Das Schwinden von maskulinem Stolz im Namen der Marktwirtschaft fand zynischerweise statt in Innenstädten, die bis zur Niedlichkeit saniert worden waren. Der Schwund an Würde, Sinn und Status wurde erlebt in denkmalgeschützten Häusern und puppenstubenhaften Fußgängerzonen.

ABM und Hartz IV, im Westen für soziale Wohltaten gehalten, kommen im Osten als Demütigung an. Denn für die Statussymbole des Westens reicht das Geld nicht, zugleich zeigte das Reklamefeuerwerk in den vielen neuen Medien, was sich »die da oben« alles leisten können. So wurden aus früheren Anpackern stumme, unbeteiligte Zeugen, deren Wut ins Unbändige wuchs. Das Ventil funktioniert überall auf der Welt ähnlich – mit der Hassästhetik der Rechten.

Über ein Vierteljahrhundert musste vergehen, bis eine SPD-Ministerin aus Sachsen etwas überaus Naheliegendes unternahm: Petra Köpping sprach mit diesen Männern, die zunächst ihr Misstrauen überwinden mussten. Niemand hatte je mit ihnen über ihre Gefühle geredet, zumal im vereinten Deutschland allgemeine Freudepflicht herrschte. Köpping traf nicht nur Arbeiter, sondern Ingenieure, Führungskräfte und Verwaltungsfachleute. Und alle empfanden den Mauerfall und seine Folgen nicht als Glück, sondern als Erniedrigung, als Abstieg, als Entmännlichung. Job, Status, die Identität als Ernährer – alles futsch. Köpping wusste, was die Männer fühlten. Als Bürgermeisterin musste sie einst mit ansehen, wie Bergbaugerätschaft gesprengt wurde – für die Modernisierer aus dem Westen ein Moment des Aufbruchs, für die ostdeutschen Bergleute ein Moment symbolischer Kastration.

Den Zusammenhang zwischen Arbeitslosigkeit und Rechtsdrall haben die Wirtschaftswissenschaftler Stephan Heblich und Robert Gold eindeutig festgestellt. Die Forscher verglichen ökonomische Entwicklung und Wählerverhalten in Deutschland seit dem Jahr 2001, als China die westlichen Märkte zu erobern begann. Überall dort fiel der Rechtsruck massiv aus, wo traditionelle Industrien aufgrund der Billigkonkurrenz eingingen, im Osten Deutschlands etwa oder in den strukturschwachen Gegenden Bayerns. Wo die Globalisierung positiv wirkte, weil der Export stieg, in Baden-Württemberg etwa, war dagegen kaum Radikalisierung zu spüren.

Da die weltweite Ökonomie nach wie vor überwiegend

Männersache ist, schafft die Globalisierung größere Verwerfungen in der Männerwelt: »Die da oben« gewinnen durch die Globalisierung, weil sie in den richtigen Gegenden die richtigen Deals machen konnten; »die da unten« verlieren, weil sie das exakte Gegenteil erleben.

Während meines Lebens ist die Zahl arbeitsloser Männer in der EU von acht Prozent (1968) auf über 22 Prozent angewachsen, dazu kommt eine massive Jungenarbeitslosigkeit, obendrauf die überwiegend männlichen Schulabbrecher. Ein Viertel von Europas Männern hat dauerhaft keine Chance, seine Identität über seine Arbeit zu definieren. Arbeitslosigkeit aber produziert mehr Cholesterin und Stresshormone. Arbeitslose Väter haben es schwerer, zukunftsfähige Söhne zu erziehen. In Frankreich ist der Zusammenhang zwischen Suiziden und Arbeitslosigkeit evident. Ein Mann ohne Arbeit ist ein Nichts, eine Frau ohne Arbeit ist Mutter, Hausfrau, Pflegekraft, ehrenamtlich engagiert.

Im Kern haben wir es von Cottbus bis Detroit, von Gelsenkirchen bis Reims mit einer weltweiten Krise jener Männer zu tun, die ihren Stolz aus einfachen, harten Jobs bezogen und sich jetzt wie ein Diesel fühlen oder wie ein Kohlekraftwerk – Auslaufmodell. Millionen gekränkter Männer werden sich auf ungehobelte Art artikulieren. Und die kommenden Rationalisierungswellen werden den globalen maskulinen Shitstorm noch anfachen.

Denn lindernde Instanzen von früher – Vereine, Rituale, Familien, Verantwortungen – sind verschwunden. Stattdessen kommen Suff, Niedergeschlagenheit und ein erschreckend urwüchsig-blinder Zorn, der der Bundeskanzlerin im Wahlkampf 2017 auf vielen Marktplätzen unverstellt entgegenschlug. Die hilflosen Berliner Eliten aus Politik und Medien wussten sich nur mit Vergleichen aus dem Tierreich zu behelfen und waren froh, als sie wieder auf vertrautem Metropolen-Terrain standen. »Da draußen …«, sagten manche, als handle es sich um Wildnis. Genau das ist es auch. Und es wird schlimmer.

Der Cojones-Spagat
Zwischen Peniskult und Schwulenpanik

Warum sind wir Männer eigentlich so furchtbar schwanzfixiert? Ganz einfach: Weil es sonst kaum eindeutige Identifikationsmerkmale des Männlichen gibt. Was aber, wenn uns ein fremdes männliches Geschlechtsorgan zu nahe kommt? Panik. Über ein diffuses Ich-Gefühl.

»Schwanz!« Immer wieder »Schwanz!«. Wir waren neun oder zehn Jahre alt, drei Jungs in einem Zelt und gackerten bis zum Morgengrauen so hirnlos albern, wie es nur Knaben in der beginnenden Adoleszenz können. Sieben Buchstaben genügten: »Schwanz!« Einer sprach das Wort aus, die anderen lachten, lachten, lachten. Es war unsicheres Lachen, fragendes Lachen, aber auch identitätsstiftendes Lachen. Dieser Schwanz und seine Regungen, die wir damals zum ersten Mal bewusst erfuhren, war unser Ding, ein Männerding. Wir ahnten nicht mal, was wir mit diesem kleinen Stück so alles anstellen würden. Aber eines war uns klar: Schwanz = Mann.

Später, unter der Dusche nach dem Handballtraining, verlangte der Schwanz uns einige Mutproben ab. Wer ging unter die Brause, ohne sich unentwegt das Handtuch vor die Lenden zu pressen? Wer hatte wie viel Schamhaar vorzuweisen? Wer war vorn mit dabei, wenn die rüden Spiele begannen, Eiergrabschen etwa oder die Schlacht mit den Handtüchern, deren Ende zu einem Morgenstern verknotet war, der brutale Wirkungstreffer erzielen konnte. Und wer verlor beim Schwanzvergleich, den natürlich der Junge mit dem eindrucksvollsten Gemächt immer wieder anstrengte? Traumatische Momente für den armen Kerl, der auf der Holzbank kauerte, die Hände in den Schoß gepresst.

Schwanz, das war Männerstolz im Allgemeinen und Männerscham im Speziellen. Zu groß gab es nicht, immer nur: nicht groß genug, des Mannes Mega-Trauma. »Niemand glaubt, dass du einen Langen hast« – so lautete das Motto einer vielfach prämiierten Kampagne gegen das notorische Rasen junger Männer in Australien. Die Zahl der jungen Unfalltoten sank daraufhin signifikant. Scheint wirkungsvoll zu sein, den Mann am Zentralorgan zu packen.

Schwanz meint Identität, aber eine seltsam unpersönliche. Denn der Mann pflegt kein liebesvolles Verhältnis ausgerechnet zu jenem Organ, das ihn zum Mann macht. Eher wird der Penis als Werkzeug betrachtet, das bei Bedarf zu funktionieren hat. Sie habe keinen einzigen Mann erlebt, der zärtlich mit seinem Penis umgegangen wäre, sagt Ilan Stephani, die ein Buch über Männer im Bordell schrieb.

Als Kinder hatten wir zwei Schimpfworte, die unserer Selbstvergewisserung als männliche Wesen dienten: »Mädchen« und »schwul«. Beide waren anders, denn entweder hatten sie keinen Schwanz oder sie gebrauchten ihn nicht so, wie wir uns das in unseren häufigen Erektionsmomenten ausmalten. Abgrenzen, so verlangte es das Kollektiv der Jungen. Erst sehr viel später wurde mir klar, wie brutal es damals gewesen sein muss, wenn jemand als Homosexueller vor lauter Gruppendruck gegen die eigene Natur mitgrölte.

Warum diese Schwanzfixierung? Weil keine anderen identitätsstiftenden Merkmale im Angebot waren. Klar gab es den Heldenfimmel, den wir aber in einer Traumwelt auslebten. Ansonsten hatten wir, wie Björn Süfke bemerkt, von unseren überwiegend weiblichen Betreuerinnen nur Negativ-Identifikationen gelernt: Junge ist nicht wie Mädchen. Die Männer, die uns als Vorbilder hätten dienen können, waren entweder nicht da (Vater) oder Machos (ältere Jungs) oder Heilige (Sportler, Popstars).

Ohne ein reflektiertes Männlichkeitsbild aber, das über körperliche Kleinigkeiten hinausreicht, fühlt der Mann sich bedroht und neigt zur Aggression. Ein Team von Sozialpsychologen der Universität Washington fand heraus, dass Männer, die durch Jobverlust um ihre Männlichkeit fürchten, das Weibliche abwerten und eher zu häuslicher Gewalt neigen. Eine Erklärung: Körperkraft soll andere gefühlte Defizite ausgleichen. Ein Zeichen der Hilflosigkeit. Und keine gute Prognose für Gegenden mit arbeitslosen Männern.

Wie aber geht männliche Identifikation, wenn wir auf Äußerlichkeiten verzichten? Ich habe bis heute arge Probleme, meinen beiden Söhnen zu erklären, was positive Männlichkeit ist, ohne Verneinungen zu gebrauchen. Wir wissen präzise, was ein moderner Mann gefälligst zu unterlassen hat. Aber welche Eigenschaften sind explizit männlich? Eine Antwort versuche ich in Teil 3 zu geben.

Der israelische Psychologe Gabriel Bukobza hat für sein Buch *The Drama of New Masculinity* mit Hunderten von Männern Interviews geführt. Über alle Kulturen, Schichten und Generationen hinweg ließ sich feststellen, dass kaum ein Mann seine Konzepte von Männlichkeit reflektieren konnte oder wollte. »Männer sind blind gegenüber ihrer männlichen Identität«, folgert Bukobza, wie Schauspieler, die eins geworden sind mit ihrer Rolle und vergessen haben, wer sie eigentlich mal waren. Das Vergegenwärtigen der eigenen Schwächen, Ängste und Untiefen, so Bukobza, »bedeutet immer auch eine Konfrontation mit den nicht-perfekten, den düsteren Teilen«. Dafür haben Helden keine Zeit.

Ich hatte nie ein Männlichkeitskonzept, die Sozialisierung funktionierte wie im Tierreich: Die Jüngeren guckten, was die Älteren taten, und machten es nach. In meiner Jugend gab es eine klare Abfolge: Zuerst hatte man eine Musikanlage, zur Unterhaltung der Mädchen, dann ein Moped, zum Transport der Mädchen, schließlich einen Job, zum Ausführen der Mädchen. Ganz oben auf dem Pavianfelsen war angelangt, wer auch wirklich ein Mädchen hatte. Nach außen war die Freundin Trophäe, nach innen war sie Oberbefehlshaberin. Denn sie hatte, was wir alle sehen und anfassen wollten:

Brüste und einen weiblichen Körper. Hetero war Leitkultur, alles andere exotisch bis unvorstellbar.

Es gehörte zu den Glücksfällen in meinem Leben, dass ein fest zugesagtes WG-Zimmer nicht bezugsfertig war, als ich mit meinen paar Kartons einziehen wollte. Ich war gerade zwanzig, Student in München und wurde vorübergehend bei einem Anwalt ein Stockwerk über der Jungs-WG einquartiert. Der Vermieter sei »etwas merkwürdig, aber sehr nett«, versicherten mir meine künftigen WG-Kumpane grinsend. Am ersten Sonntag in meinem neuen Zimmer wusste ich, was gemeint war. Der Sound einer Wagner-Oper zog durch die Wohnung, der Geruch von frisch gebrühtem Earl Grey und mein Vermieter in einem blütenweißen Bademantel mit eingesticktem Krönchen. Scheiße, dachte ich, ein Schwuler. Richtig. Und es war großartig.

Schwul, das war in meinem bisherigen Männerleben nicht mehr als ein Schimpfwort für alles gewesen, was von unserer schmalen Norm abwich. Wer die Klamotten eine Spur zu bunt, das Hemd mit Blumen trug – schwul. Wer nicht Bier und Schnaps trank – schwul. Die Haare anders als wir – schwul. »Schwul« war Synonym für alles, wovor wir Angst hatten: allein zu sein, nicht gruppenkompatibel zu sein, von der Gang verlacht oder gar verstoßen zu werden.

Zugleich war »schwul« die Chiffre für eine bunte, wilde, manchmal düstere Gegenwelt, ein Paralleluniversum. Wir hatten vom »Studio 54« in New York gehört, der wildesten Diskothek des Planeten, und fanden es saumäßig spannend. »Schwul« bedeutete eben nicht nur ein defizitäres Nicht-Männlich-Sein, sondern zugleich auch etwas schwer zu fassendes Neues, Pralles, Hybrides. Schwul, das bedeutete Kunst und Kreativität, ein eigener verschworener Stamm und vor allem – ein offenbar stressfreier Umgang mit Frauen. Weil die Konservativen dagegen waren, konnte schwul ohnehin nicht falsch sein.

Nachdem ich mit meinem Vermieter geklärt hatte, dass wir uns schätzen, aber nicht allzu viel anfassen würden, begann mein erweitertes Leben als Mann. Ich kann nichts für die Klischees, es war wirklich so: Mein Opernfreund zeigte mir eine Männerwelt voller Künstler und Paradiesvögel, Freigeister und Lustmolche, Vergnügungsbegabter und Intellektueller. Ich genoss eine Männerausbildung, die weit über das bislang Gelernte hinausging: Diskriminierung, Rechte, HIV, Verstecken – ich hatte ja keine Ahnung.

Was mir zudem klar wurde: Bei allem liberalen Gerede war die Männerwelt von einer gehörigen Portion schamvoller Verlogenheit durchzogen. Und ist es bis heute. Klar, »schwul« ist überhaupt kein Problem: Biolek, Kerkeling, Beck, Wowereit, Ehe für alle, Kinder adoptieren, alles akzeptiert. Und wenn mein Sohn schwul wäre? Na klar, Hauptsache glücklich. Wir sind ja so tolerant.

Zu den unverhandelbaren Bedingungen einer gelungenen Berliner Party gehört die Teilnahme eines, natürlich lustigen, Schwulen. So können Gastgebende zeigen, wie weltoffen sie sind. Und Stimmung machen diese Leute – sagenhaft. Wir erwarten hysterisches Kreischen, sobald *It's Raining Men* gespielt wird. Dann eilt der Schwule auf die Tanzfläche, die Frauen kommen mit, während die Hetero-Männer sich ein Verlegenheitsbier holen, am Rand stehen und ihre Emotionen unterdrücken.

Auf rechtlicher Ebene steht dieses Deutschland spätestens seit der »Ehe für alle« gar nicht so schlecht da, was Gleichstellung angeht. Aber was ist in den Köpfen, in den Herzen der Männer los? Ich gebe unumwunden zu, dass tief in mir ein Restunbehagen rumort, dem ich nicht auf die Schliche komme oder kommen mag. Ich fürchte, die Antwort ist so einfach wie peinlich: Es handelt sich um den alten Gruppendruck aus der Umkleidekabine von früher, mein inneres Ohr, das den Hohn der vielen hört, sobald ich das pinke Poloshirt im Kleiderschrank nur berühre.

Zwischen heterosexuellen und schwulen Männern klafft ein Graben, der womöglich tiefer ist als der zwischen Hetero-Männern und Frauen. Die gelernten Vorbehalte aus Kindheit und Jugend waren zäh, trotz der gesellschaftlichen Fortbildung als Student. Ich kann mir zwischen Mann und Frau nahezu alles Mögliche vorstellen, aber als Mann mit einem Mann praktisch nichts außer einer Umarmung, und die darf bitte schön nicht zu lange dauern.

Diese Mischung aus Neugier auf der einen und Ahnungslosigkeit sowie Unsicherheit auf der anderen Seite führt zu Verhaltensstress, der mit Gesetzen allein nicht zu kurieren ist. Ich bin sicher: Wir Männer finden erst dann Frieden mit unserer Männlichkeit, wenn wir in der Lage sind, offen darüber zu sprechen, wie und warum welche roten Linien zwischen Hetero und Homo verlaufen.

Ich kann mir beim besten Willen nicht erklären, woher die Schwulenangst stammen soll, wenn nicht aus den gesellschaftlichen Umständen. Ich erinnere mich, dass meine Mutter einst fürchtete, ich und mein bester Schulkumpel seien, na ja, »dieses homosexuell« eben. Sie hatte aber nicht die Traute, mich zu fragen, sondern schickte meinen Bruder vor. Ich lachte. Und stutzte. Wenn meine Mutter so was dachte, was würden die anderen Leute annehmen, Schule, Lehrer, Handballer? Und wenn schon – war das schlimm? Zumindest ungewohnt. Außer Rosa von Praunheim gab es in unserer Welt damals ja keine Schwulen in Deutschland. Womöglich herrschte tatsächlich so eine Art Jungenliebe zwischen uns, die bei Knaben Freundschaft heißt. Ich erinnere mich, wie ich künftig ein paar Zentimeter mehr Sicherheitsabstand zwischen mich und meinen Kumpel legte. Und mich wie ein Verräter fühlte.

Schwule haben uns Heteros gegenüber einen entscheidenden Vorteil. Nahezu jeder Homosexuelle hat sich eher früher als später Gedanken um seine Identität gemacht. Lesben natürlich auch. Wer sein Schwulsein spürt, hat Mitmenschen, Familien, Kollegen und ihre Abgründe intensiv kennengelernt, hat sich mit Männlichkeitskonzepten auseinandergesetzt und oft einen mutigen Schritt gemacht: das Comingout, ein Bekenntnis zu sich selbst, womöglich zu einem

Partner, vielleicht zu einer Community. Er hat ein Minderheitenbewusstsein ausgeprägt, dass er im Idealfall auf andere Diskriminierte überträgt. Schwule sind überwiegend nicht dem kolonialistischen Herrenmann-Wahn des White Male Trash verfallen. Ihre Männlichkeit ist reflektierter als meine.

Es gibt dagegen eine andere Gruppe, die über Männlichkeitskonzepte nicht eine Sekunde nachdenkt: Hetero-Männer. Warum auch? Für uns Mehrheit gibt es keinen Zwang zur Reflexion. Die Norm bin ich, alles andere ist anders. Das biologische Geschlecht ist mit dem sozialen identisch. War schon immer so. Während sich alle Nicht-Heteronormativen intensiv mit sich selbst beschäftigen und um ihre Rechte kämpfen, während die LGBT-Community ein wachsendes Selbstwert- und Zusammengehörigkeitsgefühl genießt, verspürt der Hetero-Mann ein merkwürdiges Rutschen der eigenen Wichtigkeit. Die Freiheit der anderen wird nicht als Gewinn empfunden, sondern als Bedrohung. Die Norm bröckelt.

Warum beißen Jungen heute noch auf dem Schulhof Mädchen weg, die auch Fußball spielen wollen, warum verhalten sich Jungen bei Online-Games oft sexistisch und abwehrend gegenüber zockenden Mädchen? Weil sie beide Spiele für typisch männlich halten und Mitspielende jenseits der Norm bestenfalls als Gast, eher aber als Eindringling betrachten. Die Jungs beziehen ihre Identität allein aus einer eng geführten, vor allem biologischen Definition von Männlichkeit.

Ich auch. Denn was war meine Reaktion, als sich mir erstmals ein schwuler Bekannter offenbarte? »Mich kriegst du aber nicht«, habe ich lachend gesagt, was lustig gemeint war, aber meine ganze Hilflosigkeit bewies. Ich habe Schwulsein zuallererst als ein körperlich-sexuelles Konzept begriffen, das von meiner vermeintlichen Norm abweicht.

Und viele machen mit beim Erhalt der Normenzäune. So gehört es zu den letzten Geheimnissen unserer Tage, warum Frauen, die sich in Männerberufe wagen, größte gesellschaftliche Anerkennung bekommen: die Astronautin, die Ingenieurin, die Rennfahrerin, die Kampfschwimmerin. »Tomboy« stammt aus dem Angloamerikanischen und bezeichnet liebevoll maskuline Mädchen wie die rotzfreche Rapperin »Princess Nokia«. Frauen in Männerdomänen gelten als Heldinnen: Sie haben »es« geschafft.

Wie viel Anerkennung aber zollen wir Männern in Frauenberufen? Der Krankenpfleger, der Kindergärtner, der Eiskunstläufer? Wie lauten die gängigen Bezeichnungen für feminine Jungen, Conchita Wurst zum Beispiel? Immer noch »Transe«, »Schwuchtel«, »Perverse«, oder?

Das Andere akzeptieren, ohne es zu bewerten, so lautet die Zen-Übung unserer Tage, und die Schwulenszene hält dafür einige Prüfungen bereit. Wir wohnen in Berlin-Schöneberg, sehr dicht am Schwulenkiez rund um Motz- und Fuggerstraße. Wenn dreimal im Jahr zum Straßenfest die Sichtblenden aufgestellt werden, marschieren bemerkenswerte Gestalten vorbei, von zarten Prinzessinnen, selten vollständig bekleidet, bis hin zu Bullenbären, die nicht gerade aussehen wie Fans des zarten Vorspiels. Unseren Söhnen haben wir jahrelang erklärt, die Herren hätten sich für eine *Star-Wars*-Party verkleidet. Wie sonst soll man den Staubsaugerschlauch erklären?

Leder- und latexhaltige Straßenfeste wie das »Folsom« sind eine Chiffre für ziemlich viel Sex, ziemlich rau, ziemlich öffentlich. Und sie treffen ein verdruckstes Deutschland in seinem kalten Kern, das sich von der sexuellen Revolution der siebziger Jahre wieder weit entfernt hat. Die Kirche tobt und mit ihr die Bürgerlichen. Warum eigentlich? Hat die Ablehnung gegenüber der LGBT-Welt womöglich mit Projektion zu tun? Ich gestehe: Manchmal beneide ich Menschen, die den Mut haben, sich auszuleben, solange Einvernehmlichkeit herrscht. Ich habe meine verstorbenen Freunde nicht danach gefragt, aber ich vermute: Ein Leben etwas näher am Rande des Vulkankraters hätten sie rückblickend nicht abgelehnt.

Verklemmtheit ist keine gute Grundlage für moderne Gesellschaften. Ist wohl kein Zufall, dass die binäre Geschlechterlogik zu den Maximen der AfD und anderer demokratiefeindlicher rechter Vereine gehört. »Männer müssen wieder Männer sein und Frauen wieder Frauen.« Dieser Satz suggeriert eine Ordnung, die es so nie gab. Die Minderheiten waren nur unauffälliger.

Fortschreitende Gleichstellung und Liberalisierung gehören zu den Konstanten der Rechtsprechung. Höchstrichterlich wird unser tradiertes Ordnungsprinzip immer wieder auf die Probe gestellt, zuletzt mit der Entscheidung des Bundesverfassungsgerichts, ein drittes Geschlecht anzuerkennen, also aus der binären Logik von entweder Mann oder Frau auszubrechen. Die bisherige Praxis, beim Neugeborenen »männlich« oder »weiblich« anzukreuzen, wurde vom höchsten deutschen Gericht als diskriminierend bewertet. Schließlich sind die etwa 160000 Deutschen ohne eindeutiges Geschlecht eben nicht geschlechtslos, sondern einfach nur anders, »inter«, also dazwischen. Tausendfach wurden Kinder zwangsweise umoperiert, was äußerlich Ordnung, aber innerlich Verwüstungen schafft. Ein über Jahrtausende tradiertes Muster wird damit abgeschafft, womit gesellschaftliche Konfusion erzeugt wird.

Ja, es bedeutet eine gewaltige Herausforderung, wenn klassische Bilder von Rollen, Beziehungen und Familie verändert werden. Plötzlich ist die geltende Norm nur noch eine von vielen möglichen. Bislang nicht-normkonforme Menschen treten aus der Schattenwelt und stellen sich selbstbewusst neben uns Heteros. Mein Kopf sagt, dass das völlig okay ist. Aber irgendwas in mir flüstert, dass wir ganz schön großzügig sind, als ob wir etwas verlieren würden. Gleichberechtigung ist für manche ein Gewinn, vielen erscheint sie bedrohlich.

Dabei folgen die Verfassungsrichter nur der Realität. Denn das biologische Geschlecht ist eines, aber nicht das einzige Merkmal der Definition. Der Zellklumpen, der später zu einem Baby wird, ist in den ersten Wochen geschlechtslos.

Ein komplexer Mechanismus sorgt ab dem zweiten Schwangerschaftsmonat dafür, dass Junge oder Mädchen entstehen, aus denselben körperlichen Anlagen, die bei Mädchen eher nach innen, bei Jungen eher nach außen wachsen, um das Wunder im Mutterleib drastisch zu vereinfachen. Ein kleiner Penis, eine kleine Vagina sind zwar sichtbare Geschlechtssignale, aber eben keine fundamentalen Gegensätze.

Sexualität ist wie Hautfarbe, es gibt zahllose Zwischentöne. Gedankenspiel für den heterosexuellen weißen Mann: Was wäre, wenn er nur die Wahl zwischen nach zwei Hautfarben geordneten Toiletten hätte, beispielsweise Schwarz oder Gelb? Keine passt. So fühlen sich alle, die nicht unserer Norm entsprechen. Erst wenn das Entweder/Oder abgeschafft ist, ist gesellschaftliche Gleichbehandlung von Menschen möglich – der Urgedanke jeder Demokratie. Mit dem Abschied von der Eindeutigkeit stellt sich zugleich eine Machtfrage. Der über Jahrtausende übermächtige Männertypus ist nur noch einer von vielen gleichwertigen.

Geschlecht wird nur zum Teil durch die Biologie vorgeschrieben, viel mehr aber durch die persönliche Identität. Womit wir beim politisch-gesellschaftlichen Kampfbegriff »Gender« wären, die Theorie vom Geschlecht als sozialem Konstrukt. Oft stimmt das biologische Geschlecht mit dem gefühlten überein, so wie bei mir, womöglich auch, weil ich es von klein auf so gelernt habe. Bei Menschen wie mir ist die Rede von Cis-Gender (im Unterschied zu Trans-Gender). Ich bin demnach ein Cis-Hetero-Mann und damit wohl zahlenmäßig keiner Minderheit zugehörig.

Bei Trans-Gendern klaffen das wahrgenommene und das biologische Geschlecht auseinander. Wer sich, trotz Penis, als Frau fühlt, ist eine Transfrau oder noch einfacher: Frau. Und es wird noch komplexer: Manche Menschen identifizieren sich mit Mann- wie mit Frau-Aspekten; sie möchten genderneutral eingeordnet werden. Im Verlauf dieses Buches ist, ohne dass ich es jedes Mal erwähne, viel von Cis-Heteros die Rede, aus dem ganz einfachen Grund, weil ich für diese

Gruppe sprechen kann. Dass andere Spielarten seltener erwähnt werden, hat nichts mit Diskriminierung, sondern mit Kompetenz zu tun. Ich weiß nicht so viel darüber.

Die Verfassungsrichter nehmen den Standpunkt ein, dass der Mensch sein Geschlecht selbst wählt, und berücksichtigen damit, dass viele andere Faktoren existieren. Aus zwei Geschlechtern werden viele. Was vielen Menschen ein Annähern an ihre Lebensrealität bedeutet, erscheint den Anhängern der bisherigen Ordnung als Bedrohung. Machtfragen werden gestellt.

Die Definition dessen, was vermeintlich »natürlich« sei, bestimmten über Jahrhunderte religiöse oder politische Anführer. Ihr Natürlichkeitsbegriff wurzelt in einer klaren Aufgabenzuschreibung der Sexualität: Natürlich ist, was Kinder macht. Selbstbefriedigung, Verhütung, Homosexualität oder Sex aus Spaß sind des Teufels. Die Engführung von Sex und Geschlecht wird nun höchstrichterlich beendet. Diese Entwicklung ist weltweit auf dem Vormarsch. Und die weltweit operierende Kommunikationsplattform Facebook, die nichts mehr fürchtet als den Vorwurf der Diskriminierung, bietet etwa sechzig Bezeichnungen für Geschlecht an, die nicht alle sofort verständlich sind, aber zeigen, wie verschieden Menschen sich empfinden.

Hier eine Auswahl:

androgyner Mensch
androgyn
bigender
weiblich
Frau zu Mann (FzM)
gender variabel
genderqueer
intersexuell (auch inter)*
männlich
Mann zu Frau (MzF)
weder noch

geschlechtslos
nicht-binär
weitere
Pangender
Pangeschlecht
trans
transweiblich
transmännlich
Transmann
Transmensch
Transfrau
*trans**
*trans*weiblich*
*trans*männlich*
*Trans*Mann*
*Trans*Mensch*
*Trans*Frau*
transfeminin
Transgender
transgender weiblich
transgender männlich usw.

Die Begriffsliste wurde mit Schwulen- und Lesbenverbänden erarbeitet. Einige Bezeichnungen meinen womöglich dasselbe oder überschneiden sich. Egal. Da es derzeit noch keine allgemein verbindliche Begrifflichkeit gibt und vielleicht auch nie geben wird, geht es darum, ein Selbstgefühl zum Ausdruck zu bringen.

Geschlecht ist eben nicht wie Nord und Süd, sondern eine Art Schieberegler, der sich zwischen diesen Polen bewegen lässt. Alle Einstellungen sind möglich. 100 Prozent Mann und 100 Prozent Frau dürften die seltensten Positionen sein. Und Heterosexualität nur eine Option. Homosexuelle bevorzugen das eigene Geschlecht, bisexuelle Menschen beide, pansexuelle alle, auch die uneindeutigen. Diese Differenzierung mag anstrengen, aber sie beseitigt die Schwächen der binären Logik. Der Hermaphrodit war schon in der Antike ein respektiertes Mitglied der Göttergesellschaft. Mit dem Liberalisierungsgewinn wird eine Gesellschaft zugleich vor eine gewaltige emotionale und intellektuelle Aufgabe gestellt. Das Umstellen von der binären Logik auf Vielfalt ist ein fundamentaler Wandel, der Zeit braucht. Was über Jahrtausende gelernt wurde, ist nicht mit einem Urteilsspruch vergessen.

Der traditionelle Cis-Hetero-Mann ist verwirrt und fürchtet den Bedeutungsverlust des Männlichen. Das Ende der Eindeutigkeit bedeutet eine harte Probe. Wenn Männer vor allem im Außen leben, weil sie den Zugang zu ihrem Inneren verschlossen haben, bedeutet das Verschwimmen äußerlicher Merkmale eine Bedrohung. Wo bleibe ich?

Womöglich sind es scheinbar triviale Sanitärfragen, die künftig gesellschaftspädagogische Wirkungen entfalten. Schließlich macht es wenig Sinn, Toiletten künftig nach gefühlten Geschlechtern zu ordnen – es könnten zu viele werden. Warum nicht eher Toiletten nach Funktion ordnen: Stehen, Sitzen, Wickeltisch, barrierefrei oder Kombinationen. In einer sich immer stärker differenzierenden Gesellschaft werden wir mit drei Klos nicht lange auskommen.

Nein, kein Jammern. Aber ich würde mir wünschen, dass der weiße, mittelalte Mann nicht von vornherein ausschließlich als Feind und Gegner des Fortschritts betrachtet und beschimpft wird. Es gilt, auch Ängste und Unsicherheiten zu respektieren. Was spricht dagegen, uns, mich, die Männer mitzunehmen auf dem Weg in die Welt der Vielgeschlechtlichkeit? Das Angstbeißen von Traditionsmännern mag nerven, aber es ist nachvollziehbar. Natürlich ist jegliche Art von Diskriminierung zu bekämpfen. Zugleich aber wünsche ich mir Verständnis und Geduld für Männer, deren Verunsicherung und Angst sich mangels anderer Ausdrucksformen in Wut oder Hass äußert. Wir müssen reden, auch hier.

Der Sex-Spagat
Zwischen Rammler und Lover

Schon wieder Peinlichkeitsalarm: Wie erkläre ich männliche Sexualität ohne Stereotype, aber ehrlich? Wie schildere ich die Macht des Testosterons, ohne als leichtfertiger Relativierer zu gelten?

Aufgeklärt wurde ich klassisch – bei Doktorspielen mit der Nachbarstochter im Gebüsch zwischen zwei Mietshäusern. Soweit ich mich erinnere, war ich lieber der Patient. Wenig später folgte die Schwanz-Nacht im Zelt. Ich erinnere mich, dass wir Jungs von einem weiteren Wort fasziniert waren – »ficken«. Was genau war das? Wie ging das? Und warum redeten die älteren Jungen so obsessiv darüber? Es drehte sich um Mädchen, so viel war klar, es hatte mit Männlichkeit zu tun, und der Schwanz spielte offenbar eine zentrale Rolle. Als eines Tages das Gerücht aufkam, der Junge dringe in das Mädchen ein, schüttelte ich mich. Das tat doch weh? Was sollte daran toll sein?

Die angebliche sexuelle Revolution der Achtundsechziger zog an mir vorbei. Ich erinnere mich nicht ohne Unbehagen an die manische Aufklärungsarbeit jener Tage. »Ratz und Rübe« hießen zwei Fernsehfiguren, die Synonyme für das männliche Genital aufsagten, Pimmel, Gurke und derlei mehr, und sich dabei kaputtlachten. Unser Schwanz-Gekicher war offenbar normal gewesen. Um Details kümmerte sich die *Bravo*, wo offen angesprochen wurde, was zu Hause oder in der Schule zu technisch, zu verdruckst, auf jeden Fall unpraktikabel umschrieben wurde. Am hilfreichsten waren allerdings die praktischen Übungen mit ein paar tollen jungen Frauen, mit denen ich gemeinsam auf Expeditionen ging, ohne im Geringsten zu wissen, was ich da tat. Dazu später.

Es war die Zeit, als ältere Geschwister angefleht wurden, doch Kondome oder merkwürdig schmeckende Verhütungsschäume mit abschreckend klingenden Namen wie Patentex Oval zu besorgen oder wenigstens zu teilen. Unbändige Neugier auf alles Sexuelle und erste Rollenbilder verhedderten sich unentwirrbar ineinander. Es dauerte eine Weile, bis der junge Mann herausgefunden hatte, dass Reden und Handeln auch beim Sex oftmals weit auseinanderklafften.

In der Schule kursierten zwei Begriffe, die für meine erste heftige Männlichkeitsverwirrung sorgten: »Chauvi« und »Softie«. Der Chauvi trug Lederjacke, trank Bier, fuhr Motorrad, wollte »bumsen« und verhielt sich auch sonst steinzeithaft – er galt als rücksichtsloser Arsch, was ihn aber zugleich hoch spannend machte. Der Softie dagegen steckte in einem verflusten Wollpullover, den er womöglich selbst gestrickt hatte, zumindest die einfachen Teile, er trank Tee mit Vanillearoma, fuhr Rad, war ebenfalls körperlich interessiert, traute sich aber nicht so richtig ran. Er begann Sätze einfühlsam mit »Du …« während der Chauvi konsequent »Ich …« sagte. Dann streichelte der Softie, bis alle eingeschlafen waren.

Beide Typen sorgten bei den Mädchen für Ekel und Faszination gleichermaßen. Der Chauvi war gut für Abenteuer, aber nur an Sex interessiert, auf keinen Fall an längerer, tieferer Bindung. Die zwangsläufig folgende Enttäuschung hatte der Softie mit einem guten Gespräch zu kurieren, was zugleich Camouflage war für Verklemmtheit. Und was wollte ich: Arsch sein und befriedigt? Oder menschlich anerkannt, dafür unbefriedigt? Beide Typen operierten defizitorientiert. Es gab hypermännlich oder unmännlich, aber wieder keine Mitte.

Was wollten die Mädchen nun? Wie sah ich mich? Streichelnd oder rammelnd? War das noch Dialektik oder schon Widerspruch? Hier prallten zwei Männermodelle unversöhnlich aufeinander: der Jäger, Krieger, Hooligan (gefährlich) gegen den Freund, Vertrauten, Bruder (harmlos). Der eine röhrte und schwang die Keule, der andere hob schützend den Arm. Und beide verachteten sich gegenseitig aus tiefstem Herzen. Der Chauvi betrachtete den Softie als Verräter, der den offenen Kampf scheute und sich mit miesen Tricks Sympathie erschlich. Der Softie hasste den Chauvi für seinen breitbeinigen Opportunismus, den er insgeheim natürlich beneidete. Denn kaum war eine Frau mit Softie-Therapie aufgebaut, fiel sie auf den nächsten Chauvi rein.

Im Ergebnis war es eine Lose-Lose-Situation. Denn sowohl das Harte, Laute als auch das Weiche, Leise wurden diskreditiert. Der Widerspruch war unauflöslich, weshalb junge Männer zuallererst eines lernten: Für Sex muss man tricksen, täuschen, tarnen. Wir hatten situationsabhängig zu agieren, mal lauschen, mal poltern, mal Beine breit, mal züchtig übereinandergeschlagen, in jeder Sekunde zu einem Rollenwechsel bereit, was höchste Flexibilität verlangte. Nicht meine Emotionen zählten, sondern das Reagieren auf die Stimmung der Lady und die jeweiligen Umstände. Waren Freundinnen in der Nähe? Gafften andere Kerle? Das Theater wurde Teil unserer Identität, wenn nicht sogar ihr Kern.

Die Mädchen waren in andere Rollenkonflikte verstrickt. Sie hatten zu Hause gelernt, was »gute Mädchen« tun und vor allem lassen. Sexuelle Verfügbarkeit, also ein schnelles, eindeutiges Ja zur körperlichen Liebe, war völlig ausgeschlossen, es galt als nuttig. Gute Mädchen mussten sich rarmachen oder zumindest für eine Weile so tun.

Die Jungen hatten nun eine komplexe Übersetzungsaufgabe zu bewältigen: Welches »Nein« war wie ernst gemeint? War es ein echtes oder nur ein Vati-Gedächtnis-Nein? Und nach wie vielen Neins durfte man mit dem ersten Vielleicht-Signal rechnen? Ausdauer war gefragt. Aber auch Selbstrespekt. Man wollte sich ja nicht zum Affen machen. Andererseits war da dieser quälende, süße Hunger auf Petra in ihrem

Fiorucci-Pullover. Eingekapselte Gefühle? Mangelnde Offenheit? Versteckte Bedürfnisse? Projektion? Wut, Aggression, Enttäuschung? Alles, was wir Männer an emotionaler Verwüstung und Verstocktheit spüren – hier nahm es seinen Anfang. Warum hat damals niemand gesagt: »He, ich finde dich toll. Wollen wir miteinander schlafen?«

Holte ich meine damalige Flamme Petra von der Schule ab, hatte ich einen Mix verschiedenster Signale auszusenden, zumal ihre Freundinnen mich unauffällig aufmerksam beobachteten. Ich trug den Helm lässig am Unterarm, um Furchtlosigkeit zu demonstrieren. Helden fahren ohne Helm. Die ins Mattenhafte spielende Frisur – wir befinden uns in der Prä-Punk-Zeit, Stichwort Chris Norman – hatte kunstvolle Gleichgültigkeit zu verströmen, also Wuschel mit etwas Form. Das Sitzen auf dem Mofa war ebenfalls Image-optimiert. Ein richtiger Kerl stellte die Füße auf gar keinen Fall auf den Pedalen ab, sondern hatte einen Stiefel, wahlweise Adidas Universal, lässig auf dem Tank geparkt, während das andere Bein ebenso lässig pendelte.

Natürlich war ich irre stolz auf meine Herkules M4, andererseits handelte es sich eben nur um ein Mofa, gedrosselt bei 25 km/h, Motorisierung zwar, aber die unterste. Echte Männer fuhren Moped, Mokick, Motorrad, ich nur das Milchbartmodell. Eigentlich entwürdigend, andererseits besser als Fahrrad, immerhin ein Einstieg in die Welt der Maschinen.

Jeder Polo-, Kadett- oder Civic-Fahrer kennt diesen emotionalen Zwiespalt zwischen Besitzerstolz und PS-Schwäche. Man muss ein Auto gut finden, weil es einem gehört, von dem man andererseits genau weiß, dass andere es albern finden, leider zu Recht. Ganze Industrien leben bis heute von den Kompensationsbemühungen, Spoiler-Produzenten zum Beispiel und Musikanlagenhersteller.

Und wieder so eine Signalfrage, deren Wichtigkeit kaum hoch genug einzuschätzen ist: Maschine polieren, was einerseits Sorgfalt und Hingabe zeigt, andererseits aber auch Prioritätenprobleme mit sich bringt. Wer ist dir am Ende wichtiger, das Mädchen oder die Karre? Dagegen stand das kalkulierte Verlotternlassen des Geräts, was Unabhängigkeit von Statussymbolen bewies, aber auch einen zweifelhaften Umgang mit Fragen von Hygiene, Hingabe, allgemeiner Zuverlässigkeit. »Du liebst dein Moped mehr als mich?«, das war damals eine von jungen Frauen ernsthaft gestellte Frage. Und wir konnten sie nicht immer verneinen.

Kommunikation bedeutete damals nicht Verstehen, sondern zunächst ein Ausloten und Markieren des gemeinsamen Terrains, das Aushandeln und Übersetzen von Begriffen und Andeutungen. Einigermaßen zuverlässig waren nur wenige Regeln. In der Öffentlichkeit war jedes Softie-Signal tödlich, weil der Kerl im Vergleich zu Rivalen keinerlei Schwächen zeigen sollte. Hier galt das Prinzip Pavianfelsen. Im vertrauten Problemgespräch waren dagegen Zuhören und Klappehalten gefragt, dazu Im-Arm-Halten und Streicheln, auf jeden Fall die Bestätigung, dass man stundenlang auf einem Flokati zwischen Stövchen mit Erdbeertee, Kerze und Räucherstäbchen ausharren konnte, ohne sofort Sex zu wollen, was natürlich nicht stimmte, sondern eher eine Art Charaktertest war, ob neben Geilheit auch Liebe im Spiel war. Denn Frauen wollten Liebe und mussten Sex mögen; bei Männern war es umgekehrt. Wir galten als dauergeil.

Es war eine widersprüchliche Zeit. Jungen, die den Akt geschafft hatten, galten als Superhelden, die betreffenden Mädchen plötzlich als Schlampen. Wir jungen Männer waren von den jungen Frauen abhängig, wollten aber cool und unabhängig sein. Wir gierten den Mädchen hinterher und machten sie exakt deswegen verächtlich. Große Gefühle redeten wir klein. Es war paradox, erniedrigend, unehrlich und alles andere als romantisch.

Eine weitere Erkenntnis: Alkohol lockerte, auf beiden Seiten, bei fast allem. Unsere Eltern hatten dieses Geselligsein oft genug vorgemacht, an Geburtstagen, zu Karneval oder beim Gartenfest. Ob Persico oder Apfelkorn, nach ein paar Kurzen war die Stimmung deutlich entspannter. Genau das aber war nun unser Problem: Wo endete die Entspanntheit, wo begann das Willenlose? Was war nach drei Bacardi-Cola freie Entscheidung? Wie ernst war das »Nein« noch zu nehmen? Wie dünn das Eis war, über das wir da schwankten, weiß ich erst heute. Gut möglich, dass damals manche von uns jungen Männern zu Vergewaltigern geworden sind, ohne es gemerkt zu haben.

An dieser Stelle möchte ich auf einen Umstand hinweisen, der mir über Jahrzehnte nicht klar war und erst in Gesprächen mit meinem Urologen bewusst wurde. Es geht um Testosteron, einen der wenigen messbaren biologischen Unterschiede zwischen Mann und Frau. Männer haben im Schnitt eine etwa zehnfach höhere Testosteronkonzentration im Blut, allerdings mit gewaltigen biografischen Wellen.

Das sogenannte Männerhormon hat vielfältige Wirkungen, die noch nicht vollständig erforscht sind. Testosteron, so heißt es, führe zu Aggression, Wut, Zerstörungslust. Aber nicht allein. Das Faszinierende am Testosteron ist seine Vielseitigkeit. Wissenschaftler finden alle paar Monate neue Fähigkeiten, beileibe nicht alle böse. Womöglich ist Testosteron ein Verstärker, der sozial nützliche Eigenschaften fördert. Ein Rätsel bleibt mir bis heute, was mein Wille anstellt, was meine Erziehung, was meine Hormone.

Anders als Feministinnen oft behaupten, geht es dem Mann bei Übergriffen oder gar Vergewaltigungen nicht nur um Macht, sondern schlichtweg auch um Sex. Macht ist ein Mittel, das Ziel aber ist Sex. Prominenz wiederum bedeutet Macht. »Wenn du ein Star bist«, so Donald Trump, »kannst du dir alles erlauben.«

Die Wissenschaft streitet über die Macht des Testosterons. Selbst Cordelia Fine *(Die Geschlechterlüge)*, die die Unterschiede von Mann und Frau für sozial konstruiert hält, gesteht dem Männerhormon eine gewisse Macht zu. Der Neurowissenschaftler Simon Baron-Cohen sieht vor allem Hormone dafür verantwortlich, dass Männer Männer sind und Frauen Frauen. Auch hier mag die Hypothese erlaubt sein: Es gibt nicht die eine Ursache für das Ausprägen von Geschlechtern, sondern eine Vielzahl, die sich gegenseitig beeinflussen.

Die Macht des Testosterons hat so ziemlich jeder Knabe am eigenen Leib gespürt, diese düstere Energie, den Drang, die Lust, ohne dass irgendjemand erklären würde, was da gerade vor sich geht. Sobald das tückische Zeug den adoleszenten Körper flutet, gerät jedenfalls einiges durcheinander. Klar, wer männlichen Kontrollverlust nun der Naturdroge Testosteron zuschreibt, entlässt den Menschen aus jeglicher Verantwortung. Was, wenn sich ein Hooligan rechtfertigt: »Herr Richter, ich konnte nicht anders, als ein halbes Dutzend gegnerische Fans krankenhausreif zu schlagen. Das war nicht ich, das war das Testosteron.« Andererseits wäre es naiv, diesen evidenten biologischen Unterschied und seine Nachbeben rundheraus zu ignorieren. Eines meiner gröbsten Missverständnisse besagte, dass Mädchen genauso empfinden wie Jungs.

Ich gestehe: Ich habe Hormone lange für eine weibliche Angelegenheit gehalten. Östrogen, der Zyklus und die Launen, die Antibabypille, Wechseljahre – Frauen und ihre Tage halt. Männer und Hormone? Na ja gut, Endorphine eventuell, diese Glückshormone, die angeblich beim Laufen ausgeschüttet werden. Aber sonst?

Als ich in »den besten Jahren« war, also in dem Alter, da die Angst vor Krebs den Mann erstmals in seinem Leben zum Urologen treibt, kam ich dem Testosteron zum ersten Mal näher. Der Doktor prüfte den Pegel. Weit unter dem Durchschnitt. War das jetzt gut oder schlecht? Und vor allem: Wie mögen sich Männer mit einem hohen Testosteronwert fühlen, wenn ich schon den Eindruck hatte, dass mir das Teufelszeug an einigen Kreuzungen des Lebens zuverlässig den falschen Weg gewiesen hatte?

Historisch gesehen handelt es sich, klar, um ein Überlebenselixier: Testosteron macht Männer aggressiv, macht sie kräftig, weil es den Muskelaufbau fördert und deswegen auch gern als Dopingmittel genommen wird. Es sorgt nach neueren Studien aber auch für Empathie und Kooperationsbereitschaft, es soll Großzügigkeit und Integrität steigern. Warum? Weil in menschlichen Gesellschaften der Aufstieg auf den Pavianfelsen nicht allein über Boxkämpfe ausgetragen wird. Gänzlich unempirisch würde ich gern einen kleinen Einblick in meine Testo-Jahre gewähren. Kann sein, dass sie außergewöhnlich waren; vermutlich aber repräsentiere ich ziemlichen Durchschnitt.

Im Alter zwischen etwa fünfzehn und fünfundvierzig war ich tatsächlich »testosterongesteuert«, nicht immer, aber viel zu oft. Es fühlte sich an, als hätte das Hormon den Fahrersitz übernommen und träte ständig aufs Gaspedal, das mit Paarungsbereitschaft gleichzusetzen ist. Ich erinnere mich an Teenagerjahre, in denen ich hirnlos sabberte. Ingrid Steeger, Samantha Fox, Sibylle Rauch verursachten unkontrollierte Erektionen, völlig ungeachtet der Umgebung. Bisweilen reichte ein Strumpf, ein Blick, eine Rundung, ein Absatz, der höher als zwei Zentimeter war, um mich in ein debil starrendes Frettchen zu verwandeln. Ich war gleichsam überwältigt und gefangen in einer Erregungswoge, gegen die mein Kopf nur mühsamst die Kontrolle behielt. Denn unerbittlich trat das Hormon aufs Gas.

Es gibt viele Menschen, bei denen ich mich entschuldigen müsste, für allerlei Beklopptheiten während dieser Jahre. Nein, es wäre dem Testosteron gegenüber unfair, alles darauf zu schieben. Gleichwohl bin ich überzeugt, dass manch ekelhaftes Verhalten hormonell begünstigt war. Nicht Liebe macht blind, sondern der Hormoncocktail zwischen fünfzehn und fünfundvierzig.

»Grausame Geilheit« heißt ein bemerkenswert offener Beitrag des Schriftstellers Anselm Neft in der *Zeit*. Er schreibt von dieser gierigen, verklemmten, eiligen Jungssexualität, von der widersprüchlichen Lust, ausgerechnet die zu erniedrigen, die man so begehrte, und dem schlechten Gewissen deswegen, von der Pornografie, die schnell, zuverlässig, schamlos, konsequenzlos bediente, was in der Realität so kompliziert und nicht immer erfüllend war.

Dazu diese vielen tabuisierten Spannungen. Nichts hätte ich als junger Mann öfter gebraucht als eine gütige Mutter, die mich einfach nur im Arm hält. Zugleich ist nichts diskreditierender als das »Muttersöhnchen«. So viele Bedürfnisse, so viel Scham, darüber zu reden, so viel Scheitern am eigenen Heldenbild – und als Entlastung immer wieder Selbstbefriedigung. Pornos, so Anselm Neft, bedeuten einen permanenten »Tanz um unsere tiefsten Wunden«.

Sex, Erotik, Liebe gar? Nichts davon. Schon deswegen, weil eine Frau nicht zwingend nötig war, um zur Erleichterung zu kommen. Es war einfach dieser gleichsam automatische Druck, fast wie auf der Blase. Der automatisierte Ablauf ist schon gespenstisch. »Männer reagieren auf optische Reize«, erklärt der Psychotherapeut Franz Eidenbenz, der sich auf Pornosucht spezialisiert hat. Scheinbar harmlose textile Signale wie ein kurzer Rock oder eine knappe Jeans, die für Frauen modischen Ausdruck bedeuten, lösen bei Männern Großbeben aus. Neulich hörte ich von einer neuen Zuspitzung: Offenbar gibt es Zeitgenossen, die so häufig vor dem Rechner onaniert haben, dass sie in keiner anderen Position mehr zum Höhepunkt kommen können.

Testosterongetriebener Sex ist animalisch, vergleichbar mit einem Feuerlöscher: Knopf einschlagen, leer sprühen, fertig. »Was steckt hinter der verqueren Sicht auf Sex, in der Frauen bloß Mittel zum Zweck sind, wie in neunzig Prozent aller Onlinepornos, in denen Frauen keine Seele zu haben scheinen?«, fragt die *taz*-Kolumnistin Katrin Rönicke. Einfache Antwort – meistens Testosteron. So gerät der Spagat zwischen hormonbedingtem Rammeldruck und angemessener Liebeskunst zu einer kaum zu bewältigenden Aufgabe.

Die nagende Lüsternheit der ersten Lebenshälfte führte reihenweise zu Peinlichkeiten. Glücklich der, der nie beim Onanieren erwischt worden ist. Die blinde Geilheit trieb mich in jungen Jahren zu einer Prostituierten. Und es war ein gigantischer Reinfall. Ich war in den späten Zwanzigern und dienstlich im Großraum Sachsen mit einem Mietwagen unterwegs. An einer Tankstelle besorgte ich mir die lokale Boulevardzeitung, die damals eine Doppelseite merkwürdigster Kleinanzeigen von »Monika« und »Natascha« mit einer bizarren Geheimsprache anbot. Es war von »leckfreudig« die Rede, von »dicken Dingern« und bizarreren Sachen. Ich wunderte mich damals, wie diese Texte die Zensur von Verlag und Behörden überstanden. Es war der Sound purer Pornografie.

Ich rief eine der Nummern an, die ein mittleres Angebot versprach, nicht so bieder, aber auch nicht zu gewagt. »Komm doch vorbei« – so die Einladung in gesäuseltem Sächsisch, nicht ohne Reiz. Eine gute halbe Stunde später parkte ich vor einem leicht renovierungsbedürftigen Altbau und klingelte im zweiten Stock vor einer ebenso renovierungsbedürftigen Wohnung. Eine sehr magere Frau in schlaffen schwarzen Dessous öffnete, fiel mir um den Hals, als würden wir uns kennen, und bat mich zu warten. Ich hockte im Flur, wie beim Arzt. Es roch nach Duftbaum. Ich lauschte. Unspezifische Geräusche.

Panik kam auf. Ich wollte nicht sehen, wie ein anderer Mann sich an mir vorbeischlich. Ich wollte auch nicht gesehen werden. Scham schlug Geilheit. Ich wollte eigentlich gar nicht hier sein. Meine Erregung war verschwunden. Ich schlich zur Tür und türmte. Porno-Darstellerinnen im Kopffilm und Frauen in der Realität, das war ein immenser Unterschied.

Na gut, dieses Beispiel hat nicht gerade eindrucksvoll die Allmacht des Testosterons bewiesen. Ich hätte noch ein anderes, aber nicht meines. Im Jahre 2016 habe ich lange mit einem jungen Flüchtling aus Kabul geredet, der angenehm offen über die für uns selbstverständliche Nacktheit in der Werbung, im Fernsehen, überall sprach. Faszinierend, Deutschland durch die Brille eines unter den Taliban aufgewachsenen jungen Mannes zu sehen, der Frauen nur verschleiert kennt und noch viel weniger Chancen hat, mit seinem inneren Testosteronterror Frieden zu machen.

Deutschland, erklärte mir der junge Afghane, käme den Männern seiner Herkunft wie ein gigantischer Freiluftpuff vor. Kein westlicher Mann, erst recht keine westliche Frau kann sich vorstellen, wie es ist, wenn man quasi mit einer Dauererektion durch ein vermeintliches erotisches Märchenland geht, wo der Überreiz regiert und scheinbar dauerverfügbare Frauen offen ihre Reize zeigen. Andererseits besteht kaum eine Chance, die versprochene Freizügigkeit real zu erleben. Die Realität, Porno und Onanie, mag trostlos sein. Ohne diese schamhafte Verrichtung wäre dagegen womöglich noch mehr sexuelle Aggression in der Welt.

Ja, der Mann soll seine Triebe unter Kontrolle haben, überhaupt keine Frage. Aber er hat auch verdient, dass der quälende Überdruck, wenn nicht gutgeheißen, so doch als eine Tatsache akzeptiert wird, die Willen und Disziplin bisweilen überfordert. »Diese Jungs wollen einfach nur mit Mädchen zusammen sein«, sagt ein ehemaliger Djihadist im Dokumentarfilm *Jihad: A Story of the Others* der norwegischen Regisseurin Deeyah Khan, die einen Zusammenhang zwischen prohibitiver Sexualmoral und Terrorbereitschaft mutmaßt. Dauerhafter Triebstau, der auf angebliche erotische Belohnungen im Paradies trifft, sowie die Chance, Rache gegen die begehrte, verhasste westliche Welt zu üben, kann durchaus ein Baustein bei der Radikalisierung junger Muslime sein.

Dass Testosteron zumindest dazu beiträgt, dass junge Männer zerstörerisch gegen sich selbst und andere agieren, zeigt ein Blick in die Kriminalstatistiken. Was haben Terroranschläge, rechtsradikale Schlägereien, Hooligan-Ausfälle, G20-Keilereien, ein großer Teil von Verkehrsunfällen, IS, NSU, Schulmassaker, aber auch WM-Siege und Goldmedaillen gemeinsam? Es sind überwiegend junge Männer beteiligt, die in einer Mischung aus Blutrausch und Todessehnsucht, unbändigem Willen und epischer Leidensbereitschaft jede

Grenze überschreiten, die brutalste Gewalt als Selbstzweck zelebrieren, auch wenn oder gerade weil sie dafür sterben. Zufall, dass die Gewaltbereitschaft am höchsten ist, wenn das Maximum Testosteron durch die jungmännlichen Körper pulsiert? Zufall, dass die Heldenreise meist um einen jungen Mann herum gestrickt wird? Zufall, dass in dieser Phase auch die Zeugungskraft am stärksten ist?

Zu allen Zeiten und in allen Kulturen galt der heranwachsende Mann als Inbegriff von Kraft, aber auch von Unerbittlichkeit, kurz: Gefahr. Wer kämpfte in Stalingrad und Verdun, bis die Füße abfaulten? Wer hat an Silvester Spaß, mit Raketen auf Menschen zu schießen? Wer säuft sich ins Koma? Wer bevölkert die Gefängnisse? Wer tätowiert sich empfindlichste Körperstellen? Es sind die Gleichen, die die Odyssee bestehen, Sauron besiegen und Drachen töten, die Wimbledon gewinnen oder das finale WM-Tor erzielen, auch jene, die durch halb Afrika rennen, um im Mittelmeer zu ertrinken oder im Stacheldraht zu enden. Junge Männer sind schmerzfrei an Leib und Seele, zu allem entschlossen, im besten wie im schlechtesten Sinne.

In archaischen Kulturen wurde die zerstörerische Urgewalt der Jungen mit Initiationsriten zu kanalisieren versucht. Mutproben waren zu bewältigen, oft Prüfungen auf Leben und Tod. Später übernahm die Armee mit dem System von blindem Befehl und Gehorsam die Rolle des Erziehers. Modernen Gesellschaften dagegen fehlen diese Mechanismen, die gleichzeitig Triebabfuhr und wachsendes Verantwortungsgefühl für sich und andere erleichtern.

Nicht aus jedem jungen Mann wird ein Killer oder Komasäufer. Aber keine andere Gruppe bringt bessere Voraussetzungen mit, um sich von radikalen Predigern und Parolen, von Storys über einsame Helden, von den Mythen des letzten großen Kampfes in stumpfe Tötungsmaschinen verwandeln zu lassen. Mögen viele Menschen gegen Hasstiraden und Scheißegal-Rap immun sein, gegen Ballerspiele und Folterfilme – junge Männer sind empfänglich dafür, erst recht, wenn sie in ihrem Leben vor allem Demütigung erlebt haben und keinerlei Perspektiven für ein stolzes Leben sehen. Was setzen wir dagegen? Kastanienmännchen?

Benimm-Kurse reichen nicht aus, den Trieb zu zähmen. Aber der Umgang mit Gewalt, Schmerzen und wüsten Fantasien ist in keinem pädagogischen Curriculum vorgesehen. Dafür gibt es in vielen Teilen der Welt ausgefeilte, kunstvolle und zum Teil brutale Rituale, so, als sollte das Testosterongewitter mit einem bewusst herbeigeführten Trauma unter Kontrolle gebracht werden. Der französische Ethnologe Arnold van Gennep definierte die Initiation als Übergangsritus, der den Menschen auf seine neue Rolle und Verantwortung vorbereitet. Junge Männer werden ohne Betäubung beschnitten, stürzen sich mit Lianen an den Füßen von klapprigen Holztürmen, müssen wilde Tiere erlegen, hungern oder sich eingebuddelt von Riesenameisen zerbeißen lassen. Torturen, inhuman und menschenverachtend, aber auch ein Hinweis, wie stark der Reiz sein muss, um eine potenzielle Testosteronbombe zu domestizieren. Das Aushalten, Durchbeißen, Verzweifeln und Wiederaufrappeln beweist den Männern des Stammes zugleich, dass der Novize bereit ist, für die anderen Krieger Entbehrungen auf sich zu nehmen. »Zeit zu sterben«, sagt der Häuptling eines Amazonas-Stammes im Film *Der Smaragdwald*, bevor ein Junge erst gefoltert und dann unter halluzinogene Drogen gesetzt wird, um sein Krafttier zu entdecken. Danach ist er ein Mann.

In unserer aufgeklärten Gesellschaft wird der Übergang vom Jungen zum Mann bestenfalls mit Ritualsurrogaten betrieben. Der Junggesellenabschied, Konfirmation und Jugendweihe, Ladendiebstahl oder andere Mutproben haben aber nicht die Kraft, einen neuen Lebensabschnitt zu manifestieren. Allenfalls Mafia, Hells Angels oder Knast-Communitys zelebrieren Aufnahmerituale, allerdings weniger, um Übergang zu symbolisieren, sondern eher, um Hingabe und Hierarchie zu besiegeln.

Es war keine Initiation, die ich erlebte, aber eine Vorstufe, ein Heranführen durch Erfahrenere. Ich war vielleicht siebzehn, als mich Eros hinterrücks erlegte. Aller Gesetze zum Schutze der Jugend zum Trotz trieb ich mich im überschaubar ausschweifenden Nachtleben meiner Heimatstadt Münster herum.

In einem Amüsierbetrieb namens »Eule« war auch nach Mitternacht noch was los. Die üblichen Nachtschattengewächse. Ich war ziemlich lang geraten und marschierte mit souveränem Führerscheingesicht am Türsteher vorbei. Im Halbdunkel des Kellerlokals wurde geraucht, getrunken, getanzt, gebaggert. Mein Geld reichte für eine Bacardi-Cola, mit der ich mich zwei Stunden lang beschäftigen konnte. Vom Tresen aus beobachtete ich das Treiben, halb verängstigt, halb aufgeregt.

Eines Abends kam eine Dame auf mich zu, etwa doppelt so alt wie ich. Sie machte mir ein Kompliment. Sie flößte mir süße Getränke ein, auf ihre Kosten. Sie tanzte schubbernd. Ich wusste nicht, wohin mit meinen Gedanken, Gefühlen, Händen. Die Machtfrage war brutalstmöglich geklärt: Sie war erfahren, abgebrüht, zielstrebig, ich willenlose Watte. Ist das Konsens? Sie schleppte mich mit zu sich. Zitternd erfüllte ich vermutlich nur einen Teil der Erwartungen. Dankbar meine ich mich daran zu erinnern, dass sie immerhin nie an der falschen Stelle lachte. Als der Morgen graute, sagte sie: »Kein Frühstück«, und schob mich vor die Tür.

Ich fühlte mich … tja, wie fühlte ich mich eigentlich? Erwachsen? Überwältigt? Missbraucht? Gedemütigt? Mopedmackermäßig dufte? Von allem etwas wahrscheinlich. Ein sensibler Knabe behält nach einer solchen Nacht womöglich eine lebenslange seelische Verletzung zurück. Ein selbstbewusster Kerl hätte der Zudringlichen ein energisches »Stopp« entgegengeschmettert. Mich hat diese Erfahrung wachsen lassen, weil ich erstmals den Hauch einer Ahnung bekommen hatte, dass kaninchenhaftes Rammeln zum Zwecke der

Triebabfuhr nur eine Spielart der Sexualität war und beileibe nicht die Aufregendste.

Das Mentorenwesen ist in Wissenschaft und Karriereberufen verbreitet, im Zwischenmenschlichen wäre es ebenfalls ein Gewinn. Auf dem Gebiet des Sexuellen sollte es von der Krankenkasse bezahlt werden. Jeder junge Mensch sollte eine erfahrenere, liebevolle, bisweilen strenge Fachkraft fürs Erotische an seiner Seite haben. Völlig klar, dass das Lernen von Älteren ein Machtgefälle und alle damit verbundenen Risiken bedeutet. Aber wie sollen sich Jungs gesund entwickeln, wenn sie aus Internet-Pornos ein surreales Männerbild lernen und den Eindruck bekommen, dass Frauen immer vor Lust schreien, ganz gleich, was ihnen angetan wird? Die Bilder, die Youporn in die Köpfe unsicherer Knaben hämmert, zeigen Sex als Leistungssport, aber nicht als Form der Kommunikation.

Und manche moderne junge Frau erhöht den Druck noch. »Wer will schon einen schüchternen Jungen, der sich nicht traut zuzupacken?«, fragt eine junge Frau die Sex-Bloggerin Maja. »Er muss ein guter Küsser sein, sonst kommt er mir nicht ins Bett«, meint eine andere. »Er kann mich lesen«, wünscht sich eine weitere. Und natürlich: »Ein großer Schwanz, denn, sorry, aber ja, die Größe ist entscheidend.«

Wie soll ein milchbärtiger Knabe diesen Strauß durchaus berechtigter Wünsche erfüllen, wenn er nie gelernt hat, wie Küssen, Zupacken, Lesen geht? Und dann natürlich das elende Thema der Größe. Da ist es wie mit dem Reichtum: Weil es immer einen gibt, der mehr hat, kann es nie genug sein. Wie viele Männer würden behaupten, dass ihr Penis zu groß sei? Wie viele finden dagegen, dass er etwas stummelig geraten sei? Eben.

Nichts als Mythen und Missverständnisse auf dem weiten Feld der Sexualität, auch schon vor der Phase der überall kostenlos verfügbaren Pornos. Hatte ich einst Charles Bukowski *(Mann mit der Ledertasche)* und Henry Miller *(Wendekreis des Krebses)* für halbwegs zuverlässige Wegweiser in Sachen Liebesspiel gehalten, zumal beide ja von der Literaturwelt geadelt waren, brachten Masters und Johnson mit ihren Statistiken und Erica Jong mit *Angst vorm Fliegen* wieder alles durcheinander. Aha, es gab einen Unterschied zwischen vaginalem und klitoralem Orgasmus? Ach, Männer und Frauen haben unterschiedliche Tempi? Ich hatte bislang offenbar mehr Mythen bedient als erogene Zonen. Sex bedeutete immer auch eine Art technischer Aufgabe, bei der eine Checkliste aus Verführungsbüchern abzuarbeiten war. An Pendants für die Frauen mangelte es natürlich nicht: »Wie trete ich selbstbewusst, schön und begehrenswert zugleich auf?«, fragte beispielsweise Dianne Brill in ihrem Werk *Dressed to Kill oder Wie werde ich eine Sexgöttin?*. Aber da waren auch diese Beiträge in Frauenzeitschriften, denen zufolge Orgasmen vielfach vorgetäuscht wurden.

Das als schlicht angenommene Rein-Raus schien eine hochkomplizierte Angelegenheit zu sein, und hin und wieder keimte ein furchtbarer Verdacht: Was, wenn Frauen beim Sex mehrheitlich hoffen, dass es bald vorbei sei, um mit ihren Freundinnen danach über all die männlichen Defizite zu lästern, die es zweifellos gibt? Sex in seinen vielfältigen, auch widersprüchlichen Dimensionen als Ware, als Macht- und Moralinstrument, als Spaßmacher, als strafrechtlich heikles Gebiet muss immer wieder geübt und optimiert werden, für alle Beteiligten. Gar nicht so leicht zwischen einer sexualisierten Öffentlichkeit und einer realen Frustflaute, die mir oft begegnet.

Sexuelle Freiheit und Offenheit oder gar Zügellosigkeit gehören zu den großen Lügen unserer Zeit. Viel zu oft sitzen da viele kleine Dämonen auf Schultern, Bettpfosten und Schenkeln und wiehern, weil ich nicht so aussehe wie im Film, in der Werbung, in den Ratgeber-Büchern. »Was muss ein richtiger Mann jetzt tun, wie muss er aussehen, klingen, riechen?«, war lange Jahre meine erotische Leitfrage statt: »Was macht mir Freude? Wie kann ich Freude bereiten?«

Über Jahrzehnte begleitete mich, testosteronbegünstigt, ein fundamentales Missverständnis von Sex als Ejakulationsarrangement. Eine Nummer war eine Nummer war eine Nummer, ein Start-Ziel-Projekt, das mit einem pflichtschuldig absolvierten Vorspiel begann, wie Aufwärmen beim Sport, um dann über die üblichen Stationen bis zum Vollzug gebracht zu werden. Letztendlich war es eine Art begleiteter Masturbation, einzig und allein darauf ausgerichtet, männlichen Überdruck zu regulieren und idealerweise nebenher eine Frau zu befriedigen.

Diese Spielart, nennen wir sie die BigMäc-Variante, ist schnell, unkompliziert, zuverlässig, bezahlbar und auch gar nicht schlimm. Mann stöhnt ins Kissen, Frau schreit, beide vorübergehend satt, zumindest vorgeblich. Aber es bleibt dieses Gefühl von Halbheit, von unzureichender Sättigung.

Was ich erst im fortgeschrittenen Alter kapiert habe, möglicherweise infolge eines sinkenden Testosteronpegels: Es gibt viel mehr Varianten von Sexualität, sobald das Miteinander zweier Körper nicht als Sprint, sondern als Kommunikationsform betrachtet wird. Sobald das Miteinander das Ziel ist. Guter Sex bewertet nicht, erwartet nicht, kommuniziert offen und liebevoll, lacht, anstatt innerlich zu zürnen. Sex eher als unendliches Erotik-Büfett, das keinen Anfang und kein Ende kennt, immer da und gut gefüllt. Die Kunst besteht in der klugen Auswahl und in der passenden Portionierung. Manchmal macht Speeddating Spaß, manchmal das Überfressen und manchmal nicht. Es hat einige Krisen gedauert, um dank einer geduldigen und ausdauernden Frau diese Dimensionen zu entdecken, ohne die alten abwerten zu wollen.

Wie groß die Kluft zwischen Rammelverrichtung und Sexspaß sein kann, beschreibt Ilan Stephani, die zwei Jahre in einem Berliner Nobelbordell gearbeitet und ihre Erfahrungen in einem Buch verarbeitet hat. Fazit: »Ich habe im Puff keinen Mann erlebt, der sich wie ein Gewinner gefühlt hat.« Im Gegenteil: Viele Freier wirkten traurig, fast alle unterdrückten Geräusche beim Akt, stets hing eine graue Wolke der Scham über der Bettstatt.

Es wurde BigMäc-Sex geboten und bezahlt. Aber ganz oft, sagt Stephani, habe der Druckabbau die Männer nicht glücklicher gemacht. Sie suchten etwas anderes: Nähe, Verständnis, ein Gespräch, eben Kommunikation. Die meisten wussten: Kaum sind sie aus der Tür, beginnt die nächste Fahrt auf dem endlosen Testosteronkarussell. Die Lüsternheit wächst, will raus, peng, alles von vorn.

Ich habe mich in meinen harten Testosteronjahren als Mann ganz selten stark gefühlt, vielmehr als Getriebener, Gehetzter, Fremd- und Ferngesteuerter. Geilheit fand ich nicht toll, sondern Schämgrund und Einsamkeitsverstärker. »Ausgerechnet bedeutungsloses Ficken ließ mich die Tiefe, Sehnsucht, Trauer und den Frust in der männlichen Sexualität erahnen«, schreibt Ilan Stephani und gibt damit einen Einblick in Seelenregionen, die Männer viel zu oft pathologisieren oder ignorieren. Die Therapie, so schlägt sie vor, sei ebenso einfach wie komplex: Männer brauchen ein anderes Frauenbild, aber zugleich ein liebevolleres, entspanntes Selbstbild, das aus der Fehlannahme herausführt, Frauen dürften und könnten Sex haben, Männer müssten. Das fundamentale Missverständnis der männlichen Sexualität lautet: Männer haben immer Lust, deswegen haben Männer auch immer Spaß. Aber nur, weil man keine Banane betrachten kann, ohne an Sex zu denken, bereitet eine dauernde Halberektion nicht automatisch Freude.

Dem Himmel sei gedankt für die Andropause, laut jüngsten Forschungen das Äquivalent zur Menopause. Der Effekt ist ähnlich wie bei der Frau; es handelt sich um einen hormonbedingten Tiefpunkt ziemlich genau in der Lebensmitte. Ich habe ihn hinter mir. Und bin dankbar dafür. Der Preis ist einerseits hoch, weil die Haare grau werden und die Muskeln schlaff. Dafür lockert der Trieb seine Krallen, der Pavianfelsen verliert an Macht. Herrlich, wenn man nicht mehr jede Frau ansabbern muss und Männer wie Brüder behandeln kann. Schrecklich, dass es fünfzig Jahre gedauert hat. Schön, dass es so weit ist.

Der Mann, der mit mir durch die Midlife Crisis navigierte, war mein Urologe. Nach drei Jahren Zaudern hatte ich mich zu einer Prostata-Untersuchung durchgerungen. Für Frauen ist Vorsorge selbstverständlich, für Männer nicht. Max war kein einfühlsamer Dr.-Best-Graubart, sondern grinste frech und fragte, ob ich gekommen sei, um mir über den Umweg der Prostata ein Viagra-Rezept zu erschleichen, so wie die meisten seiner Patienten. Nö, antwortete ich und bekam eine Probepackung. Die Prostata guckte er sich per Ultraschall an. Dann großes Blutbild.

Eine Woche später rief der Doktor an. Mein Testosteronwert läge auf dem Level eines senilen Eunuchen. Eigentlich müsste ich Brüste tragen an einem muskelfreien Körper, der seit dem Mauerfall keinen Sex hatte. Fast nichts davon stimmte. »Ansonsten alles normal für dein Alter«, beruhigte Max. Wie ich diesen Satz hasste. Der Doc verschrieb mir Testosteron-Gel, zum Testen. Super. Was Radprofis den Tourmalet hochschiebt, kann nicht ganz verkehrt sein. Und dann noch legal, auf Rezept. Leider war das Zeug eine Enttäuschung. Mag sein, dass das Schlafbedürfnis etwas sank, dafür nahm die Alltagsaggression leicht zu. Sichtbarster Effekt des Gels waren die Schmierspuren in der Wäsche, die Jugend vorgaukelten.

Ich habe nicht mit vielen Frauen über das Testosteronregime gesprochen, aber mein halbes Dutzend Gesprächspartnerinnen hat mir einhellig bestätigt, dass ihnen diese brutale hormonelle Fremdsteuerung zumindest auf sexuellem Gebiet nicht bekannt sei. Natürlich empfinden Frauen Lust und Geilheit, aber nicht dieses Jetzt-unbedingt-sofort-und-immer-wieder-Müssen. Es war ein Tabu meiner Jugend, das heikle Thema Dauerlatte überhaupt anzusprechen oder gar einen sozialverträglichen Umgang damit einzuüben. Viel zu peinlich.

Es ist ein gutes Zeichen für gesellschaftlichen Wandel,

dass ein junger Künstler wie der Liedermacher Faber erfrischend offen über exakt diese permanente Gier singt, hart, aber ehrlich und überhaupt nicht frauenfeindlich, auch wenn Fabers offen geäußerten Bedürfnisse alle Sexismus-Abwehrreflexe bedienen. Es gehe ihm nicht um Männer oder Frauen, sondern einfach nur um schmutzige Gefühle, hat der Schweizer seine Kritikerinnen gelassen wissen lassen. Faber repräsentiere »die ständige Geilheit eines besoffenen Erstsemesterstudenten«, befindet die *Süddeutsche Zeitung*. Richtig. Und diese Ehrlichkeit ist auch gut so.

Die Tabuisierung der Sexualität einerseits und ihre Mystifizierung andererseits führen bis heute zu einem toxischen Gebräu. Politiker, die Milliarden vergeuden, haben größere Überlebenschancen als jene, die als unmoralisch empfundenen Sex haben, selbst wenn Einvernehmlichkeit vorlag. Zugleich werden überall Anmach-Tipps und Orgasmus-Manuals verbreitet. Der amerikanische Journalist Neil Strauss, der als »Pick-up-Artist«, also als Anmachexperte, zu zweifelhaftem Weltruhm gelangte, hat in seinem Buch *Die nackte Wahrheit* seinen beeindruckenden Sinneswandel dokumentiert und schonungslos offen seine seelischen und körperlichen Sehnsüchte dargelegt. Fazit: Das Tabuisieren des innermännlichen Widerstreits von oberflächlicher Gier und dem tiefen Bedürfnis nach Nähe nährt die toxischen Dämonen. Das Gegenmittel: Offenheit. Oder, wie Anselm Neft sagt: »Die sexuelle Revolution hat gerade erst begonnen.«

Eine ehrliche und enttabuisierte Diskussion über die Abgründe männlicher Sexualität ist überfällig. Allein allerdings wird kaum ein Mann damit fertig. Gesprächsbereite Frauen, Mütter, Schwestern, Partnerinnen sind gefragt, die zunächst einmal verstehen wollen, anstatt sofort zu urteilen. »Die politische Debatte ist zu sehr auf das Weibliche konzentriert«, sagt die Therapeutin Julia Kristeva, »sie täte gut daran, die Symptome dieser Krise der Männlichkeit mit einzubeziehen.«

Eine gewaltige Aufgabe, die nur ohne Polarisierung, Schuldzuweisung, Wut zu bewältigen ist. Männer seien überfordert, urteilt Peer Briken, Professor für Sexualforschung an der Universitätsklinik Hamburg-Eppendorf: unklare Rollen, Pathologisierung der Sexualität als Sucht, das Stigmatisieren jeglicher Aggressivität, dazu ein Kontinent voller sexueller Geheimnisse – da kommt der Mann allein kaum klar.

Ich habe die Erfahrung gemacht, dass es eine Wohltat ist, wenn Frauen aus erster Hand erfahren, was ihren Partner umtreibt. Nur: Wer hat den Mut, offen darüber zu reden?

Unternehmen wir einen weiteren Selbstversuch: Welcher Mann hat seiner Partnerin jemals liebevoll, aber präzise mitgeteilt, was er beim Sex wirklich mag, wovon er träumt, was er liebend gern mal ausprobieren würde, auch wenn es sich in Regionen außerhalb der bürgerlichen Norm bewegt? Wenn man sich liebt, dann sollte doch das offene Wort im Bett ein Leichtes sein.

Ist es aber nicht. Die drei Männer, mit denen ich offen über Sex redete, bestätigten mir einhellig, dass sie »über bestimmte Dinge« mit ihren Partnerinnen nicht reden könnten, womit der klassische Männerdialog bereits charakterisiert war. »Bestimmte Dinge« – konkreter wird es selten.

»Warum nicht?«, frage ich.

»Das geht nicht«, lautet die Antwort.

»Warum nicht?«, bohre ich nach.

»Dann denkt sie noch, dass ich pervers bin«, war die offenste Antwort, die ich erhielt. Womit sich »bestimmte Dinge« auch nicht besser eingrenzen lassen. Hier endet meistens das Gespräch.

Ich fragte mich, was wohl so »pervers« sein mag, dass ein Freund darüber nicht reden kann. Ein Mann in Frauenkleidern? Im Babystrampler? In der Gruppe? Gefesselt und geknebelt? Gewalttätigkeiten?

Aber ich habe nicht weiter gefragt. Ist mir ja auch peinlich.

Scham herrscht, gemeinsam mit seiner ständigen Begleiterin, der Angst. Scham vor den eigenen Bedürfnissen. Angst, nicht zu genügen. Angst, nicht männlich zu sein. Angst vor mangelnder Erektionshärte. Angst, eine Kränkung zuzugeben oder Unlust oder – Ekel. Und natürlich Angst, für ängstlich gehalten zu werden. Nie war ich weiter von mir entfernt, als in manchen Nächten der Zweisamkeit, in denen ich verstand, wie weit Mannsein und das Darstellen von Mannsein auseinanderklaffen.

Der Vati-Spagat
Zwischen Erwartungsdruck und Versagensangst

Abgrenzen vom Vater, anders sein als der Alte, das war meine Mission. Doch eines Tages drang die Erkenntnis durch: In meinem Rucksack steckt ganz schön viel vererbter Ballast. »Junge, tu deine Pflicht!«, ist so ein tonnenschwerer Satz. Woher kommt dieser Pflichtwahn des Männlichen? Eine zwiespältige Nachricht für meine Söhne.

Manchmal fühlt sich mein Leben an wie eine Ikea-Schublade im Testlabor, wo sie von einer unerbittlichen Maschine hunderttausendfach aufgezogen und wieder zugeschoben wird, auf Schienen, die keinen Spielraum erlauben. Nur auf und zu, rein, raus, keiner fragt, ob die Schublade Bock auf diesen Job hat. Eines Tages ist die Schublade dann kaputt, aufgerieben. Menschenmaterialermüdung. Hat sie irgendwas hinterlassen außer Staubhaufen? »Er funktionierte wie eine Ikea-Schublade« – keine schöne Inschrift für den Grabstein.

Jeden Tag dieselben Signale: Mach weiter! Du genügst nicht! Du bist zu spät dran! Und warum wird diese verdammte Müdigkeit nicht weniger? Ich dosiere die teuren Vitamine doch schon über. Ein echter Kerl würde sich so ein Leben nicht bieten lassen, der würde mit der Axt losziehen und alles kurz und klein hauen. Ich hasse das Gefühl, wie draußen die große bunte Welt an mir vorbeizieht, während ich Steuerunterlagen sortiere. Männer sollten keine Belege abheften.

Verdammte Unruhe. Ich will raus, alles anders machen, noch mal anfangen, nichts mehr verpassen, Holz hacken. Stattdessen Kinderschwimmen. Immobilienblase. Work-out nicht vergessen. Feinstaubalarm. Waschmaschine piept. Zwei Dutzend Mails. Überall Bots. Heute kein Fleisch und kein Alkohol. Redaktion erbittet Rückruf. Und unbedingt privat vorsorgen.

Mein Ding machen? Haha.

Meine Pläne? Zum Teufel.

Zu mir finden? Später.

Und sonst? Muss ja.

Es kam der Tag, da habe ich meiner eigenen Heldenstory nicht mehr getraut. Ich bewundere Narzissten für die Kühnheit, sich als die Allergrößten zu bezeichnen, und die Naivität, sich den Quatsch auch noch zu glauben. Ich dagegen ergebe mich bisweilen der Verzweiflung, der Wut, der Trauer über mich selbst. Drama-Queen? Sicher.

Ich kann mich selten an Träume erinnern. Einer allerdings klebt mir schon ewig im Kopf: Ich sitze an meinem Schreibtisch. Plötzlich fliegt die Tür in meinem Rücken auf. Alle Menschen, die ich mag, stehen dort, zeigen mit dem Finger auf mich und lachen bösartig. Sie rufen »Versager« oder »Blender« oder »Langweiler«. Das ist der ganze Traum. Nicht spektakulär, aber der Blick in dieses quälende Gefühl des Nicht-Genügens. Ich bin am Heldendruck gescheitert, ich habe den Kampf auf dem Pavianfelsen aufgegeben, dabei wäre ich wahrscheinlich gern Held oder Oberpavian gewesen, zumindest für eine Weile. Und jetzt? Ikea-Schublade. »Er hat seine Pflicht getan« – der Kleinwagen unter den Nachrufen.

Der schweigende Rackerer, der zuverlässige Versorger, der bedürfnislose Durchhalter – ich habe einen ausgewachsenen Dienstleister-Fimmel. Der Sound meines Lebens ist das verlässliche Tuckern des Männerdiesels. Wir rackern auf Baustellen, zerteilen Tiere im Akkord, reinigen Kläranlagen, löschen Brände, quälen unseren Körper, reden und schlafen zu wenig, aber: Wir tun unsere Pflicht. So habe ich es zu Hause gelernt. Von Tarzan und Robin Hood war dieses duldsame Ethos maximal weit entfernt, aber zugleich sehr nah dran an mir. Denn die Zerrissenheit des Männlichen zwischen Abenteueranspruch und Büroalltag repräsentierte ausgerechnet jener Mann, der der erste und wichtigste Superheld jeder Kindheit war, aber selten so gut gelaunt wie die Väter im Fernsehen, und der gelegentlich mit diesem leeren Blick nach Hause kam, der aussprach, was der Mund sich nicht traute zu sagen: Ich kann nicht mehr, was soll das alles?

In einem Lied seiner Band *Element of Crime* hat der Musiker und Schriftsteller Sven Regener das männliche Dilemma von Leere und Einsamkeit brillant verdichtet: »In meinem Schädel, da wohnt ein Tier, das trampelt alles kurz und klein, was ich mir vorgenommen hab für einen lieben langen Tag. Wozu bewegen, ich weiß ja nicht wohin. Manchmal wüsste ich gern, wer ich wirklich bin.«

Mein Vater starb, als ich gerade fünfzehn geworden war, mitten hinein in meine hyperpubertäre Abgrenzungs- und Provokationsphase – ein denkbar blöder Moment, seinen Vater zu verlieren. Zu viel Wichtiges bleibt ungesagt, zu viel Unwichtiges, bisweilen Verletzendes hat man sich um die Ohren gepfeffert. Mein Vater war der klassische pflichtbewusste, klaglose Versorger, zu Disziplin im agrarischen Patriarchat und später in der Wehrmacht sozialisiert. Selbst als ich ihn wenige Stunden vor seinem Tod im Krankenhaus besuchte, sind wir nicht emotional geworden. Wir wollten, aber wir konnten nicht.

Erst heute ahne ich, dass sich im Franziskus-Hospital zu Münster, wo ich fünfzehn Jahre zuvor geboren worden war, dass sich dort im Sterbezimmer ein klassisches Männerdrama abspielte. In der Hauptrolle: unser aller Unfähigkeit, Gefühle zu zeigen, zu reden, Schwäche zuzugeben, Hilflosigkeit, Angst, Traurigkeit.

Es gab keinen Abschied, keine Absolution, allenfalls einen unausgesprochenen Auftrag. Ein Händedruck musste genügen. Ein paar dünne Tränen beim Rausgehen. Geweint wurde nicht, das war Frauensache. Ist bis heute drin in mir.

Ich habe nie mit jemandem intensiv über den Tod meines Vaters gesprochen. Warum auch. Da gab es nichts zu reden. War eben so. Stell dich nicht so an, sagte mein innerer Soldat. Heute weiß ich, dass da auch mein Vater aus mir sprach. »Sich anstellen«, das gehörte sich nicht. Wer sich anstellte, der ragte aus der Menge heraus, der wollte was Besonderes sein, der brauchte eine Extrawurst, der verzögerte den Betriebsablauf. Geht gar nicht – wir sind eine Eisenbahnerfamilie. Funktionieren, Gehorchen, Pflichterfüllen, das waren die Werte, die meine Eltern aus den Kriegstagen mit in die junge Bundesrepublik gebracht hatten. Unter dem reibungslosen Imperativ verbargen sich auch Scham und Schrecken der Nazizeit.

»Bei der Wehrmacht bringen sie dir Benehmen bei«, fauchte mein Vater in den seltenen Momenten, wenn er die Fassung verlor. Und er erschrak umgehend über sich. Was hatte er da gesagt? Natürlich hieß es »Bundeswehr«. Und die Disziplinierungsmethoden hatten sich auch geändert. Aber in der Aufregung kamen die alten Begriffe hoch. Die »Wehrmacht« hatte eine immense Bedeutung im Leben des Jungen aus kleinen Verhältnissen, so wie die gesamte angestrengt verschwiegene Hitler-Zeit. Das klaglose Funktionieren im restlichen Leben war wohl eine protestantische Form des Ablasses. Und ich habe davon offenbar einiges geerbt.

Meine Eltern waren beide zu Beginn der zwanziger Jahre geboren worden, im westlichen Niedersachsen, wo die Weltwirtschaftskrise nicht so arg wütete. Meine Mutter wurde »Gausiegerin« in Handarbeit, mein Vater war nach dem Notabitur 1939 gerade volljährig und schon in einer schicken Uniform. Sein Glück war, dass er nicht nach Osten geschickt wurde, wie viele seiner Weggefährten. Sein Bruder Helmut kam nicht zurück aus dem Krieg. Ich trage seinen Namen: Hajo Helmut Schumacher.

Welche verheerenden Folgen Militär und Krieg bei Männern haben, war lange Jahre ein Tabu, wie Sabine Bode in *Die vergessene Generation* beschreibt. Der Kriegsheld ist Prototyp jedes nationalen Olymps. Unsere Städte sind voll von bellizistischen Denkmälern, Triumphbögen und Siegessäulen, unsere Museen voll mit Beutekunst. Mut, Kraft, Durchhaltevermögen, Verlässlichkeit sind bis heute als männlich wahrgenommene Qualitäten. Dem Vaterland dienen, die Treue zu den Kameraden, Pflichtbewusstsein – Militär und Männlichkeit gehören selbst im pazifistischen Deutschland untrennbar zusammen. Das Öffnen der Bundeswehr für Frauen ist ein Anfang, doch im Kern war und ist der Krieg eine Männerfantasie. Kann die Faszination von Jungen für Ballerorgien wie *World of Tanks*, *Soldiers Inc.* oder *War Thunder* mit einem tradierten Krieger-Narrativ zusammenhängen?

Dagegen stehen Abertausende mit posttraumatischen Belastungsstörungen, die zunehmend wagen, über ihre Qualen zu reden. Als Vertreter einer Generation, die nie Krieg erlebt hat, kann ich mir nicht einmal ausmalen, was ein Winter im Schützengraben, eine Nacht im Luftschutzkeller, eine Flucht bedeuten. Und in welchem Teil der Welt sind Kriegserfahrungen älter als ein, zwei Generationen? Die Traumata sind überall.

Meine Eltern kompensierten die Kriegs-und Nazizeit durch Überanpassung, Überfleiß, Übersparsamkeit. Als brauchten die zutiefst verunsicherten Egos jener Zeit ein äußeres Fundament, fokussierte sich das Leben meiner Eltern auf ein einziges Ziel – ein eigenes Haus. Urlaube fielen knapp aus – Entbehrung. Am Wochenende wurde auf der Baustelle geholfen – Fleiß. Der Bausparvertrag wurde tapfer bedient – Disziplin. Eingemachte Kleingartenernte wie Stachelbeeren, Apfelmus, dicke Bohnen im Keller, dazu ewig haltbares Kommissbrot – für alle Fälle. Beim Mittagessen berichtete meine Mutter, wo sie die Milch besonders günstig erstanden hatte.

Nie habe ich meine Eltern knutschen sehen. Die Ehe war eine Funktions- und Wirtschaftsgemeinschaft, stracks ausgerichtet auf die Mission Eigenheim. Sicherheit war das alles überwölbende Bedürfnis, auch als Gegengewicht zu einer inneren Lebensverunsicherung. Der Nachweis erfolgreicher Männlichkeit war der Einzug in ein Reihenhaus am Bahndamm, dreißig Jahre nach Kriegsende. Meine Mutter webte die Jahreszahl »1975« in einen Wandbehang aus Wolle, der bis zu ihrem Tod im Eingangsbereich hing. Vier Jahre nach dem Einzug starb mein Vater, Mitte fünfzig, so alt, wie ich heute bin, als ob er seine Mission erfüllt hätte.

Kriegstrauma und Nazi-Schuldgefühl hatten seine ohnehin vorhandene männliche Gefühlsabwehr um einen Zusatzpanzer verstärkt. Und es gesellte sich noch ein dritter Dämon dazu: die tiefe Versagensscham, weil er seine eigenen Aufstiegshoffnungen nicht erfüllt hatte.

Inzwischen weiß ich auch, woher sie kommt. Mein Vater stammte aus einer Dynastie von Feldarbeitern und Knechten. Über Generationen wurde in der DNA der ärmlichen Familie Schumacher angelegt, dass Kinder so jung wie möglich Geld zu verdienen hatten. Bildung über die acht Jahre Volksschule hinaus war nicht zu finanzieren. Meine Großeltern waren die Ersten, die der Knechtschaft entfliehen konnten, in ein Schrankenwärterhäuschen, als stolze Staatsdiener der Reichsbahn. Mein Vater wiederum war das erste Kind, das eine höhere Schule besuchte. Und er war der Erste, der Abitur machen sollte. Ein historischer gesellschaftlicher Aufstieg nach Generationen der Feld- und Hilfsarbeit. Und eine epische Bürde für einen Vater. Er durfte nicht scheitern.

Dann kam der Zweite Weltkrieg, statt Hochschulreife erhielt er nach elf Jahren ein Notabitur auf der höheren Realschule. Die Wehrmacht drängte. Nach Kriegsende kam der Schock: Das Notabitur wurde nicht anerkannt. Heute würde ich womöglich einen zweiten oder dritten Bildungsweg versuchen. Aber nicht in den Hungerjahren, als nur das Überleben zählte. So muss sich Raymond Poulidor gefühlt haben, als er zum fünften Mal nur Zweiter bei der Tour de France geworden war. Kurz vor dem obersten Treppchen – und dann alles umsonst.

Wann immer ich meinem Vater wehtun wollte, musste ich das Gespräch auf Schulabschlüsse, auf Bildung, auf Hochschulreife bringen. »Ey, du hast doch nicht mal Abitur«, wäre die brutale Variante gewesen. Aber es reichte schon, wenn es um Themen wie Sitzenbleiben, »nur« Mittlere Reife oder einfach Bequemlichkeit beim Vokabellernen ging. Er versteinerte für einen Moment. Und oft explodierte er. »Undankbar!«, »Rücksichtslos!«, lauteten noch die gemäßigten Standardvorwürfe. Ich hatte keine Ahnung, wie tief sein Schmerz saß, dieses Gefühl, versagt zu haben. Heute bin ich mir sicher: Es war vor allem eine Niederlage für seine Männlichkeit. Er hatte seinen Job nicht gemacht, seine Mission nicht erfüllt, zu wenig gegeben. Ein gescheiterter Held in seiner eigenen Story. Diese Niederlage, die nicht seine war, hat er nie verdaut und selbstverständlich auch nie bearbeitet.

Verwundbarkeit ist das männliche Meta-Tabu. Wir halten mit aller Kraft an unserer Siegfried-Story fest. So haben wir es von klein auf gelernt, in der Abgrenzung zum anderen Geschlecht. In einer Männergruppe habe ich dann erlebt, wie ein Einzelkämpfer der britischen Streitkräfte, Modell »The Rock«, plötzlich kollabierte, als alles aus ihm rausbrach: die Angst vor Schwäche, die Angst vor Frauen, die Angst vor seinem Penis, vor seinem Vater, vor Kastration, und immer wieder Versagen. Nicht enden wollendes Wimmern, dazu ein Dutzend Männer, das den Hünen wortlos hielt. Plötzlich stand er auf, als ob er einen 40-Kilogramm-Rucksack abgeworfen hätte. Gemeinsam lachen – behält man vielleicht in Erinnerung. Gemeinsam weinen – vergisst man nicht. Und gemeinsam durch die Angst marschieren – schweißt auf ewig zusammen.

Schwächen sind wie Spinnen oder Schlangen: Angucken hilft. Sofort sehen sie anders aus, weniger bedrohlich, interessant sogar, vielschichtig allemal, manchmal auch anmutig, verwegen, auf jeden Fall spannend. Der Horrortrip kann zur Bildungsreise werden. Wie gern nähme ich meine Söhne mit.

Denn wenn die Epigenetiker recht damit haben, dass Traumata vererbt werden, dann trage ich den Rucksack meines Vaters weiter. Und wie ich Millionen deutsche Wirtschaftswundersöhne sowie Abermillionen von Männern auf der ganzen Welt. Überall zerrütten Kriege Männerseelen. Und fast überall wird geschwiegen.

Als Junge habe ich die vielfachen Seelenqualen meines Vaters nicht kapiert. Wie auch? Heute ahne ich, was in ihm wütete. Denn mit den Jahren hat sich herausgestellt, wie sehr ich diese Dämonen selbst verinnerlicht habe: das Leistenkönnen und Leistenmüssen, das stille Dulden, die schweigende Wut, wenn ich wieder mal alles allein erledigen muss. Zufall, dass meine berufliche Laufbahn mit Überwinden und Zähnezusammenbeißen begann? Es war ein regnerisches Wochenende, ich war vierzehn Jahre alt und als Sportreporter für die *Münstersche Zeitung* mit dem Fahrrad auf dem Weg zu meinem ersten Einsatz: Handball, immerhin Halle. Sonntags dann Fußball, ohne Schirm. Ich roch nach trocknendem Hund, als ich in der Redaktion mit klammen Fingern tippte, in einer Wolke aus Reval- und Gitanes-Dunst. Es hätte ein Feldlager sein können. Ich hatte mich durchgekämpft. Arbeit war kein Spaß, sonst wäre es ja keine Arbeit.

Der Leitspruch von der Qualität, die aus Qual erwächst, zog sich als roter Faden durch die Redaktionen, in denen ich lernte. Fast alle meine Ausbilder pflegten diesen Mythos vom hart kämpfenden Mann. »Wir müssen …«, so begann jeder Satz, als ob vorm Stadttor schon der Feind lauerte. Die Rhetorik war durchweg militärisch, gelegentliches Stöhnen über die viele Arbeit machte sich gut. Männlichkeit, das war Leistung, Druck, der Kampf gegen den Andruck und die anderen Ressorts.

Wie häufig habe ich Sätze gehört wie »Da geht noch was, das kannst du besser, schreib noch schnell zwanzig Zeilen dran«. Immer schwang die Generalunterstellung mit, ich würde nicht alles geben. Wer später kam, hörte: »Na, keinen Bock heute?«, wer früher ging, musste sich ein »Na, heute wieder auf halbtags?« gefallen lassen. Wer bei Tageslicht nach Hause ging, war ein Loser. Work-Life-Balance? Vaterzeit? Kinderschwimmen? Haha.

Als ich dem Chefredakteur eines großen Nachrichtenmagazins in den neunziger Jahren, ganz modern, vorschlug, einen Betriebskindergarten einzurichten, lautete seine Antwort: »Wieso? Sie haben doch 'ne Frau.«

Das vorherrschende Männerbild war unterbewusst immer noch vom Krieg geprägt. Frauen und Kinder mussten in den schützenden Keller, wir Redakteure als Soldaten an die Meinungsfront, was natürlich nur mit sehr viel Bier zu ertragen war. Exakt diese Haltung hatte ich schon Jahre zuvor beim Handball gelernt. Wirklich verausgabt hatte sich nur, wer mitten im Krafttraining aufs Klo rannte, um zu kotzen. Held der Schlacht war der, der blutend vom Spielfeld getragen werden musste. Sport war Schmerz. »Der geht da hin, wo's wehtut! Der kann was ab! Der geht über die Kotzgrenze!« Gibt es schönere Komplimente von Männern für Männer?

Sogar das Feiern geriet zum Kampf, gegen sich selbst und andere. Eine Weile galt bei Handballerfeten, wir mögen 17 gewesen sein, die Faustregel: pro Spieler ein Kasten Bier. Und der war gefälligst zu leeren, flankierend dazu harte Sachen. Die Mädchen guckten zu, wie wir reiherten, die Guten erst nach Mitternacht. Es ging nicht darum, einen schönen Abend zu verbringen, sondern um Rituale einer völlig bekloppten Männlichkeit. Sex, wir hatten das schon, war auch eine Unterabteilung des Sports – öfter, schneller, härter.

Zeitlassen, Genießen, Abwarten – das waren verdächtige Haltungen. Es dominierte die antrainierte Ungeduld, möglichst schnell fertig zu werden, egal womit. Das Leben als Anrennen gegen einen imaginären Schlusspfiff, von was auch immer. Nirgends wird diese Alltagsunruhe deutlicher als bei Loriots Weihnacht, wenn Evelyn Hamann sagt: »Jetzt machen wir's uns gemütlich.« Das Gegenteil ist der Fall: Vor allem die Männer bauen auf, bauen ab, sind geschäftig, wieseln umher, Auspacken da, Aufräumen dort, Fernseher an, Weinflasche auf, die guten Gläser, neue Kerzen.

Mannsein habe ich vor allem als Geschäftigsein gelernt. Wer sich niederließ und wohlfühlte, der war suspekt, weil offenkundig faul. Einfach tagsüber sitzen und gucken – das ging allenfalls im Urlaub in Italien, und auch da nur unter Mühen. Wie sollte man denn entspannen, ohne irgendwas zu leisten? Als Todsünde galt bei uns zu Hause, die Hände in den Hosentaschen zu vergraben – demonstrative Arbeitsverweigerung. Mein Vater hat mir mehrmals eine gescheuert, was doppelt demütigend war, denn Hände, die tief in den Hosentaschen stecken, bekommt man nicht schnell genug zur Verteidigung hoch.

Letzte ererbte Regel, die ebenfalls im Militärischen galt: Achte die Hierarchie – und die war vor allem durch das Alter definiert. In Familie und Nachbarschaft, bei der Arbeit und im Sport galt das Senioritätsprinzip. Erst redeten die Alten. Lange dabei zu sein, war ein Wert an sich, Jungsein hingegen ein Makel. Die Vorfahrt für ältere Männer wird in Deutschlands Wirtschaft und Politik bis heute respektiert; dass im Silicon Valley in den vergangenen Jahren vorwiegend Studienabsolventen zu Milliardären wurden, lässt die tradierten Männlichkeitsmuster erzittern.

Mannsein war einfach, wenn man sich an all die Regeln, Mythen und Missionen hielt. Mein Problem heute: Die meisten Männerregeln von früher gelten nicht mehr. Ich weiß nicht, wie ich meinen Söhnen positive Männlichkeit beibringen soll. Aufreiben für den Arbeitgeber? Saufen als Kumpelklebe? Kotzen, bluten, Schmerzen als Existenzberechtigung?

Die Abwehr alles Elterlichen ist ein tendenziell richtiger Reflex der Kinder, schon deswegen, weil wir immer »nur das Beste wollen«, ohne genau zu wissen, was das sein soll in einer zunehmend unübersichtlichen Welt. Ich habe schmerzhaft lernen müssen, dass meine Konzepte nicht zwingend die Konzepte meiner Kinder sind, dass mein Leben nicht der Maßstab für ihres sein muss, dass sie aber dennoch ganz gut über die Runden kommen.

»Ich bin ein schlechter Vater« ist ein Gedanke, der mich immer mal wieder übermannt. Mir fallen tausend Situationen ein, wo ich hätte anwesend sein müssen, wo ich hätte zuhören oder einfach nur großzügig sein können. Aber ich war ja wieder auf meinem Pflichttrip. Irgendeine Mission rief. Vor vielen Jahren hat mir mal ein DAX-Vorstand im Rotweinvertrauen erzählt, dass er ein fürchterlich schlechtes Gewissen habe, weil er nie zu Hause sei und er das Aufwachsen seiner drei Kinder nur in unzusammenhängenden Puzzleteilen erlebt habe. Ich hatte mir geschworen, dieses Gefühl niemals haben zu wollen. Nichts draus geworden. Ich habe zu wenig gespielt, zu wenig Interesse gezeigt, zu oft »später« gesagt und zu unwirsch reagiert wegen irgendwelcher Schulnoten, die ziemlich genau meinen eigenen entsprachen.

Meine Kinder sind viel zu oft Ausstellungsstücke der persönlichen Statuskollektion gewesen. Eine viel zu lange Weile fühlte ich mich nicht als sorgender Vater, sondern als eine Art Rassehundezüchter, der seine gestriegelten Exemplare ausführte, um mit anderen Vätern in den Wettkampf zu gehen. Stanford, Stipendium, Wettbewerbe, Auswahlen, ferne Länder und mit einundzwanzig Master. Das Vererben kompensatorischer Mechanismen dürfte klar sein.

Muss ich das von meinem Vater offenbar in Teilen übernommene Motiv des Nicht-Genügens meinen Söhnen zwangsläufig überwerfen, als toxisches Männererbstück? Es ist jedenfalls schwer, mit den eigenen Dämonen nicht den eigenen Nachwuchs zu behelligen. Als ich neulich eine Geschichte über die künftigen Verwerfungen des Arbeitsmarkts las, zog sofort Panik auf. Die Jungs, oh Gott. Was sollen die nur machen? Chinesisch lernen, programmieren, aber sofort.

Aber vielleicht geht es gar nicht so sehr um die Kinder als vielmehr um meine eigenen Angstprojektionen? Wenn jemand für den Arbeitsmarkt der Zukunft nicht aufgestellt ist, gut schon gar nicht, dann bin ich das selbst. Mir genügt der Blick auf die alerten Leichtlohnredakteure in jeder Redaktion, die fürs halbe Geld die doppelte Menge Aufmerksamkeit produzieren. Lebenslanges Lernen? Ja klar, die Volkshochschule macht jetzt einen Software-Hexer aus mir, während ich mich heimlich nach der Schreibmaschine zurücksehne und mich an meine Jobs kralle wie all die Besitzstandswahrer, die ich seit Jahrzehnten vehement kritisiere. Eine der größten Projektionsmaschinen für unterdrückten Selbsthass ist der Journalismus: Gier, Schlampigkeit, Ineffizienz – das sind immer nur die anderen: Politik, Wirtschaft, Sport.

Ich bin sicher, dass es deutlich ärgere männliche Pflichtversagensmonologe gibt, wegen sexueller Probleme, körperlicher Besonderheiten, Scheidung, allgemeinem Lebenspech. Mir reicht mein Sortiment völlig. Und ich empfinde tiefen Respekt für alle, die Härteres durchmachen. Mein Problem: Ich reiche trotz gewachsenen Bewusstseins immer noch viel zu viel von diesem männlichen Erwartungsdruckmist weiter. Meine Zukunftsängste projiziere ich ungefiltert auf die nächste Generation.

Zenübung für Väter: Wenn der Lebensentwurf des Nachwuchses in eine ganz andere Richtung geht – nicht durchdrehen. Ich wollte auch nicht so sein wie mein Vater. Wie verlogen ist diese Reklame, wo ein erschreckend fitter Graubart seinem perfekten Sohn in Segelschuhen die Leine der Holzjolle reicht. Beide lachen sich an, sehen gesund aus, frisch und erfolgreich. Sie werben für Lebensversicherungen oder Uhren. Ich habe kein Segelboot, nicht mal einen teuren Chronometer zum Weiterreichen. Na und? Ist doch fürchterlich, wenn Kinder das Leben der Eltern nachspielen. Wenn sie ihr eigenes Ding machen, ist es aber auch nicht besser. »Die kostbarste Ressource auf der Welt ist Vertrauen«, hat ein Klugscheißer von Kommentator mal posaunt. Der war ich.

In meinen besten Momenten bin ich einfach Mutti, ohne jedes komische Gefühl. Kochen, Decken verteilen, Bier holen, vor Sorgen dem Schlaf entgegenseufzen – ich liebe es. Mutti wird ausgebaut in Zukunft.

Der Mutti-Spagat
Zwischen Dank und Scham

Eine Pflegerin aus dem Hospiz berichtete mir, dass sich die letzten Worte sterbender Männer oft glichen. Mit dem letzten Atemzug rufen fast alle nach »Mutti« oder »Mama«. Das ewige Dilemma zwischen Schoß und Abnabeln.

Mütter sind furchtbar. Sie sind immer da. Am liebsten bei ihren Söhnen und deren Partnerinnen, ob persönlich oder nur als Gefühl im Nacken. Ich habe es geliebt, bemuttert zu werden. Und ich hatte unsägliche Angst, mit dem Stigma »Muttersöhnchen« verhöhnt zu werden. Das Ablösen vom Vater ist schwierig, eine entspannte Distanz zur Mutter nahezu unmöglich. Viermal habe ich diese Phase erlebt, wenn sich der Pubertierende abzugrenzen versucht: bei meinem großen Bruder, bei meinen beiden Söhnen und natürlich bei mir selbst. Das bisweilen brutale, manchmal zynische Abwerten des Weiblichen ist jedes Mal wieder von großer Dramatik. Wie kann ich ausgerechnet jenen Menschen mies behandeln, der mich unter Schmerzen auf die Welt gepresst hat?

Womöglich ist ausgerechnet dieser Geburtsprozess ein Punkt, mit dem ich als Mann nie fertig geworden bin. Schwangerschafts-Yoga hin, PDA her, das Kinderkriegen ist und bleibt ein heroischer Akt, dem ausgerechnet mein Heldengeschlecht weder Symbolisches noch Konkretes entgegenzusetzen hat. Jede Mutter hat etwas Großartiges vollbracht. Warum kann ich damit nur so schwer umgehen?

Als einer meiner Söhne sich mal wieder darüber lustig machte, dass seine Mutter kein Sixpack vorzuweisen hat, wie übrigens niemand in unserer Familie, da versuchte ich ein Männergespräch: »Pass mal auf, mein Lieber: Genau in diesem süßen, weichen Bauch, über den du dich gerade lustig gemacht hast, hast du gesessen, neun Monate lang, und bist auf die Größe eines kleinen Sacks Kartoffeln angeschwollen. Drumherum ein Sixpack Red Bull an Fruchtwasser, eine Plazenta und all der andere Klimbim, den ihr in der Schule gelernt habt – alles in diesem einen Bauch. Und es ist ein absolutes Wunder, dass dieser Bauch weitestgehend zurückgefunden hat zu alter Schönheit, ohne Chirurgie oder Schiffer-Programm.« Der Junge schüttelte sich ein wenig. Die Vorstellung, ein Dreivierteljahr zwischen Mutterkuchen und Fruchtwasser verbracht zu haben, ist für Jungen gespenstisch.

Ich wurde bestimmter. »Ohne diese Frau, ohne diesen Bauch gäbe es dich gar nicht. Sie hat dich ausgetragen, also buchstäblich herumgeschleppt. Und dann hat sie dir dein Leben geschenkt. Eine Fähigkeit, die beherrscht kein YouTuber, kein Internet-Milliardär, weder Jerôme Boateng noch Chuck Norris, kein Mann auf dieser Welt. Das können nur Frauen.«

Und dann fing ich an zu erzählen, zumindest all das, was noch in meiner Erinnerung zu finden war aus jenen Stunden der Entbindung: die synchronen Herzschläge, das Kotzen, die Wehen, die geplatzte Fruchtblase, die Halbkugeln des Schädelknochens, die sich ineinander schieben, damit der Kopf besser durch den Geburtskanal passt, vom ersten Schrei, von Blut und Käseschmiere, eben von all diesen beeindruckenden, gespenstischen Momenten und wie ich sie erlebt habe.

Fasziniert guckte der kleine Mann mich an. Er hatte sich zeitweise die Ohren zugehalten. Dann prüfte er, ob in seiner Kopfmitte wirklich die Fontanelle zu fühlen war. Sollte eigentlich in der Schule passiert sein, oder? Dort wird zwar ausgiebig der technische Vorgang des Befruchtens und der Zellteilung erklärt, grafische Querschnitte durch Gebärmutter, Scheide, Harnblase werden an die Wand geworfen – aber die emotionale Macht des Moments kommt völlig zu kurz: Was macht Geburt mit den Frauen, mit dem Körper, was ist mit den Entbehrungen und Schmerzen, wenn das Kind den

Unterleib aufreißt? Wie auszehrend ist das Stillen, wie schwer der Weg zurück zu einem guten Körpergefühl? Und vor allem: Was macht dieser Vorgang mit den Kindern, in unserm Fall mit den Jungen?

Das Gefühl, ausgerechnet die eigene Mutter gequält zu haben, ist belastend. Wie geht man damit um? Ich habe es versäumt, meiner Mutter für diese neun Monate einfach nur zu danken. Wer hat es geschafft, der Frau seiner Kinder ein »Respekt, Baby!« zu spendieren – nicht mehr als das, was wir von unseren Partnerinnen für einen absolvierten Marathon erwarten? Stattdessen kompensatorisches Abwehren, weil es so schwer mit den eigenen Rollenerwartungen in Einklang zu bringen ist, das von einer Frau geschenkte Leben. Und natürlich Scham wegen der sehr intimen Gegend, durch die man da als Baby gepresst wurde.

Das Videoportal Pornhub meldet, dass Suchbegriffe mit »Mom« oder »Mother« ganz weit vorn liegen. Mutti, die erste und ewige Liebe, Mutti, die Bestimmerin, die Aufpasserin, die Trösterin, emotionales Zuhause. Klingt da leichter Neid durch? Stimmt. Allerdings ist Mutti auch eine ewige Plage. Schwiegertöchter schreiben Romane darüber oder schreien vor Verzweiflung, weil zwischen Mutter und Sohn dieses starke Band besteht.

Das schlechte Gewissen qua Geburt lässt sich von Müttern, bewusst oder nicht, durchaus als Waffe einsetzen, als Druckmittel oder zu Rachezwecken. Ich habe mir diese Mechanismen nie klargemacht, aber viele Jahre gespürt, dass dort etwas schlummert. Schlimm, dass es aus dem Unterbewussten ans Licht kommt? Nein. Eher erleichternd. Eine Chance, die ewige Mutterwunde bewusst und damit etwas wirkungsvoller zu verpflastern.

Das komplexe Mutter-Sohn-Verhältnis hat Sigmund Freud mit seiner Ödipus-Theorie zu erklären versucht, wissenschaftlich ist sie bis heute umstritten, aber im Kern überlegenswert und vor allem nachfühlenswert. Dem tragischen Mythos zufolge tötete Ödipus unwissentlich den eigenen Vater und heiratete, ebenfalls ohne es zu wissen, seine Mutter. Als er den Inzest entdeckt, sticht er sich die Augen aus und flieht in die Einsamkeit. In weitaus undramatischerer Form sind die sexuellen Gefühle eines Knaben gegenüber seiner Mutter, die Rivalität mit dem Vater, die Scham und die Bestrafungspanik, die Freud »Kastrationsangst« nennt, aus vielen Familien bekannt. Zahlreiche Wissenschaftler, ob Alexander Mitscherlich oder Erich Fromm, haben sich mit dem Ödipus-Phänomen befasst; nahezu jeder Männer-Workshop kreist um Themen wie Frieden mit dem Vater, das Loslösen von der Mutter, das Überwinden von Angst und Scham. Auch wenn der moderne Mann nicht ganz überzeugt sein mag von dem theoretischen Gebäude, so kann das Bewusstmachen des Mutter-Vater-Sohn-Dreiecks bei der Expedition in die eigene Gefühlswelt hilfreich sein.

III. Und wie weiter?

Einer der giftigsten Glaubenssätze unserer und aller Zeit lautet: Männer sind so, kann man nichts machen. Welch ein Unsinn. Männer – das sind sehr viele verschiedene, mutige, oft wissbegierige, aber auch verunsicherte Individuen.

Bei den Recherchen zu diesem Buch haben sich mir viele Freunde, aber auch nahezu unbekannte Männer bereitwillig geöffnet. Ich war fasziniert, wie viele meiner Brüder sich auf ihren Weg gemacht haben. Tom zum Beispiel, der mithilfe eines Psychologen herausgefunden hat, dass die Scham sein Leitmotiv sei. Seither versucht Tom auf eine sehr humorvolle Art, sich mit ebendieser Scham zu konfrontieren. Er steigt in einer fremden Stadt in Frauenkleidern in die U-Bahn. Und er hat, behauptet er jedenfalls, in einem Swingerclub eine Hundemaske und ein Schild um den Hals getragen: »Alles was du willst – 1 Euro«. Tom hat seinem ehemaligen Chef in einem großen Meeting gesagt, was für ein widerwärtiger Macho er sei, was seiner Karriere nicht geholfen hat, aber seinem Selbstwertgefühl.

So sind Männer eben auch: mutig, verwegen und oft auf sympathische Art verrückt. Neue Männer? Das ist zu viel verlangt. Wir können nur mit dem arbeiten, was wir haben – uns selbst und ein großes Herz, das viele von uns erst einmal entdecken müssen.

In diesem Kapitel geht es um Transformation, um Wachstum, ohne den Druck von Tempo und Pflicht. Es geht um Expeditionen in vielleicht noch verborgene Regionen des Inneren und zu spannenden Gebieten des Außen. Am Anfang steht natürlich eine Liebeserklärung an die Guten unter uns. Und an die, die es wirklich werden wollen.

Männer lieben

Klingt ein wenig schwul, oder? Natürlich habe ich nichts gegen Schwule. Aber man muss doch ein Kapitel nicht gleich so drastisch anfangen. Was könnte ich stattdessen schreiben? »Warum ich Männer mag«? Klingt mir zu sanft. »Warum ich Männer schätze«? Auch nicht toll, zu distanziert. Ich frage meine Frau: »Schatz, wie findest du die Überschrift ›Männer lieben‹?« Sie sagt: »Okay, tun wir doch alle.« Klar.

Warum ich Männer liebe? Weil sie mir Respekt abnötigen. Weil sie Sachen gebacken kriegen. Weil ich sie als Freunde haben will. Olaf zum Beispiel. Hat mit Mitte vierzig alles gerockt, was zu rocken ist: Ehe im Eimer, Firma insolvent, Scheidung, Schulden, Darlehen – Flasche leer. Es gibt geringere Gründe abzuhauen, zu saufen, in Selbstmitleid und Depression zu gleiten.

Aber Olaf ist anders: Er hat Banken, Anwälte, Gläubiger beruhigt und dann seinen alten Meister angerufen, der ihn einst zum Elektriker ausgebildet hatte. Er wolle wieder zurück in die Kolonne, hat Olaf gesagt, auf die Baustellen, wo die Leitungen in den Rohbauten verlegt werden. Natürlich war Winter. Natürlich waren die Kollegen skeptisch, was denn so einer von den feineren Leuten bei ihnen zu suchen habe. Olaf hat sechs Monate lang mit ihnen gerackert, von morgens früh um sieben, als es noch dunkel und bitterkalt war, bis in die Wochenenden hinein, um Termine zu halten. Er hat Überstunden gekloppt und begonnen, seine Schulden abzuzahlen. Und sein Leben wiederentdeckt.

Olaf sagt heute: »Ich habe mich geerdet. Ich habe kapiert, wie hart viele Menschen für ihr Geld arbeiten. Ich habe die Kälte gespürt, aber auch die Kameradschaft. Am Ende wusste ich wieder, woher ich komme und wie dankbar ich für mein Leben sein kann.« Inzwischen hat Olaf seine Privatinsolvenz fast hinter sich gelassen. Die Scheidung ist ihm gütlich gelungen, die Kinder reden wieder mit ihm. Für diese Geradlinigkeit liebe ich Männer.

Typen wie Anton, der fast jedes Wochenende auf irgendeinem Hochsitz in Brandenburg lauert, morgens ab vier, in »raschelarmer« Kleidung, wie der Jagdexperte sagt. Geduldig späht Anton am Rand des Maisfeldes entlang. Irgendwann werden sie kommen, wie jeden Morgen. Aber Wildschweine sind nicht blöd. Sie riechen den Jäger, sie wechseln die Wege, sie rennen und ducken sich.

Es ist nicht das Töten, das Anton reizt, sondern die Jagd, denn Wildschweine entkommen ihren Jägern immer wieder. Tierschutz zählt hier nicht, die Viecher sind eine Landplage. Es geht um das Verteidigen des eigenen Terrains: Frisst du meine Ernte, fresse ich dich. Archaische Momente: Lauern, Zielen, Schuss, Treffer, Tod, Blut, das Aufbrechen und Häuten, schließlich Zerteilen in tiefkühltruhengerechte Portionen. Sehr ernst, sehr ehrlich. Der Mann als Jäger, Beschützer, Versorger, der Gewalt halbwegs sinnvoll einsetzt und seiner Eiseskälte trotzt.

Ich mag Dennis für seine Hilfsbereitschaft beim Renovieren. Müll, Farbeimer, Kisten schleppen, Staub, Dreck, aufgerissene Finger, Verzweiflung, kein Lohn außer lauwarmem Bier. Radikales Anpacken war gefragt. Ich rief Dennis an. Wir hatten seit einem halben Jahr nichts voneinander gehört. 40 Minuten später stand er vor der Tür, verpennt, aber fröhlich. »Ist doch fix erledigt«, sagte er.

Solche Jungs-Momente zeichnen sich durch sparsame Kommunikation aus. Jeder weiß, was zu tun ist. Wortloses Rackern. Männer im Malochermodus sind empfindlich, was Geschwätz angeht. Erst mal was wegschaffen. Im exakt richtigen Moment tischt der Gastgeber einen deftigen Imbiss auf. Sind mehr als fünfzig Prozent der Arbeit erledigt, kommt das erste Bier ins Spiel. Zwischenprost. Ende in Sicht.

Es gibt so viele wunderbare Männerexemplare. Urs und sein Galgenhumor. Bernd, der nur zweimal im Jahr sagt, dass er was Gutes gelesen hat. Aber beide Male Volltreffer. Christian, der zum Fußballgucken einlädt, und alle wissen, was mitzubringen ist, wie man sich wo hinlümmelt, wann ein Torschuss zu kommentieren, wann zu beschweigen ist. Oder Maik, der seine Aggressionen nicht länger ertrug und sich in einer Männergruppe seiner Wut gestellt hat. Es hat ihm geholfen. Und er spricht darüber, voller Vertrauen.

Ich mag unsere tätowierten Müllmänner, wenn sie morgens früh durch den Hof poltern. Ich mag den alten Edwin, der im Café Akte zeichnet. Ich mag Rennrad-Opas, die an Coolness nicht zu überbieten sind. Ich mag Ehemänner, die ihrer zielstrebigen Frau ohne Grimassen durchs Museum folgen. Ich mag junge Väter mit ihren Augenringen, die jungen Barbiere in Schöneberg, Musiker, Maler, Handwerker und sogar die Freiluft-Pumper, die bei Eis im Park noch drei Klimmzüge dranhängen, obwohl sie völlig gar sind. Es gibt unzählige gute Männer, die aus sich heraus strahlen und nicht im Unterschied zu anderen.

Mir geht das Herz auf, wenn ich einen älteren Freak im Klub tanzen sehe, wenn ein klappriger Frührentner auf dem Surfbrett durch die Gischt rast oder zum tödlichen Wurf beim Boule ansetzt – so viel Erfahrung, Gelassenheit, Mut und Weisheit sind unschlagbar. Marc Baumann fragt in der *Süddeutschen Zeitung*, ob er im Alter von vierzig Jahren noch auf dem Skateboard zur Arbeit fahren darf. Er hatte es versucht, war aber schamhaft vom Brett gesprungen, als er den Chef erspähte. Das Brett hat er dann in der Tiefgarage versteckt, anstatt es mit ins Büro zu nehmen. Nicht doch. Überanpassung ist so unmännlich wie unweiblich. Was gibt es Großartigeres, als voller Stolz auf dem Brett an den Angeberkarren und Anthrazitanzügen im Stau vorbeizurollen? Warum nur versagen wir uns solche Momente von Stolz und Freude?

Ich habe es satt, als Mann viel zu oft »nur« zu sein, ein Defizitwesen mit spärlicher Seelenausstattung, der Vater-,

Mutter- und Heldenkomplex mit peinlicher Hypermaskulinität kaschiert. Ich habe Probleme, keine Frage, aber ich bin mehr als die Summe meiner Mängel. Ich traue mir zu, die Schwierigkeiten anzugucken, zu lösen oder zumindest einen sozial verträglichen Umgang damit zu finden. Ich finde es gut, wenn in Sachsen auch Vätergenesung angeboten wird und Männerschutzhäuser Gewaltopfer aufnehmen. Wer hier lacht, fliegt raus.

Frauen haben gegen alte Rollenbilder aufgemuckt; das können wir Männer auch. Warum erzählen andere unsere Geschichte, wie wir waren, wie wir sind, wie wir zu sein haben? Ich mag die Unterstellungen nicht, in erster Linie Unterdrücker, Triebgesteuerter, Aggressor, Erotomane, Verdränger, Gefühlsidiot zu sein. Anderen gefallen zu wollen, das ist die dämlichste Rolle, die Männer spielen können. Erst wenn sich Männer selbst gefallen, sind erwachsene Beziehungen möglich, auch zu sich selbst. Leider lieben wir uns viel zu selten, und wenn, dann auf diese plumpe narzisstische Art.

Frauenthemen haben in den vergangenen fünf Jahrzehnten große Aufmerksamkeit bekommen, in Wissenschaft, Wirtschaft, Kultur, Medien, Politik. Vieles hat sich bewegt. Auch wenn manches stockt – die Richtung stimmt. Die Frauen haben ein klares Ziel: Gerechtigkeit. Als Mann habe ich auch ein Ziel: Gesprächsfähigkeit, mit mir, mit Mann, mit Frau, mit allen. Raus aus der Defensive und dem Schweigen. Nicht über-, sondern miteinander reden. Mythen pulverisieren, Verachtenswertes klar ansprechen und daraus lernen. Die meisten von uns sind keine Hooligans in Geschlechterfragen, die sich anbrüllen oder um Symbolthemen wie das Binnen-I streiten. Es geht um mehr. Ich möchte nicht klagen, laut oder leise, weil ich meine Knochen knacken höre unter dem Gewicht all meiner ungelebten Leben, wie Jonathan Safran Foer schrieb. Ich will nicht, wie Willy Brandt, unter dem Gefühl leiden, »dass man nicht geliebt wird, dass einem keiner den Kopf streichelt, dass es so wenig Wärme gibt«, wie der Schauspieler und Maler Jürgen Draeger aus einem vertraulichen Gespräch mit dem legendären Kanzler berichtet. Ich will die guten Männer sehen, die Magier, Abenteurer, Könige und Medizinmänner, die Dichter, Yogis und Narren. Und ich möchte dazugehören zu einem Stamm, der den Ruf des Mannes wahrt und mehrt und sich seiner Verantwortung bewusst ist, anstatt in Rackerei für Darlehen und Auto zu versacken.

Ich möchte möglichst viele Männer mitnehmen, gerade diejenigen, die Wut, Frust oder Einsamkeit spüren. »Wenn ich als Mann sowieso und immer ein Schwein bin, warum dann überhaupt noch die Mühen?«, schreibt Daniel Erk, 38. Dieses Gefühl ist keine Koketterie, sondern ein Virus. Männer, die in eine zynische Scheißegal-Mentalität abgleiten, machen diese Welt selten besser. Es gilt: Lebst du aus, was in dir ist, kannst du blühen. Unterdrückst du, was in dir ist, wirst du platzen. Wenn Männer in der Lage sind, ihren eigenen Sarg zu schreinern und eine Beerdigungsansprache auf sich selbst zu texten wie in einem Nürnberger Seniorenprojekt, dann sollten sie auch den Mut aufbringen, sich andere Tabus genauer anzuschauen. Liebevoll, humorbereit, offen.

Restaurieren macht Freude

Der Youngtimer ist ein Auto, das leicht rostet, einige Beulen und Macken hat und ordentlich Kilometer auf der Uhr, aber von der Substanz her solide ist und insofern absolut erhaltenswert – also ziemlich genau ein Mann in den besten Jahren. Seit einer Weile kümmere ich mich tatsächlich um meine eigene Restaurierung, um in meiner Restlaufzeit auf große Fahrt zu gehen, mich gleichsam selbst auszuprobieren. Jede Schraube, jeder Nagel, jeder Millimeter wird geprüft, vielleicht ersetzt, geputzt, versiegelt, poliert, ohne Eile, aber beharrlich. Der Lohn: Flow, das Gefühl, die Zeit zu vergessen und in das Objekt zu versinken. Die Bilder im Kopf, wie es mal aussehen wird. Anpackerstolz, Durchzieherstolz. Finisherstolz. Was zu erzählen.

Das Restaurieren steht für Innerlichkeit, das Befassen mit sich selbst. Die Tour findet im Außen statt, mit anderen, gleichsam zum Ausprobieren, ob das Renovierte sich bewährt. Genauso funktioniert der letzte Teil dieses Buches: Teilen, Tüfteln, Dranbleiben, Ausprobieren, durchaus ernst, aber ohne Termindruck. Was wir brauchen: Zeit, Mut, Ausdauer, Neugier, den Willen, besser zu werden. Was kann passieren?

Zunächst eine Grundsatzentscheidung: Ich will mich wirklich restaurieren. Keine Kosmetik, mit Spachtel und Farbe, sondern von Grund auf. Weg mit den morschen Stellen, runterschleifen bis auf die Substanz, dann neu machen, aber nicht unbedingt originalgetreu. Funktionalität schlägt Nostalgie. Verhaltensweisen, Routinen, Automatismen, die mir nicht nützen, werden idealerweise ausgetauscht oder verbessert.

Achtung: Dies ist kein Lebensberatungsbuch, erst recht

keine To-do-Liste zum Abarbeiten, sondern eine Fundgrube. Ich habe Methoden, Techniken, Anregungen zusammengestellt, die mir in den letzten Jahren geholfen und vor allem Spaß bereitet haben. Ein Paarseminar oder eine Männergruppe sind nicht jedermanns Sache, gleichwohl ist es spannend zu erkunden, wo die Widerstände dagegen sitzen. Oft gilt die goldene Regel: Wogegen ich mich am meisten sträube, bringt mir am meisten Wachstum.

Am Anfang jeder Restaurierung steht die tückische Frage: Lohnt sich das? So viele Farbschichten, zahllose brüchige Stellen, all die wackeligen Verbindungen. Vielleicht hält er ja auch so noch ein Weilchen. Aber eines Tages kommt der Mann womöglich an den Punkt, wo er die Kompromisse satthat und egoistisch sagt: Es geht um mich, das bin ich mir wert. Ich war an diesem Punkt einer verzweifelten Entschlossenheit, als Sara uns vom Tantra-Workshop berichtete. Dieser Kick, wenn die Seele schreit: Machen!

Auf den ersten Energiemoment folgt relativ bald die Ernüchterung. Wir schauen uns selbst genauer an, entdecken immer neue Schwachstellen und ahnen, wie viel Aufwand erforderlich ist. Hier lauert die erste Falle. Gehe ich als Projektmanager mit Fertigstellungstermin und Perfektionswahn an meine Restaurierung, werde ich scheitern – zu viele Unwägbarkeiten auf dem Weg. Erste Übung also: Zeitpläne verbrennen. Akzeptieren, dass ein lebenslanges Projekt beginnt, ohne Ende. Lachen über Unzulänglichkeiten, aber daran arbeiten. Mannsein fühlt sich ein wenig an wie der Berliner Großflughafen; man ist nie fertig mit sich. Ich, die Dauerbaustelle. Aber es gibt ein Ziel: verbesserte, selbstbestimmte Funktionsfähigkeit.

Meinen ersten großen Schritt habe ich mit etwa vierzig wildfremden Menschen in einem dänischen Seminarhaus unternommen, damals beim Tantra-Workshop. Ich habe erlebt, wie diese Gruppe innerhalb einer Woche gewachsen ist, jeder für sich und alle gemeinsam. Was war das Geheimnis? Loslassen und Vertrauen. Nicht so leicht.

Ich bin ein überwiegend skeptischer Mensch. Als Journalist habe ich von klein auf gelernt, in jeder Suppe ein Haar zu finden, ich war getrimmt auf Skandale, Fehler, Versäumnisse. Mein Blick war strikt defizitorientiert. Ob Hotelzimmer, Politiker, die eigene Familie – immer dieser Schnüffelzwang: Wo ist was faul? Worüber lässt sich aufregen? Wer kritisiert, gewinnt. Aufregen hebt das Ego. Man nennt es Empörungsdividende. Erst mit sinkendem Testosteronspiegel habe ich meinen Zorn auf mich und die Welt zügeln und anderen Menschen vertrauen können.

Transformation ist möglich

Man kann Neil Strauss für einen ziemlich coolen Typen halten oder aber für einen Kotzbrocken. Der Erfolgsautor hat an Biografien von Marilyn Manson, der Band Mötley Crüe und der Pornodarstellerin Jenna Jameson gearbeitet, er schreibt für den *Rolling Stone* und die *New York Times*. Richtig berühmt wurde Strauss mit seinem Standardwerk *Der Aufreißer: So kriegt man(n) jede Frau rum.* Inhalt: Ein 30-Tage-Programm für schüchterne und frustrierte Männer, um angeblich jede Frau ins Bett zu bekommen. »Pick-up-Artists«, also Anmach-Profis wie Strauss, haben weltweit Konjunktur. Sie propagieren ein Männerbild der Macht und ein Frauenbild der willenlosen Maschinen; ein paar Knopfdrücke, und sie funktionieren nach Wunsch. 2015 dann legte Strauss eine schonungslose Bilanz seines bisherigen Lebens vor, das mit den vermeintlichen Idealen von ganz viel Sex und Freiheit, also jenen ungezügelten Männlichkeitsfantasien aufräumte, die womöglich einige von uns als ungelebtes Ideal verfolgen.

Nach einer gescheiterten Beziehung probierte Strauss alles, wirklich alles aus, wovon Männer manchmal träumen: wüste Sex-Orgien auf Viagra und illegalen Substanzen, Polyamorie, Haremsleben, aber auch die lange Behandlung in einer Klinik für Sexsüchtige. Sein Fazit nach vier erlebnisreichen und qualvollen Jahren: Nur die Liebe zählt, zu sich selbst, zu einem Partner, zum Rest der Welt. Die atemlose Jagd nach immer neuen Höhepunkten hat sich für Strauss als Irrweg erwiesen.

Faszinierend ist einerseits die schonungslose Offenheit, mit der Strauss sein Männlichkeitskonzept schildert, andererseits sein Eingeständnis, dass die Idee vom ungezügelten

Leben ihn jedenfalls in die Hölle trieb. Heute lebt er monogam, er hat Respekt für sich und andere als zentralen Wert entdeckt. Strauss hat seine Dämonen gesehen, mit ihnen gerungen, vor allem aber bewiesen: Transformation ist möglich, wenn auch nicht immer einfach.

Wie Strauss tasten sich viele Mutige unsicher und langsam an eine Neubesinnung heran. In Männergruppen und Initiations-Workshops, auf Führungs- und Sinnseminaren machen sich immer mehr auf den Weg zu sich selbst, hin- und hergerissen zwischen dem Drang, sich zu ändern, und der bangen Frage: Was bleibt von mir, wenn die Macht- und Statussymbole, das ganze am Außen orientierte Leben auf einmal ihre Bedeutung verlieren, wenn aus Rückzug, Schweigen, passiver Aggression plötzlich Offenheit wird, das schonungslose Bekenntnis zur eigenen Verletzlichkeit? Die vermeintliche Männlichkeit nach außen verhält sich oft umgekehrt proportional zum inneren Durcheinander. Die raue Schale verbirgt vielfach einen desolaten Kern. Müssen wir Superhelden sein, um akzeptiert zu werden von Frauen, anderen Männern und vor allem uns selbst?

Ruhe finden

Der Friede kam langsam, aber stetig, je länger ich morgens meditierte. Manchmal nur fünf Minuten, bisweilen eine halbe Stunde, aber täglich und meistens gemeinsam mit meiner Frau. Augen schließen, Klappe halten und in die Stille kommen, ohne Bewertung anschauen, was vorbeizieht, und immer wieder daran erinnern: Ich habe Gedanken, aber ich bin nicht meine Gedanken. Ich habe Gefühle, aber ich bin nicht meine Gefühle.

Meditieren, das ist ein bewusst gesetzter Kontrapunkt zur Hochgeschwindigkeitswelt, das Ertragen von Entschleunigung. Am Anfang ist es anstrengend, weil das Hirn mit allen Tricks versucht, die Ruhe zu stören. Hinter diesem Gedankenzirkus wird es spannend. Muster kehren wieder, Überraschendes taucht auf, Dämonen werden zu Bekannten. Jedes Mal ist anders, der positive Effekt gleichwohl linear spürbar. Ruhe kommt, Angst geht. Gelassenheit wächst, Unruhe legt sich. Es fühlt sich an wie ein Verankern im Selbst; Frieden machen mit mir, mit anderen, mit der Welt.

Dieser erste Schritt in die Ruhe ist vielleicht der schwerste von allen. Nichtstun ist für Höchstleister eine Folter. Manche Männer brauchen zunächst einen Schockmoment wie Trennung oder Burn-out, der alle Gewissheiten durchrüttelt und die Fassade wanken lässt. Es geht um nicht weniger als darum, die Waffen auf den Boden zu legen, die Rüstung ebenfalls und aus vollem Herzen zu sagen: Ich will nicht mehr kämpfen, nicht gegen die Kollegen im Büro, nicht gegen die Partnerin, nicht gegen mich selbst. Stattdessen die Frage: Was will ich in Zukunft wirklich, was tut mir gut?

David Deida, weltbekannt für sein Buch *Der Weg des wahren Mannes*, fordert radikale Kapitulation. Erst wenn der

Mann bereit ist, seinen Job, seine Beziehung, sein ganzes bisheriges Leben aufzugeben für die neue Mission, dann ist er wirklich bereit. Die Transformation verläuft vom getriebenen »Ich muss« zum autonomen »Ich will«: Muss ich diese Arbeit verrichten oder will ich? Muss ich mit dieser Frau zusammenleben oder will ich? Nicht jeder Arbeitsplatz hält diesem Check stand. Und auch nicht jede Partnerschaft.

Es geht allerdings nicht darum, sein bisheriges Leben in einem scheinbar heroischen Akt in die Luft zu jagen. Bisweilen sorgen schon kleine Veränderungen für gewaltigen Gewinn an Lebensqualität. Ich habe für mich die 3 x 3-Formel entdeckt. Für die drei Lebensbereiche Ich, Job, Beziehung nehme ich mir jeweils drei machbare Änderungen vor, zum Beispiel den Verzicht auf Gewohnheiten: Facebook, Fernsehen und Sportwettkämpfe. Diese drei Zeitvertreibe haben mir vor allem abends und am Wochenende unverhältnismäßig viel Zeit gestohlen. Früher habe ich jedes Jahr fünfzehn bis zwanzig Sommerwochenenden mit Lauf- und Triathlon-Rennen vollgestellt, also fast alle. In den Tagen davor schob ich Panik, weil ich nicht genug trainiert hatte; in den Tagen danach kühlte ich meine Verletzungen. Und pausenlos postete ich auf Facebook meine Heldentaten. Die dauernde Erschöpfung ließ kaum eine andere Restaktivität zu als das Stieren in die Glotze. Mein Ego wollte den Sport, aber der Aufwand ruinierte mein sonstiges Leben.

Für 2016 hatte ich seit zwanzig Jahren erstmals eine Wettkampfpause eingelegt, um mich selbst zu testen. Würde ich auch ohne den Druck des nahenden Rennens vor die Tür gehen, um mich zu bewegen? Was würde mein Ego sagen? Wie groß würden Schmerz, Verzicht, Einsamkeit sein, erst recht ohne »Likes« auf Facebook? Aus Angst vor dem Verlottern durch Ziellosigkeit nahm ich mir zwei weitere Dinge vor: Erstens wollte ich versuchen, das Laufen zunehmend als meditative Praxis zu nutzen. Schließlich rennen tibetische Mönche barfuß durch den Himalaya, um zu sich zu finden. Zweitens wollte ich den Sport weniger zur Jagd nach Bestzeiten nutzen als vielmehr zum Festigen von Freundschaften, indem ich mich mit Männern verabredete, die ich mochte. Ganz gleich, ob ich bewusst allein oder mit anderen rannte –, es sollte künftig ohne Pulsuhr geschehen, um Tempo- und Streckendruck zu minimieren. Ich wollte vom verbissenen Dauerleister zum gechillten Genusssportler werden – keine Kleinigkeit.

Das Resultat war eindeutig. Kaum hatte ich Selbstbestätigungssport gegen Entspannungssport getauscht, nach dem Kopf und Körper gierten, gab es schlagartig mehr Zeit für mich und für andere. Befreit vom Wettbewerbsdruck kam ich zu deutlich längeren Schlafenszeiten, was mir problemloses Frühaufstehen ermöglichte und damit regelmäßige morgendliche Meditation. Nebenbei entdeckte ich das Lesen neu und baute den Bücherstapel ab, der vorwurfsvoll neben meinem Bett gewachsen war.

Im Beruf nahm ich mir erstens vor, nur noch Aufgaben anzunehmen, die nicht nur mein Kopf, sondern auch mein Bauch wirklich wollte, zweitens nur noch mit Menschen umzugehen, die ich wirklich schätzte, und schließlich immer wieder Neues zu probieren. Eine große Herausforderung für Typen, die zugleich Freiberufler sind und Sicherheitsfanatiker. Denn ich ließ lukrative Jobs sausen, entfernte mich von Menschen, die mir nicht guttaten, und stürzte mich immer wieder ins Unbekannte. Das konsequente »Follow Your Heart« habe ich bis heute nie bereut.

Für die Beziehung wiederum hatte ich mir Offenheit, mehr Zeit und zugleich einen konsequenteren Wechsel von Nähe und Distanz gewünscht. Wir hatten das Glück, dass unsere Wohnung getrennte Schlafzimmer erlaubte, nach fünfzehn Jahren in einem Bett. Es war einer der wichtigsten Schritte unserer gesamten Beziehung. Zudem erlaubten wir uns immer wieder längere Urlaube allein, was das gegenseitige Vertrauen stärkte und die Freude aufeinander.

In einem weiteren Schritt hin zu einem restaurierten Ich habe ich versucht, eine spürbare Distanz zwischen mich, meine Gedanken und meine Gefühle zu legen. Meditationsprofis raten, den strudeligen Strom des Grübelns gelassen am inneren Auge vorbeiziehen zu lassen, ebenso die sprunghaften Emotionen. Ich habe Gefühle, aber … Eben. Nach einem guten Jahr Meditationspraxis ist bei mir eine merkwürdige heitere Gelassenheit entstanden, vor allem deswegen, weil ich bestimmte Denk- und Fühlmuster immer wieder aufscheinen sehe.

Ein Beispiel: Wenn ich mich morgens hinhocke und die Augen schließe, kreuzen zuverlässig Gedanken über meine aktuelle finanzielle Situation auf, ganz gleich, ob sie eher dramatisch oder entspannt ist. Welche Beträge werden demnächst vom Konto abgebucht? Welche Außenstände gibt es? Wann schiebt der große Sohn die Rechnung über die Studiengebühren rüber? Anfangs war ich irritiert über die schnöden Geldgedanken. Gern hätte ich etwas Anspruchsvolleres gedacht. Mit der Zeit aber amüsierte mich mein Finanzfimmel. Es gab keinen Grund, immer wieder über Kontobewegungen zu sinnieren. Ich tat es aber doch. Warum?

Offenbar steckte eine tiefere Panik hinter der Grübelei, die Angst des Freiberuflers, seine Familie nicht ernähren zu können. Ängste aber, die derart offen liegen, lassen sich direkt angehen und umformen. Ich ignoriere die Furcht nicht mehr, sondern komme ihr entgegen, indem ich etwas langfristiger plane, Polster anlege, Kosten reduziere. So habe ich einerseits mein Sicherheitsbedürfnis befriedet und kann andererseits meine Panik bremsen. Vor allem aber habe ich einen Dämon auf Hosentaschengröße geschrumpft. Begegnen mir meine Geldgedanken heute in der Meditation, begrüße ich sie wie alte Bekannte und schiebe sie freundlich weiter. Sie haben ihren Schrecken verloren.

Die Gelassenheit, die da grüßt und weiterschiebt, ist eine neue Kraft in mir, jedenfalls nehme ich sie erstmals bewusst wahr. Ich nenne diese Energie meinen »inneren König«, wahlweise auch Chef, Weiser, Generaldirektor, Feldherr, Guru, Trainer oder Meister. Dieses höhere Empfinden – womöglich das, was Freud das »Über-Ich« nennt – ist eine Instanz, die vor allem Furchtlosigkeit verströmt. Früher hätte ich ein plötzliches Gefühl der Angst aus Scham sofort überspielt. Heute guckt der innere König sich die Furcht erst einmal an, fragt nach den Ursachen und hetzt nicht sofort zurück in die Komfortzone der vermeintlichen Gewissheiten.

Der Schriftsteller Navid Kermani beschreibt diesen Prozess mithilfe der Country-Legende Neil Young und des ehemaligen US-Präsidenten Richard Nixon, dessen Ruf durch die Watergate-Affäre auf ewig ruiniert ist. Kermani zitiert aus dem Young-Song *Campaigner* die Zeile: »Where even Richard Nixon has got soul«. Neil Young schrieb das Lied, als er im Fernsehen sah, wie Nixon aus einer Klinik kam, in der sein Vater im Sterben lag. Wenn selbst Richard Nixon ein Mensch mit einer Seele ist, so Kermani, dann ist die Welt noch nicht verloren. Hier wird der Unterschied zwischen unseren gelernten Reflexen deutlich, die beim Namen »Nixon« sofort innerlich ausgespuckt hätten, und einem erwachsenen König, der sich in Gelassenheit und Verständnis übt, ohne das Problematische zu ignorieren. Das Gegengift zur toxischen Polarisierung.

Reden lernen

Für die Offenheit sorgte meine Frau, die Psychologin. Eines Tages legte sie mir *Die Wahrheit beginnt zu zweit* hin, ein zwanzig Jahre altes Buch des verstorbenen Therapeuten Michael Lukas Moeller, der Professor für Psychohygiene in Gießen war. Erster Männerreflex ist Abwehr: Reden? Das ist doch wieder so ein Eso-Quatsch. Zweiter Männerreflex ist Angst: Ach du Schreck, dann kommt ja alles raus. Dritter, aber neuer Männerreflex ist Mut: Wenn du Cojones hast, traust du dich auf unbekanntes Terrain und sagst einfach mal, was wirklich Sache ist.

Eine gute Idee, und gar nicht schlimm. Denn Moellers Anweisungen für ein erfolgreiches Gespräch sind ebenso einfach wie wirkungsvoll: Die Partner schaffen sich neunzig Minuten Ruhe. Die Methode funktioniert unter Freunden, zwischen Eltern und Kindern oder Geschwistern, in Betrieben, sofern Handys und andere Störer ausgeschaltet sind, kein Essen aufgetischt ist, beide Seiten bereit sind für konzentriertes Reden und Zuhören, abwechselnd, ohne Zeitlimit. Wer spricht, sendet ausschließlich Ich-Botschaften, also nicht: »Du hast mich gekränkt«, sondern »Ich habe mich gekränkt gefühlt«. Streng verboten sind Bewertungen, Anschuldigungen oder Kommentare.

Was banal klingt, hatte in unserem Fall faszinierende Folgen. Wir stellten fest, wie viele Fehlannahmen sich nach zwanzig Ehejahren angestaut hatten, etwa bei der simplen Frage: Wie stellst du dir dein Leben mit siebzig vor? Bauernhof? Südseesegeln? Entwicklungshelfer? Mit mir?

Die bahnbrechende Erkenntnis: Wir nahmen viel an, wussten aber tatsächlich kaum Konkretes voneinander, nicht, was uns motiviert, bewegt, ärgert. Wenn aber auf beiden Seiten Fehlannahmen über den anderen vorliegen, kommt es unweigerlich zu Missverständnissen. Mit der Zeit gingen wir alle Lebensbereiche durch: Erziehungsprinzipien, Sex, der ideale Tag, Träume, Ernährung, die sich gut anfühlt, der ideale Urlaub, Angewohnheiten des anderen, die nerven. Eines der größten Missverständnisse drehte sich um die Frage: Was ist männlich? Ich war in einer Reihe von Cowboy-Stereotypen gefangen, meine Frau wiederum erklärte völlig unerwartet, dass sie meine weiche Seite gern öfter spüren würde. Bitte was? Weiche Seite? Klingt fast wie »Weichei«. Ausgerechnet das, was ich mehr oder weniger bewusst zu verbergen suchte, sollte ich auf einmal präsentieren?

Ich wiederum äußerte den Wunsch, mehr Frechheit und Risikobereitschaft von meiner Frau zu erleben. Denn manchmal hatte ich das Gefühl, sie machte es jeder Obrigkeit recht, vom Finanzamt bis zum Parkwächter. Für mich bedeuteten Grenzen und Vorschriften dagegen eine Einladung, sie hier und da zu übertreten, einfach um zu schauen, was passiert. Das »Möllern«, wie dieses bewusste Gespräch zu zweit in Therapeutenkreisen genannt wird, führte zu einem faszinierenden Ergebnis: Klarheit. Erstmals nach vielen Jahren der Routine hatten wir wieder das Gefühl, uns und unsere Bedürfnisse zu sehen, und nicht ausgedachte Stereotypen.

Ein Kollateralnutzen bestand darin, dass Offenheit süchtig machen kann, vor allem nach einer langen Zeit wortreichen Schweigens, wie sie in Familien und Beziehungen öfter vorkommen soll. Die Erfahrung, dass nichts Schlimmes passiert, wenn ich meine Wünsche ausspreche, führt dazu, dass ich mich auch beim nächsten Mal traue. Als Gegenleistung bekomme ich die Offenheit des Partners. Es herrscht die gegenseitige Übereinkunft, sich verstehen zu wollen, ohne zwingend eine Übereinkunft zu erzielen.

Stimmt, es erfordert Mut, sich gegenseitig seine Schwachstellen zu präsentieren. Es kann aber durchaus heiter werden. In manchen Start-ups wird »The Fail of the Week« bejubelt. Kaffee in die Tastatur gekippt? Den besten Kunden vergrault?

Firmenwagen geschrottet? Alle Mitarbeiter können sich mit ihren Eseleien bewerben, der Sieger bekommt einen Preis. So lässt sich nicht nur die in Deutschland wenig ausgeprägte Fehlerkultur heben, sondern auch der Spaßfaktor eines Beziehungsgesprächs.

Ein wunderbares Beispiel ist der Stellungsfehler: Frau und Mann gehen beim Sex automatisch in die Missionarsstellung, weil beide seit Jahren überzeugt sind, der andere bevorzuge diese Position. War doch früher mal so. Gerade im Bett wird ja viel angenommen. Ein offenes Gespräch über erotische Erwartungen und Bedürfnisse kann so einen womöglich uralten und wenig befriedigenden Stellungsfehler zum Wohle aller korrigieren.

Das Möllern liefert ein paar weitere schöne Effekte, die sich fast unmerklich ins Leben schleichen. Seit jeher pflegte ich unliebsame Themen mit Ironie, Sarkasmus oder zynischen Kommentaren abzuwürgen, eine gerade unter Medienleuten beliebte Methode, klug zu wirken, sich zugleich aber um eine Position zu drücken. Das Gespräch nach Moellers Regeln ist absolut ironiefrei, was ein wenig Übung erfordert, aber sich mit wachsender Routine als segensreich für die gesamte Kommunikation erweist, ob mit Kindern, Kollegen, insbesondere aber in Konfliktsituationen.

Ein Warnhinweis: Wunderdinge werden nicht geschehen. Bei uns gab es lange Phasen des Schweigens, die auszuhalten waren, je nach Tagesform auch Wutausbrüche, Heulen oder Beleidigtsein. Mit dem Möllern verhält es sich wie mit Meditieren oder Marathontraining: Dranbleiben wird belohnt. Ausdauer gilt ja als klassische Männerqualität. Hier wäre sie zu beweisen.

Wie beim Restaurieren kann es beim Möllern allerdings passieren, dass sich vermeintlich stabile Stellen als brüchig erweisen, sobald wir mit dem Hammer zu klopfen beginnen. Hier kommt der rigorose Rat David Deidas ins Spiel: Bist du bereit, alles aufs Spiel zu setzen? Das offene Gespräch kann durchaus unüberbrückbare Differenzen von Partnern zutage fördern. Die schlechte Nachricht dann: Eine Trennung scheint unausweichlich. Die gute: Das Möllern ist eine vergleichsweise liebevolle Methode, diesen Punkt gemeinsam zu erreichen und zu überwinden.

Im entgegengesetzten, positiven Fall führt das Möllern zu einem Neubesinnen auf die Partnerschaft. Ein Bekenntnis zum Fortsetzen des gemeinsamen Weges hat bei uns jenes Beziehungsphlegma verscheucht, das wir über Jahre gepflegt haben und für normal hielten. Dabei handelte es sich oft um das ebenso mühsame wie erfolglose Camouflieren von schwelender Unzufriedenheit.

Der nächste Schritt meiner Selbstrestaurierung folgte nahezu automatisch aus der Praxis des Möllerns. Nachdem wir jahrelang vor allem Trennendes thematisiert hatten, entdeckten wir durch die regelmäßigen Gespräche vermehrt gemeinsames Terrain. Zum Beispiel hatten wir vor Jahren aufgegeben, zusammen Sport zu treiben – zu viel Stress. Verschiedene Geschwindigkeiten, unterschiedliche Mentalitäten, vor allem aber der unterschwellige Wettbewerb hatte zu Ärger statt Entspannung geführt. Meine Frau ging fortan zum Yoga, ich lief, nicht ohne dass wir beide das Grummeln über die Unzulänglichkeiten des Partners pflegten. In einer unserer Moeller-Sitzungen stellte sich heraus, dass sie sich gern öfter draußen bewegen würde. Ich wiederum gab zu, dass ich gern gelenkiger wäre. Seitdem gehe ich gelegentlich mit zum Yoga. Und wir haben Strecken und Methoden gefunden, mit denen wir unsere verschiedenen Laufinteressen vereinbaren.

Das Denken in Gemeinsamkeiten ist eine schwierige Übung. Denn in den Zeiten der Hyperindividualität sind wir gewohnt, vor allem Eigenheiten herauszustellen. In seinem Buch *Die Gesellschaft der Singularitäten* beschreibt der Kultursoziologe Andreas Reckwitz den grassierenden Trend zur Abgrenzung, zum permanenten Besonderssein. Hier schlummert ein Kernkonflikt jeder Beziehung: Wenn jeder anders sein will – wo bleibt das Gemeinsame? Wir definieren uns paradoxerweise umso stärker durch Unterschiede, je geringer sie sind.

Aber Sozialpsychologen wissen: Alles Gelernte kann neu- oder umgelernt werden. Monique R. Siegel, fast achtzig und Wirtschaftsethikerin aus der Schweiz, befasst sich seit fünfzig Jahren mit Frauenförderung, gründete die Unternehmensberatung »MrsThink« und den Thinktank »Female Shift«. Mit Ende sechzig absolvierte sie noch ein Ethik-Studium.

Siegels Erkenntnis aus einem guten halben Jahrhundert Frauenförderungserfahrung: Sowohl der Geschlechterkampf als auch die Quote hätten versagt. Angesichts der vielen Großbaustellen auf der Welt schlägt die erfahrene Frauenförderin vor, das Mann/Frau-Denken zu überwinden und einfach ökonomisch zu handeln. Gemischte Teams in Unternehmen sind profitabler, arbeitsteilig organisierte Familien nachweislich glücklicher. Nicht Angleichen oder Anpassen sei das Ziel, sondern Respektieren von Verschiedenheit. Monique R. Siegel: »Männliches Denken, weibliches Denken, das zusammen ergibt den berühmten dritten Weg und vielleicht neue Lösungen.«

Der Psychotherapeut Werner Dopfer fordert einen »Meta-Gender-Führungsstil« für Unternehmen, der das Beste aus männlichen und weiblichen Qualitäten vereint. So seien Frauen etwas weniger risikoaffin, dafür kooperativer. Gemeinsam ließe sich nicht nur in Firmen, sondern auch in Beziehungen das Klima entspannen, wenn verschiedene Eigenschaften nicht als Gegensätze, sondern als Beitrag zum gemeinsamen Erfolg verstanden würden.

Zum inneren Friedensschluss will noch ein weiterer Konflikt beigelegt werden: der zwischen Männern. Das Prinzip Pavianfelsen hat uns früh gelehrt, jeden anderen Kerl als Konkurrenz zu betrachten. Es geschah in jenem legendären Tantra-Workshop, dass ich zu einer neuen Sichtweise bewegt wurde. Ich hatte mich die ersten Tage mit einem Israeli namens Daniel angefreundet, dem ich einen meiner bösartigsten Dämonen offenbarte: Als großer, blonder, blauäugiger Mann leide ich unter einem ausgewachsenen Schuldkomplex. Ich bilde mir ein, dass Menschen jüdischen Glaubens in mir den Prototyp des Sturmbannführers sehen. Daniel erzählte mir, dass seine halbe Familie in Konzentrationslagern umgekommen sei, ich berichtete von meinen Eltern, den Kriegsteilnehmern, die nie erzählt hatten, ob und wie nazibegeistert sie damals gewesen waren. Ich fühlte mich elend. Wir saßen für eine Ewigkeit Arm in Arm da und schwiegen. Es gab nichts zu sagen außer: Ich fühle dich und deinen Schmerz.

Es war ein intensiver Moment für beide, der uns fortan zusammenhocken ließ, bei den Mahlzeiten und in den Pausen. Am vorletzten Tag beschwerte sich Daniel, dass er mein Verhalten manchmal seltsam fände. Wann immer wir zusammenträfen, hätte ich die Angewohnheit, die Stimme zu heben und ins Tuntige zu fallen. Ich ironisierte unser Verhältnis unterbewusst offenbar als irgendwie homosexuell. War mir gar nicht aufgefallen. Wir beredeten den Fall. Und ich kam zu dem Resultat, dass es mir offenbar schwerfiel, die enge Beziehung zu einem Mann ernst zu nehmen. Aus Unsicherheit übertrieb ich unsere junge Freundschaft mit vermeintlich lustigen Anspielungen. Ernsthaftigkeit ist eine Daueraufgabe für mich, so viel ist klar. Es war eine Lektion fürs Leben: Ich muss mich nicht schämen für eine Männerfreundschaft.

Detox für die Glaubenssätze

Das Pirschen nach Glaubenssätzen kann so aufregend geraten wie Antons Wildschweinjagd. Die wichtigste Voraussetzung: kein schlechtes Gewissen, sondern Offenheit und Neugier. Ich hätte einen bunten Strauß zu bieten: Mache Karriere, verdiene Geld, gründe eine Familie, baue ein Haus, stottere das Darlehen ab, kämpfe, leiste, mach immer weiter. Glaubenssätze sind wie Sterne; es gibt unendlich viele. Jeder Mensch hat seinen Mix, je nach Herkunft, Familie, Traditionen.

Die schwierigste Aufgabe ist das Unterscheiden: Wo handelt es sich um Werte, die durchaus positiven Schub erzeugen können? Und wo lauern toxische Anweisungen, die uns einschränken und determinieren? Meine Faustregel: Jeder innere Satz, der mit »Du musst« beginnt, ist ein potenzieller Quälgeist. Jegliche Verallgemeinerung (»… die Männer …«) weist ebenfalls auf einen Glaubenssatz hin.

Dazu passt eine Allensbach-Umfrage, die ergab: Stereotypen verschwinden, sobald es um konkrete Personen geht. Wir sagen zwar: Alle Männer sind Egomanen, finden aber: Auf die Männer, die ich persönlich kenne, trifft diese Annahme nicht zu. Schließlich wäre da noch das unscheinbare Wort »eigentlich«. Wie oft habe ich bei mir gedacht: Eigentlich bin ich ganz anders. Aber nur selten habe ich weitergedacht und mir die Frage beantwortet: Und wie anders? Was willst du wirklich? Meine Konsequenz war ein semantischer Detox: Ich versuche, auf »die Männer«,»eigentlich« und »Du musst« zu verzichten.

Therapeuten betrachten es als ihre Hauptaufgabe, die inneren Antreiber zu identifizieren und unschädlich zu machen. Denn Glaubenssätze sind unendlich mächtig. Sie determinieren unsere Wirklichkeit.

Über das Phänomen der Selffulfilling Prophecy habe ich in *Kopf hoch, Deutschland* ausführlich geschrieben, insbesondere über das Rosenthal-Experiment. Robert Rosenthal, ein junger Harvard-Professor, war an eine Volksschule in einem sozialen Brennpunkt gekommen und hatte verkündet, er habe eine neue Methode gefunden, mit der er besonders talentierte Schüler identifizieren könne. Die Lehrer waren beeindruckt, auch weil der Professor Schüler nannte, die die Lehrer für hoffnungslose Fälle hielten.

Nach acht Monaten kehrte Rosenthal zurück, und tatsächlich: Eine signifikante Zahl seiner Prognosen hatte sich als zutreffend erwiesen. Dabei hatte der Soziologe gar keine Methode entwickelt, sondern wollte nachweisen, dass die Lehrer sich verstärkt um die als talentiert angenommenen Schüler kümmern und so deren Leistungen steigern würden. Allein das gewachsene Vertrauen der Lehrer hatte für bessere Noten gesorgt: Die Wahrnehmung bestimmt unsere Realität. Und unsere Glaubenssätze bestimmen unser Leben.

Zunächst ging es mir darum, die inneren Peitschen bewusst zu machen. Ich habe Glaubenssätze, aber ich bin nicht meine Glaubenssätze, ganz gleich ob ein echter Mann nicht tanzt, Jungen nicht weinen oder Frauen nicht Auto fahren können. Eine wirkungsvolle Detox-Kur gegen Glaubenssätze besteht auch darin, jeden Tag bewusst gegen einen davon zu verstoßen. Ich könne nicht singen, sagte meine Mutter einst. Ein Glaubenssatz, der nach einem allmorgendlichen »Ave Maria« unter der Dusche schreit.

Ein verbreiteter Glaubenssatz vieler Feministinnen lautet etwa, dass Männer grundsätzlich ein besseres Leben führen an den Schaltstellen der Macht. Inzwischen stellen Frauen in Führungspositionen fest, dass das Leben zwischen Machbarkeitswahn, Perfektionsansprüchen und Versagensängsten ziemlich anstrengend sein kann.

Der französische Philosoph François Jullien schlägt vor, nicht länger in Unterschieden zu denken, sondern in Abständen und Ressourcen: Wie weit bin ich von einem als akzeptabel wahrgenommenen Zustand entfernt, ganz gleich ob Mann oder Frau? Was bringe ich mit, um diesen Zustand zu erreichen? Und was steht im Weg?

Neue Dialoge

Robert Redford hat mitten in der MeToo-Debatte gesagt, es sei an den Männern, einfach mal die Klappe zu halten und zuzuhören. Das ist ein Anfang. Aber der zwingende nächste Schritt ist der nach vorn gerichtete Dialog, möglichst befreit von Schuldzuweisungen. Zeit für Prüfstand, auf allen Seiten.

In der *taz* stellt Ingo Arend die spannende Frage, ob die Sprache der queeren Aktivisten womöglich dazu beigetragen habe, eine weltweite homophobe Rückwärtsrolle zu begünstigen. Jedes Land, jede Region habe eine individuelle Geschichte, noch so gut gemeinte Standardparolen seien womöglich nicht der optimale Weg, um mehr Gerechtigkeit zu erzwingen.

Arend schlug vor, kulturelle Eigenarten zu berücksichtigen und den Gedanken einer Ungleichzeitigkeit zuzulassen, dass also in verschiedenen Gegenden der Welt verschiedene Strategien, Geschwindigkeiten und Tonlagen erforderlich seien, um die unbestreitbaren Rechte der Minderheiten eines Tages zu verwirklichen. Der Gedanke bietet eine mutige Alternative zum phasenweise wütenden Gebrüll und Gegengebrüll.

Natürlich hat Robert Redford recht, dass wir mal die Klappe halten und zuhören sollten. Zugleich aber gebührt vielen Männern Anerkennung für den Umstand, dass sie jene Identität, Rollen und Muster zu hinterfragen beginnen, die sie einst als gottgegeben gelernt haben. Umdenken braucht Zeit, Geduld und Behutsamkeit. Es werden Grenzen neu verhandelt, auf allen Ebenen. Viele Männer um die dreißig beweisen, dass viele Botschaften bereits angekommen sind. Meine Söhne, 13 und 24 Jahre alt, finden das gelegentliche

Chauvi-Gequatsche ihres Vaters nicht lustig; sie verstehen die dahinter liegenden Stereotypen gar nicht mehr.

Nein, es wird keine massenhaften Kehrtwenden der Männer geben, aber zahlreiche individuelle Versuche, den Kurs zu ändern, raus aus der Polarisierungsfalle. Es gilt, den Zauber der Grauzone wiederzuentdecken. Zu einem Dialog auf Augenhöhe gehört eben auch die Einsicht, dass »gleiche Augenhöhe« nicht »gleicher Entwicklungsstand« bedeutet. Viele Frauen haben in den vergangenen Jahrzehnten viele Themen bearbeitet, die die Männer noch vor sich haben: Verwundbarkeit, Ziele, Kampfeslust, Offenheit. Aber ist es der richtige Weg, Gleichberechtigung gleichsam als Vermännlichung zu definieren? Karriereratgeber für Frauen wie *Female Leadership* schlagen vor, Männer, Männergehabe, Männerrituale bis hin zum Besäufnis an der Hotelbar zu kopieren, fast so, als sei es Ziel der Emanzipation, all das Schiefgelaufene noch mal nachspielen zu wollen. Womit wir wieder in der Polarisierungsfalle stecken. Kein Wunder, dass Frauen in Führungsebenen keine Lust auf diese sublime Form der Maskulinisierung haben.

Der Glaube, Frauen seien freier und glücklicher, wenn sie männliche Rollen übernehmen, »führt zu einem paradoxen Effekt«, sagt Ralf Bönt: »Frauen werteten Männerpositionen so lange mit Bedeutung auf, bis die Verhältnisse ins Extreme verzerrt waren.« Ja, was ist toll an einem Vorstandsjob mit Burn-out-Garantie? Es geht doch um ein besseres Leben für alle und nicht darum, dass das Fehlermachen emanzipiert werden muss.

Die Zukunft des Miteinanders liegt weniger in Rollenzuschreibungen, sondern im Aushalten von Ambivalenzen und Widersprüchen, in einem verträglichen Aushandeln, was in welcher Grauzone erwünscht, erträglich oder ein No-Go ist. Ob Karriere oder Kinderbetreuung, Sex oder Hausarbeit – jede denkbare Option muss möglich sein, solange die Beteiligten sich einig sind und keine/r übervorteilt oder untergebuttert wird.

Es mag banal klingen, aber es waren Rollentausch und Perspektivwechsel, die mich dem besseren Mannsein nähergebracht haben. »Mann« bedeutete früher für mich das Gegenteil von »Frau«. Die Abgrenzerei war eine geradezu obsessive Alltagsbeschäftigung. Das hat sich seither aufs Angenehmste und Unterhaltsamste geändert. Ob ich für ein paar Momente Frau spielte, ob ich meine innere Rebecca definieren ließ, was positive Männlichkeit bedeutet, oder ob ich mit meiner Frau, ganz praktisch, die täglichen Aufgaben tauschte – immer war es ein Gewinn, die andere Seite zu begreifen, die eben nicht die «Gegenseite« ist.

Wer sich vier Wochen um Kinder, Einkaufen, Elternabende, Fieberschübe und all den anderen Familienkram gekümmert hat, der weiß, wie entspannend ein Tag im Büro oder auf Dienstreise sein kann. Wer andererseits einen Monat lang das Geld herangeschleppt und mit Steuerberatern, Bank- und Versicherungsmenschen gerungen hat, der weiß eine Stunde vormittägliche Tagesfreizeit zu schätzen. Fazit: Ewigen Sonnenschein gibt es nirgends. Regnet es allerdings ohne Unterlass, sollte man was ändern.

Der Perspektivwechsel ermöglicht es den Beteiligten, vorurteilsfrei zu erfahren, was im anderen Leben so los ist. Meine erste Erkenntnis lautet: Drüben geht es anders zu, aber nicht unbedingt besser. Zweite Erkenntnis: Respekt. Zwanzig Jahre Familien-Management bedeuten eine Leistung, die viel zu wenig gewürdigt wird. Wie der jahrelange Irrsinnstrip im Medienzirkus allerdings auch. Und die dritte Erkenntnis: Warum betonen wir so manisch die paar Unterschiede? Warum schauen wir nicht viel aufmerksamer auf die Gemeinsamkeiten, insbesondere auf gemeinsame Ziele?

Es geht ja nicht darum, Mann und Frau anzugleichen, sondern habituelle Geschlechteraggression durch Verständnis zu ersetzen. Wenn ich Rollenerwartungen, Stereotypen und Brainfucks des Partners nachvollziehen kann, lerne ich auch meine eigenen Dämonen besser kennen. Frauenversteher sind die besseren Männer – umgekehrt gilt übrigens dasselbe. Wer sich in die Rolle der/s anderen begeben hat, schleimt sich nicht etwa ein auf der Gegenseite, sondern spürt umso genauer, wie viele Gemeinsamkeiten zu entdecken sind. Modernes Mannsein ergibt sich nicht aus der Abgrenzung vom Weiblichen, sondern in der herzlich-respektvollen Umarmung desselben.

Das Ende der gewohnten Rollenspiele bringt es mit sich, öfter mal in der Grauzone herumzutappen. Und das kann nur funktionieren, wenn vor allem *eine* Kulturtechnik eine Renaissance erfährt – das wertschätzende Gespräch, das Kritik ermöglicht, ohne persönliche Verletzungen zu verursachen. Der Weg ist zweifellos lang, aber die ersten Schritte sind gemacht.

Rebecca

Mein Freund Stefan betreibt eine Männerforschungsanstalt mit optimalen Bedingungen. Es ist dunkel in seiner Berliner Kellerdisco, die Musik ist zum Mitsingen schön, Bier fließt in Strömen, alles ist auf Balzen eingestellt, nett, aber klar. Es gibt allerdings einen fundamentalen Geschlechterunterschied: Die Frauen bewegen sich überwiegend elegant, sind halbwegs apart angezogen, haben ihren Alkoholkonsum im Griff. Sie tanzen viel und schauen sich vorsichtig um. Die Männer dagegen stehen überwiegend in Rudeln, lachen zu laut, klatschen sich zu häufig ab, tragen T-Shirts mit merkwürdigen Aufschriften, trinken überzügig und glotzen. Klare Sache, sie suchen Anschluss, aber trauen sich nicht recht. Sie gockeln, aber die wenigsten wagen den Erstkontakt. Sie markieren den Starken, Harten, sind gleichwohl kleine Jungs. In Stefans Tanzkneipe ist eines der Hauptprobleme im heterosexuellen Miteinander zu beobachten. Jungs stellen sich oftmals verdammt ungeschickt an, als wüssten sie nicht so recht, wer sie sind. Die Identitätskrise des Mannes wird nirgendwo deutlicher als in irgendeinem Tanztempel der Welt.

Ich darf das sagen, denn ich bin jetzt auch Frau. Beim Paarseminar, das ich mit meiner Frau besuchte, haben wir Männer eine sehr spezielle Aufgabe bekommen. Ausgehend von der Theorie, dass jeder Mensch weibliche und männliche Anteile in sich trägt, sollten die Männer ihre innere Frau entdecken. Aha. Gar nicht so leicht. Na gut, versuchen wir das mal, spaßeshalber. Wie alt? Wie groß, welcher soziale Status? Welche Epoche? Welcher kulturelle Hintergrund, Interessen, Herkunft, Haarfarbe, Stil, Auffälligkeiten? Ich ging wahllos klassische Frauentypen durch, die ich spannend fand: Uma Thurman. Kristen Stewart. Angela Merkel. Kleopatra. Marlene Dietrich. Anne Will. Paula Radcliffe. Alle interessant auf ihre Art, aber bei keiner vibrierte es so richtig in mir.

Plötzlich, ohne viel zu überlegen, kamen mir die Flapper in den Sinn. Vor etwa hundert Jahren waren diese jungen Damen ein Aufreger, wie sie in kurzen Röcken und mit kurzen Haaren durch die Flüsterkneipen zogen, um während der Prohibition zu rauchen, zu trinken, Spaß zu haben. Der Name soll von ihren Schuhen ohne Schnürsenkel stammen, die hörbar flappten. Sie waren keinesfalls die bessere Hälfte oder irgendwas an seiner Seite – sie waren im Gegenteil laut, frech, unabhängig. Gäbe es eine zeitgemäße Entsprechung, dann am ehesten wohl Rapperinnen.

Ich dachte nicht viel nach, sondern war glücklich mit meiner inneren Frau. »Flapper«. Das klang schon mal gut. Wie »Flipper«. Animalisch. Unangepasst. Genau. Burschikos. Super. Vergnügungssüchtig. Jawoll. Ich fühlte mich bei mir. Und der Name? »Rebecca«, kam ganz spontan. Für einen Moment musste ich an »Loretta« denken, den Kämpfer aus der judäischen Befreiungsfront in Monty Pythons Meisterwerk *Das Leben des Brian*, der sich das Recht nahm, sein Geschlecht selbst zu bestimmen. Meine Rebecca trug einen schwarzen Bob, grellen Lippenstift, eine Schiebermütze, sie soff und rauchte und sang viel. Sie wollte Ingenieurin werden, um gewaltige Brücken zu bauen, weit weg in Indien oder Afrika.

Nun, nachdem wir unsere Frau gefunden hatten, sollten wir erspüren, welche Sorte Mann unsere Frau wohl bevorzugen würde: Schlauberger oder Muskelheinz, Millionär oder Rennfahrer oder doch den rustikalen Holzhacker? Nein. Rebecca wünschte sich weniger Körper, sondern einen unabhängigen Geist, eher dünn als dick, einen, mit dem sie streiten, feiern, aber auch guten Sex haben kann, mal schnell auf dem Küchentisch, mal endlos irgendwo am Fluss. Kultur wäre wichtiger als Geld, die Nacht aufregender als der Tag. Viele Freunde. Fröhliche Offenheit. Musik und Lachen bis zum Morgengrauen. Aber manchmal auch der totale Rückzug in die Natur. Rebecca würde einen Mann wollen, der eine einsame Berghütte in eine wohlige Höhle verwandelt. Einen, der Sicherheit gibt, der weder meckert noch predigt, sondern Freude verbreitet, an sich, an ihr, am Leben. Belesen natürlich, aber handwerklich geschickt. Ein bisschen hybrid, mehr Straßenköter als Rassetier, eine Spur Hallodri, unendlich viel Herz und im richtigen Moment elegant. Haarfarbe? Egal. Kein prestigegeiler Leistungsstoffel jedenfalls. Wir wurden gehalten, das Profil unserer Traummänner exakt niederzuschreiben, ganz gleich, was da kam.

Dann das Finale: Exakt dieser Mann, den ich da skizziert hatte – das war ich. Oder vielmehr: So wollte ich sein, weil meine innere Frau mich gern so hätte. Der alte Projektionstrick hatte wieder mal funktioniert. Über den Umweg von Rebeccas Traummann hatte ich eine präzise Selbstbeschreibung meines Wunsch-Ichs bekommen. Und das Profil stimmte. So wollte ich sein, war aber bislang leider viel zu selten dazu gekommen. Der Ansatz gefiel mir. Wir sollten nicht lange überlegen, wie »der« Mann zu sein hatte, sondern wie ich als Mann sein wollte, welche Werte und Qualitäten mir wichtig waren. Was kümmerte mich der Rest der Männerwelt, ich wollte zunächst einmal mich selbst finden.

Für Männer, die ihre innere Frau nicht gleich aufscheuchen wollen, gibt es eine weitere Methode, den eigenen Mann zu beschreiben. Dazu versetze ich mich in meinen besten Freund, der an einer Trauerrede arbeitet, einer Trauerrede auf mich. Denn ich bin soeben gestorben. Mein bester Freund wird allerdings nicht das übliche süßliche Zeug vortragen, sondern knallhart abrechnen mit mir und all meinen Versäumnissen und Feigheiten und Zaudereien: Er hätte so ein guter Kumpel sein können, wenn er mehr Zeit für mich gehabt hätte. Wenn er mehr Gitarre gespielt hätte. Er hätte der Welt so viel Freude schenken können, wenn er seine Talente gesehen und genutzt hätte. Er hätte mutiger, fröhlicher, radikaler sein dürfen. Warum hat er seine wunderbare Familie nicht öfter gesehen? Oder einfach den Mut gehabt, diesen vermaledeiten Job zu kündigen, der ihn jetzt umgebracht hat? So schreibe ich mir selbst eine Anleitung für ein erfüllteres Leben, lege meine Schwächen offen, damit aber gleichzeitig auch meine Wachstumsfelder.

Die Rebecca-Methode bietet ebenso wie die Trauerreden-Technik einen vergleichsweise tiefen Einblick in unsere Sehnsüchte und Defizite. Wir Männer haben ziemlich wenig Ahnung davon, wer wir sind und was wir wollen. Zaudern, das können wir gut. Oder rational begründen, warum grad jetzt keine Zeit ist für solche Überlegungen. Die Frage, wie ein Mann zu sein hat, beantworten wir gewohnheitsmäßig mit einer Collage aus Heldengemälden, Reklamebildchen und TV-Schnipseln, die sich zu einer metrosexuellen Konsum- und Designoberfläche zusammenfügt. Aber in Wirklichkeit sind wir eher so, wie wir uns in Stefans Disco aufführen – tendenziell unsicher und ungeschickt, mit uns selbst, mit anderen, weniger aus Blödheit, sondern schlicht aus Unwissen.

Die simple Technik des Perspektivwechsels hat mir viel über mich als Mann beigebracht. Manchmal gehe ich abends mit meiner Frau aus, und wir nehmen uns vor, die Welt durch die Augen des Partners zu betrachten. Ich aktiviere also meine Rebecca und schaue mich im Lokal nach interessanten Männern um. Mit exakt diesem Blick habe ich Stefans Tanzdiele gescannt. Manchmal bilde ich mir ein, dass Männer mit ihrem Verhalten die Regeln von Ratgeberbüchern befolgen, ob Gestik oder Körpersprache. Sie spielen eine Rolle, sie erfüllen vermeintliche Erwartungen, aber sie sind nicht sie selbst. Sie trauen sich nicht, trauen nicht sich selbst.

Feministinnen lieben lernen

Laurie Penny müsste meine Feindin sein. Sie verabscheut Männer, vor allem weiße, alte, heterosexuelle. Das klassische Reaktionsmuster: Ich hasse zurück. Mit onkelhafter Arroganz oder maskulinem Furor stampfe ich dieses kleine selbstgerechte großmäulige Feministinnen-Miststück in den Boden. Stopp. Das wäre der erste naheliegende, aber völlig falsche Reflex. Als Restaurierer reflektiere ich meine Ablehnungsmechanismen und versuche es anders, mit einer völlig ungewöhnlichen Taktik: Ich nehme sie ernst. Und ich lese ihre Texte, zum Beispiel über James Bond, seit Jugendtagen einer meiner Helden. Bond finden sogar Frauen toll, eine Ikone der Männlichkeit. Und was sagt Laurie Penny: »Er ist ein Psychopath, ein gestörter Vergewaltiger, der in staatlichem Auftrag Leute umbringt.« Einspruch: Bond ist eine Kunstfigur und nicht Darsteller eines Dokumentarfilms. Andererseits sehe ich ihren Punkt: Hier wird ein schiefes Männerbild konstruiert. Aber seit wann halten sich fiktionale Figuren an Gesetze und gutes Benehmen? Außerdem ist Daniel Craig als Bond sehr viel nachdenklicher und komplexer als einst Sean Connery. Kurzum: Stoff zum Streiten. Gut so.

Laurie Penny ist eine ebenso unterhaltsame wie streitlustige Autorin aus dem feministisch-queeren Lager. Sie ist hart, aber macht mit ihrem kompromisslos-heiteren Bitch-Style zugleich mehr Spaß als ihre schwermütigen deutschen Schwestern. Früher hätte ich die Angst vor meiner eigenen Abschaffung mit Überaggression kompensiert. Mein Problem: Diese jungen Frauen stochern zu Recht in wunden Punkten herum. Und sie sind schon deswegen wertvoll für die gesellschaftliche Debatte, weil die politische Rechte allergisch reagiert.

Ich würde gern mit Laurie Penny spazieren gehen, besser noch ein paar Tage wandern und quatschen. Ich würde ihr gern meine Frau vorstellen, meine Söhne, Freundinnen und Freunde, mit ihr kochen, ein paar Gläser trinken und dann bis morgens durch die Berliner Klubs ziehen, dort, wo das neue Miteinander verschiedener Menschen schon geübt wird, friedlich und spaßig. Mich interessiert: Wie stellt sich eine junge Feministin konkret Partnerschaft, Familie, Erziehung in einem normalen Erwerbsleben vor, nicht in den privilegierten Kreisen der Schriftsteller und Kunstmenschen? Könnte man ein Laurie-Penny-Leben in der Reihenhaussiedlung führen?

Ich würde gern mit ihr erkunden, wie ein zukunftsfester Sound von Geschlechtern und Generationen klingen kann, eine gemeinsame Hymne eben. Denn Laurie Penny ist nicht nur Feministin, sondern Humanistin. Ob »Hört auf, immer gefallen zu wollen!« oder »Hört auf, immer die ganze Welt zu retten!« – viele Appelle gelten für Männer und Frauen gleichermaßen.

Lange habe ich mich von den Anliegen der Frauenrechtlerinnen distanziert. Hysterisch, lesbisch – kurz: Sie nerven. Ich halte zwar die Überanpassung für problematisch, wie sie etwa Barack Obama (»Ich bin Feminist«) zelebriert, denn Feminismus gibt es genug. Woran es mangelt, das ist ein erwachsener, positiver Maskulinismus. Insofern kann eine verletzte, verunsicherte Männlichkeit viel von Frauen-Aktivistinnen lernen, zuallererst: Wer sind wir, was wollen wir? Ich hatte meine Lehrstunden, als ich die Biografie der rheinland-pfälzischen Ministerpräsidentin Malu Dreyer schrieb. Die SPD-Politikerin war ausschließlich von Frauen umgeben, ich der einzige Mann. »Sekretär«, nannte mich die Chefin mit der ihr eigenen stählernen Nettigkeit und erteilte immer mal wieder Lektionen in Gleichstellungsfragen, die bis dahin nicht zu meinen Lieblingsthemen der Politik gehört hatten. Ja, es hat geholfen.

Die Männerwelt braucht dringend mutige, unangepasste

Figuren wie eine Judith Butler, von Beruf Reizfigur. 2017 verwahrte sie sich gegen die Quasi-Geiselnahme von Feministinnen aus Schweden. An der Universität Lund war eine Literaturliste kritisiert worden, die nicht die vorgeschriebenen 40 Prozent Autorinnenanteil aufwies. Judith Butlers Bücher waren kurzerhand auf die Liste gesetzt worden, um die Quote zu erfüllen. Doch die Berkeley-Dozentin verwahrte sich gegen die plumpe Mann-Frau-Quotierung und verwies auf das professionelle Urteil der Lehrkräfte. So geht erwachsener Feminismus.

Butlers politischer Ansatz ist Hippie-Style: Subversion, Travestie, Parodie. Sie liebt es, Geschlechterrollen theatralisch zu überreizen und zu dekonstruieren. Was, so fragt sie, ist das biologische Geschlecht eines Mannes in Frauenkleidern, der Männer begehrt? Soll es geben. Sogar im Bundestag. Bietet eine Gesellschaft nur zwei normativ festgelegte Rollen, dann werden unweigerlich viele Aussätzige produziert.

Ich gestehe, dass ich viel zu wenig verstehe von all den diskursiven Feinheiten. Aber ich habe kapiert, dass sie mich angehen. Weil Frauen die Lage der Männer oftmals spiegeln. Deswegen halte ich das offene Gespräch für elementar. Ich gestehe Frauen nicht das Trauma-Monopol in allen Geschlechterfragen zu. Ich will doofe Fragen stellen dürfen. Und ich wünsche mir, dass sie geduldig beantwortet werden. Wir haben es immerhin mit 5000 Jahren verinnerlichtem Irrglauben zu tun, aber auch mit einer wachsenden Bereitschaft, diese Generationenaufgabe anzugehen. Das gemeinsame Ziel ist doch klar: Wir wollen es besser machen als unsere Vorfahren, wir wollen die globale Glücksmenge vergrößern und die Macht des Toxischen reduzieren.

Nachhilfe von Ingrid

Zu meinen größten Errungenschaften der letzten Jahre gehört das gelegentliche Frauenverstehen. Früher habe ich manch weibliche Äußerung vorschnell mit einer verächtlichen Handbewegung quittiert und dazu »Weiber …« geraunt, jedenfalls wenn keine Frauen anwesend waren. Unter Männern war das so üblich.

Dann kam Ingrid.

Gelegentlich leide ich an Übermut, was dazu führt, dass ich in unserem kleinen Büro aufgekratzt herumspringe und grenzwertige Scherze mache, die zartere Charaktere als zotig bezeichnen könnten. Mein inneres Pubertier ist da schmerzfrei. Die Mitarbeiter kennen meine Anfälle schon und grinsen mir zuliebe. Sie wissen, dass ich bald wieder weg bin.

Ingrid war anders. Sie grinste nicht. Sie war neu, schon etwas älter und ein unabhängiger Geist. Eines Tages – ich fühlte mich humoristisch wieder in Topform –, zog sie mich in die Küche. Sie guckte ernst und sagte einige unerwartet klare Sätze. Dass sie erstens mal einen Chef hatte, der zwischen Scherz und voll daneben nicht unterscheiden konnte, dass sie zweitens meine Sprüche nicht möge und mich drittens bitte, darauf zu verzichten. Und dass sie ansonsten sehr gern bei und mit uns arbeite.

Ich war baff. Früher hätte ich, siehe oben, »Weiber …« hervorgepresst. Doch Ingrid hatte einfach nur recht. In fast vierzig Jahren Redaktionsarbeit war mir so viel Mut noch nie begegnet. Ein Nein ist erst ein Nein, wenn es klar ausgesprochen wird. Respekt. Ingrids Zurechtweisung tat ein bisschen weh, war aber langfristig heilsam.

Wenig später kassierte ich gleich die zweite Zurechtweisung, diesmal in Gestalt eines kleinen Shitstorms auf Twitter. Ich hatte für die *Berliner Morgenpost* eine Kolumne über eine junge, laute Unternehmensberaterin geschrieben, die einen ganzen ICE-Wagen mit ihrem Telefonat nervte. Ich hatte die junge Dame »Beratermädchen« genannt. »Mädchen«, das bedeutet für mich keine Herabwürdigung. »Mein Mädchen« ist unter Jungs eines der schönsten Koseworte für die Partnerin, je älter, desto netter. Hätte es sich um einen Mann gehandelt, hätte ich ihn »Bubi« oder »Knabe« genannt.

Eine Runde Feministinnen wiederum fand die Bezeichnung dagegen herablassend, frauenfeindlich, paschahaft. »Geht gar nicht!«, war einer der häufigsten Kommentare. Ich kann damit wenig anfangen. Es fehlt schlicht das Argument. Eine der heftigsten Angreiferinnen war eine junge Politikerin. Sie kritisierte nicht nur, sondern unterstellte mir allerlei Unsinn. Früher hätte ich einen solchen Streit genüsslich eskalieren lassen. Doch diesmal habe ich die Frau privat angemorst. Wir sind Kaffeetrinken gegangen. Ich habe festgestellt, dass sie sehr feministisch ist – und ganz okay. Sie hat mir erklärt, warum sie auf »Mädchen« allergisch reagiert; es war eine private Geschichte. Ich habe wiederum mich und meine Arglosigkeit erklärt. Wir haben uns verstanden, auch wenn wir in manchen Fragen weiterhin verschiedene Meinungen haben werden. Aber wir haben wie erwachsene Menschen geredet, gemeinsames Terrain gefunden und ertragen, dass das Gegenüber eben anders denkt. Ingrid und das Anti-Mädchen hätte ich ein paar Jahrzehnte früher gebrauchen können. Und da bin ich womöglich nicht allein.

Ich verstehe die vielfältigen Gründe, warum Frauen sich trotz massiver Übergriffe lange nicht gegen männliche Macht gewehrt haben. Die MeToo-Debatte hat allerdings einiges verändert. Und ich würde mich, mir und meinen Söhnen zuliebe, sehr freuen, wenn sich jede und jeder zu Wort meldet, sobald sie/er sich bei Äußerungen unwohl fühlt. Ich wünsche mir, dass Frauen wie Männer es klar ansprechen, sobald sie ein Wort als unangebracht, übergriffig oder verletzend empfinden.

Es ist nun mal so, dass manche Männer – ich auch – bisweilen nicht ganz sicher sind, wie Sätze wirken, ob gesprochen oder geschrieben. Manchmal fühlen sich Menschen von mir diskriminiert, verletzt, bloßgestellt, was – Ehrenwort – seltenst Absicht ist. Mal verrutscht ein Kompliment, mal ist die Stimmung falsch eingeschätzt, dazu kommen Dummheit, Plumpheit, Tagesform. Es gibt unterschiedliche Humorlevel, Schmerzgrenzen, Konnotationen. Nein, ich will weder säftelnde Dirndl-Onkel verteidigen noch allgegenwärtigen Sexismus, schon gar nicht die Causa Weinstein kleinreden.

Klar, es ist nicht immer leicht, die Fassung zu bewahren. Aber Reg- und Wortlosigkeit zementieren Fehlverhalten. Schweigendes Augenrollen und wütendes Posten helfen nicht weiter. Das Problem ist zu komplex für rituellen Facebook-Alarm mit den nachfolgenden Aufregungskurven, die meist folgenlos bleiben.

Das Miteinander von Frau und Mann steckt nun mal in einer Phase der Ungleichzeitigkeit. Verhalten, das für unsere Väter normal war, ist überholt. Was ich okay finde, halten meine Söhne für bedenklich. Drei Generationen, drei Erfahrungs- und Stilebenen. Oft herrscht Verhaltensunsicherheit, abhängig von Erziehung, Erfahrung, Kontext. Manchmal wissen wir es einfach nicht besser.

Es wäre großartig, wenn Frauen sich auf ein Risiko einlassen und uns Kerlen gelegentlich helfen, Grenzen zu kapieren und zu respektieren. Und es wäre ritterlich, wenn Männer sich einschalten, sobald in irgendeiner Runde ein anderer Mann entgleist. Man nennt es Mut zum Lernen. Denn jeder dumme Spruch, der gekontert wird, birgt die Chance, der letzte von dieser Person zu sein. Ich bin sicher, dass jeder halbwegs normale Mann sich um Einsicht bemüht. Wenn nicht, kann man ihn immer noch anprangern. Aber bitte erst dann. Die wirkungsvollsten Grenzen sind die gemeinsam gezogenen.

Vom Sex zur Freude

Stellvertretend für die vielen Baustellen des Mannes, für seine Muster und Versagensängste steht das Feld der Sexualität. Wie beim Malen nach Zahlen haben wir gelernt, die erotischen Punkte der Frau abzufahren und Erregung nach statistischen Wahrscheinlichkeiten zu erzeugen. Auch hier hilft eine Exkursion, idealerweise zu einer erfahrenen Frau. Anstatt dass Männer von Männern erfahren, was Frauen mögen, lautet die verrückte Aufgabenstellung: Frag eine Frau. Was mag sie? Wie geht das?

Die Berliner Bodyworkerin Ellen, eine erfahrene Hebamme und Sexologin, bietet sich zum Beispiel als unverkrampfte Gesprächspartnerin und bei Bedarf auch als Lehrerin an. Aus ihrer körpertherapeutischen Arbeit berichtet sie vor allem von Unsicherheiten: Männer, die ihr Leben lang auf Pornos starrten und sich wundern, dass echte Frauen ganz anders funktionieren; Männer mit Erektionsproblemen; Männer mit frühzeitiger Ejakulation; Männer, denen beim Berührungscoaching nichts weiter einfällt, als stracks Richtung Vagina zu streben. Wenn aber Männer wie die Dampframmen rackern, weil sie das im Internet so gesehen haben, und schmerzvolles Stöhnen einer Frau fälschlicherweise für Erregung halten, dann ist es höchste Zeit für einen Dialog der Geschlechter, der über Schuldzuweisungen hinausgeht.

Es wäre allerdings verfehlt, die Schuld an dieser einseitigen Sexualität den Männern zu überlassen. Sie wissen es nicht besser, sagt Ellen. Woher auch? Wenn Pornoportale die Aufklärung unserer Jungen übernehmen und Frauen von romantischer Liebe träumen, kommt es beim Zusammentreffen zwangsläufig zu Missverständnissen.

Deutschland hat offenbar ein massives Wissensproblem.

Das Thema Sex fehlt im klassischen Bildungskanon. Stattdessen probieren viele vor sich hin nach Anleitungen aus dem Internet, die wenig mit Liebe, aber viel mit kalter Technik oder schlichter Gewalt zu tun haben. Wir Männer sollen Fachwissen anwenden, das uns nie jemand nahegebracht hat.

Zudem ist die tiefere männliche Sexualität immer noch ein weitgehend unbekannter Kontinent, jenes Terrain unterhalb der dünnen Kruste, dort, wo Filmszenen nachgespielt werden. Es wäre hilfreich, wenn sich die Wissenschaft so begeistert auf die Erforschung des Penis stürzte wie im letzten Quartal des zwanzigsten Jahrhunderts auf die Vagina. Während die Sexualität der Frau als komplexes Zusammenspiel vieler Faktoren identifiziert worden ist, gilt der männliche Sex nach wie vor als Spielart der tierischen Kopulation und die Erfindung von Viagra als Fortschritt.

Während via Internet weltweit die seelenlose Hauruck-Vögelei in Tennissocken propagiert wird, heben Psychologen den Wert eines wachen Blicks, eines Lachens hervor, Zugewandtheit statt Maschine eben. Männer, die sich nun mit dieser subtilen Zuwendung überfordert fühlen, weil sie sie nie gelernt haben, flüchten oft in konfliktfreie Selbstbestätigung, also in die Pornografie, wo alles läuft wie gewohnt und kein Partner kompliziert zu werden droht. Bloß nicht reden.

Wo sind die Nachfolger von Oswald Kolle, Ruth Westheimer und Erika Berger, die offen, launig und praxisnah Sexualkunde betreiben? Vergleicht man die Sendezeit für Kochen und Fußball mit der für erotische Volksbildung, dann verwundert es nicht, dass die Deutschen zu viel essen und dauernd Bundesliga gucken. Wie groß das Interesse an Sexualkunde ist, zeigt sich im medialen Halbschatten. Zahlreiche Podcasts behandeln auf sehr unterschiedliche, mal derbe, mal komödiantische Art das alte, neue Tabuthema. Es sind vor allem Frauen, die erfrischend ungezwungen über intimste Dinge plaudern. Höchste Zeit für eine Männerquote in Sex-Podcasts.

Schließlich wären da noch die Kollateralschäden des Feminismus, sagt die französische Philosophin und Psychoanalytikerin Julia Kristeva. Denn Frauen beginnen vielfach, ihre Möglichkeiten, Optionen und Chancen zu verstehen. Männer dagegen fühlten sich oftmals degradiert und abgewertet – die toxische Dualität von Opfern und Tätern. Kristeva attestiert vermehrte Blockaden bei Männern, den Verlust der Libido, die Flucht in nicht-heterosexuelle Beziehungen. Zugleich nehme die Aggression zu, bis hin zum Sadismus. »Sehr komplizierte Formen der Depression«, beobachtet Julia Kristeva, entstanden aus männlicher Hilflosigkeit. Wird der natürliche Trieb in der Empörungsgesellschaft permanent unterdrückt oder diskreditiert, sucht er sich gruselige Wege.

Mut ist gefragt, angeblich eine urmännliche Qualität. Denn es kostet Mut, für die Sache des Mannes aufzustehen, vor allem für eine erfüllte Sexualität. Überall stehen Tabus im Weg. Männer brauchen den Mut, Fragen zu stellen, und klingen sie noch so peinlich. Männermut kann heißen, mit der Partnerin einen Wochenend-Workshop für besseren Sex zu besuchen. Mut bedeutet, das anzuziehen, was ich wirklich mag. Mut heißt auch, wenn Männer dem Chef in einer Unterredung fair, aber hart mitteilen, dass seine schlüpfrigen Witze nicht so rasend gut ankommen. Mut zeigt der Mann, wenn er als Einziger zu tanzen wagt, sich traut, eine Frau nach ihren Vorlieben zu fragen oder einem anderen Mann ein Kompliment zu machen.

Letzteres ist offenbar besonders verwegen. So erzählte mir mein alter Bekannter Ralf gerührt, was er in der Umkleide seines Fitnessstudios erlebt hatte. Dazu muss man wissen, dass Ralf über ein ausgesprochen prächtiges Geschlechtsorgan verfügt, das ihm bei Männern seit jeher Spott einbringt. Beim Umziehen war es ihm zum ersten Mal in seinem Leben passiert, dass ein anderer Mann beeindruckt war von Ralfs Gemächt und ihm ganz ohne Ironie oder Anmache ein Kompliment machte: »Das ist ja ein tolles Ding.« Ralf gestand, er habe später weinen müssen. Klingt bizarr, stimmt aber: tolles Auto, tolle Uhr, kein Problem. Aber es gehört unverschämter

Mut dazu, einem anderen Mann zu sagen, dass er einen tollen Schwanz habe.

Yuval Harari, israelischer Welterklärer, weist darauf hin, dass der frühere Jäger seine Instinkte verloren hätte, die Fähigkeit zu riechen, zu lauschen, zu spüren. Altes Wissen, alte Techniken und Sensibilitäten würden nicht mehr gebraucht, so Harari, was zu einer Entfremdung vom eigenen Leib geführt hat. Männer, so Harari, seien »weit entfernt vom Körperbewusstsein unserer Vorfahren«. Das Aufpumpen des Bizeps reicht als Kompensation nicht aus.

Aus dem Tantra-Workshop habe ich eine weitere verblüffende wie entspannende Erkenntnis gewonnen. Der revolutionäre Ansatz liegt darin, Sex nicht länger als Start-Ziel-Projekt zu begreifen, das zwingend in einem Höhepunkt enden muss, sondern als Kommunikationstechnik, die gemeinsame Nähe und Verbindung schafft. Wenn das manische Fixieren auf den Orgasmus an Wichtigkeit verliert, wobei natürlich nichts gegen einen Höhepunkt spricht, dann verschwindet auf wunderbare Weise der Druck vermeintlicher Perfektion. Schlüsselfrage: Können wir uns eine gelungene sexuelle Begegnung ohne Orgasmus, aber auch ohne Enttäuschung oder ein Gefühl des Zukurzgekommenseins vorstellen? Zugegeben, nicht leicht in der Leistungsgesellschaft. Aber möglich, mit Geduld und Rücksicht, wenn es gelingt, das Spielen als ebenso wertvoll zu betrachten wie den Wettbewerb.

Unter Männern

Männer sollten häufiger unter sich sein, abseits von Kneipen und Stadien. Der amerikanische Arzt Joseph Ravenell hält etwa die Salons von Friseuren oder Barbieren für einen idealen Treffpunkt, um Männerthemen auszutauschen. Verglichen mit einem Hausarzt, der sich meist murmelnd hinter seinem Bildschirm versteckt und irgendwas verschreibt, ist ein Friseur eine Vertrauensperson, und noch viel mehr der Barbier. Acht Jahre lang geht in den USA ein Mann im Schnitt in denselben Salon. Wen lässt man sonst schon mit einem Messer an seine Kehle? Man sieht sich, man kennt sich, man redet offen über Pikantes wie graue Strähnen, Ohr- und Nasenbüschel, Haarausfall und andere Körperthemen. Wo, fragt Ravenell, werden Vorsorgekampagnen wohl eher von Männern wahrgenommen: beim Arzt oder beim Friseur?

Nachdem ich mir testhalber im Winter 2017/2018 einen Bart hatte stehen lassen, habe ich Ravenells These überprüft und einen Barbier am Rathaus Schöneberg besucht, dort, wo John F. Kennedy einst sagte: »Ich bin ein Berliner.« Ein halbes Dutzend junger Friseure drängelt sich an den Stühlen. Keine Frauen, außer in den Hip-Hop-Videos, die in YouTube-Endlosschleife laufen. Ein Hort der Männlichkeit. Im Regal eine Flasche Cognac, aber die jungen Herren trinken Capri Sonne Kirsch. Ein Labor junger Maskulinität. Ohne Frauen verhalten sich Männer deutlich entspannter, das Rivalengehabe erlischt.

Plötzlich betritt der Rapper Bushido den Laden, der Undercut muss gestutzt werden. Fist Bump. Er scheint öfter hier zu sein. Er sagt »Bruder« zu jedem und erzählt Anekdoten aus dem Showgeschäft, lobt die Musik von Kendrick

Lamar und Rihanna. Die Großmäuligkeit der Mediengestalt Bushido hat sich in der gedämpften Atmosphäre gelegt. Ein kleiner Junge betritt den Laden, leise, schüchtern, und richtet von seiner Mama aus, dass er nur zwanzig Minuten warten könne. Die Großen lachen und heißen ihn willkommen. »Setz dich hin, nimm dir 'ne Capri Sonne.« Der Kleine ist verdutzt und hört schweigend zu, wie ein blonder Hüne auf dem Handy seinen vollständig tätowierten Körper zeigt. »Der ganze Körper?«, fragt ein Barbier. Der Hüne nickt.

Die Männer geben sich schweigend ihren Kopffilmen hin. Der Junge hat vor Schreck so fest auf die Saftpackung gedrückt, dass der Salonboden schwimmt. Ein Friseur beseitigt die Lache wortlos und grinst den Kleinen an. Die Gespräche gehen weiter: Kennst du einen, der mein Bad fliest? Meine Freundin ist schwanger! Wie heißt die Musik, die gerade läuft? Der Friseur sei »ein Refugium des Mannes«, sagt Doc Ravenell, ohne Frauen, Bosse, Polizisten, Tugendwächter. Viel Austausch, wenig Gegockel. Ich werde öfter herkommen.

Ein weiteres Abenteuer ist für Männer der Besuch beim Urologen. Die Aussicht, den Finger des Arztes im Anus zu spüren, schreckt Männer verlässlich ab. Dabei gibt es kaum einen kompetenteren Gesprächspartner. Urologen haben täglich mit Prostata, Erektion und nahezu allen anderen Männerproblemen zu tun. Sie können über Viagra schlauer Auskunft geben als die Dealer auf dem Schwarzmarkt, sie wissen, ob es die legendäre »Andropause« wirklich gibt, also die Wechseljahre des Mannes. Auch hier ist Mut gefragt. Aber wo sonst will der Mann seine privatesten Fragen stellen?

Ein gutes Zeichen, dass die Männerwelt sich langsam, aber stetig ihrer selbst bewusst wird, ist das Aufkommen von Männergruppen. Manche rennen durch den Wald und brüllen, andere versinken in Meditation, wieder andere bieten Initiationen an, das Nachholen der rituellen Aufnahme in die Gemeinschaft der Krieger. Solche Gruppen schaffen, was Therapeut Süfke fordert: Sie erweitern die Palette der Gefühle und bringen Männer auf neue Ebenen des Wahrnehmens.

Männeraktivisten propagieren gern das Konzept »No More Mr. Nice Guy«, das der amerikanische Therapeut Robert Glover geprägt hat. Der Ansatz: Je mehr ein Mann die Erwartungen insbesondere von Frauen zu seinen eigenen zu machen und zu erfüllen versucht, desto eher verliert er sich und driftet in die Krise. Die Kernfrage lautet: Wer würde die Verabredung mit einem Kumpel einer Frau zuliebe absagen? Und umgekehrt? Wie bei vielen Rezepten mit einfachen Zutaten lauert auch hier die Sektengefahr.

Generell gilt: Gute Männergruppen zeichnen sich durch Respekt aus, durch wenig Bullenkampf und einen herzlichen Zusammenhalt. Ganz gleich, ob geangelt, getrommelt oder Playfight versucht wird – letztlich geht es darum, die Freundschaft wiederzuentdecken. Viele Männer über vierzig haben keinen einzigen Freund; das Erfahren von Brüderlichkeit kann Emotionen ebenso heilsam beeinflussen wie Wut-Workshops.

Viele Initiationsgruppen arbeiten mit den Archetypen von C. G. Jung: König, Krieger, Magier, Liebhaber. Was albern klingen mag, hat den Vorteil, dass der Mann aus seinem kognitiven System in eine symbolische Welt geführt wird, die den Zugang zu den Emotionen erleichtert. Es wird symbolisch gestorben und wieder auferstanden. Wunden werden betrachtet und womöglich geheilt, meist in der Natur, oft wird gefastet, manchmal sind Pflanzenpräparate im Spiel, die in Paralleluniversen führen, immer möglichst weit weg von Meetings und Anschlussterminen.

Ich persönlich schätze Rollenspiele, die zum Beispiel meine Rebecca offenlegen, oder Perspektivwechsel wie den Rollentausch von Mann und Frau. Auch Tanzmethoden wie Biodanza, Ecstatic Dance oder Trance Dance können befreiend wirken. Es gilt: Was hilft, hat recht. Nichts ist bewegender als eine Gruppe heulender Männer. Oberste Regel: Respekt. Alles ist willkommen, außer dummen Kommentaren.

Jeder zieht seine Grenzen. Nebenbei: Männer, die jemals länger als eine Minute auf hohen Absätzen zu balancieren versucht haben wie ich für das Cover dieses Buches, die wissen, welche Qualen Frauen in Kauf nehmen.

Wer sich erst einmal getraut hat, für ein Wochenende seine vermeintliche Komfortzone zu verlassen, wird fast immer mit neuen Erkenntnissen belohnt. Oft wird die freundschaftlich-kraftvolle Energie betont, die in Männergruppen entsteht, und das entspannende Gefühl, wenn aus Rivalen Brüder werden. Mein Blick auf andere Männer hat sich seither grundlegend verändert. Früher war jeder Kerl ein potenzieller Gegner. Ich verglich Größe, Rang, Körperbau, Klamotten, Stil, immer mit dem Ziel, im direkten Vergleich besser abzuschneiden. Dieser permanente Checkblick führt fast automatisch zum Abwerten von Männern, die nicht satisfaktionsfähig aussehen. Seit einer Weile übe ich das Gegenteil: Ich versuche jeden Mann, der mir begegnet, als potenziellen Gefährten zu sehen. Automatisch kommt ein Lächeln, wo früher der grimmige Blick herrschte. Die meisten Männer allerdings blicken dann verunsichert zu Boden.

Mein erster Männer-Workshop weckte in mir mehr Angst als jede Prüfung in meinem bisherigen Leben. Natürlich hatte mich wieder mal meine Frau zu diesem Selbstexperiment ermutigt. Und bei mir kam die gewohnte Frage auf: Warum tue ich das? Was soll das? Warum eine Männergruppe? Ganz einfach: Weil es an der Zeit war.

Wir, etwa drei Dutzend Kerle, trafen uns in den Tiefen der tschechischen Wälder, weit ab von allem. Ich war als einer der Ersten angekommen. John, der Workshop-Leiter, begrüßte mich mit offenen Armen. Umarmungen unter Männern sind okay. Aber meistens steht einer von beiden schräg oder beginnt sofort, die Schulter des Gegenübers zu klopfen. Diesmal war es anders. John zog mich heran, unsere Brustkörbe trafen aufeinander, Wärme stieg auf. Ich spürte eine Mischung aus Anziehen und Abstoßen. Ich wollte mich lösen, aber John hielt mich. Er atmete spürbar. Ich versuchte, seinem Atemrhythmus zu folgen. Wir atmeten synchron. Ich spürte umgehend diesen typischen Jungs-Gedanken in mir aufsteigen: Ist der schwul? Bin ich in eine Gruppe Sex-Maniacs geraten?

Wenn Männer sich begrüßen, liegt das ganze Ausmaß ihrer Verunsicherung offen da. Das klassische Händeschütteln findet nur noch in hochformalen Runden statt, oft von ironischen Blicken begleitet. Faust auf Faust oder komplexere Spielarten von Sportler- oder Rappergruß führen oft zu Verwirrung, weil jede Seite ein eigenes Ritual gelernt hat und die Hände sich nicht finden. Frühestens nach drei Wodka Tonic kommt es zu einer echten Umarmung, tief und lang, was aber daran liegen mag, dass sich zwei wankende Männer vor allem gegenseitig stützen.

John war anders. Er stand da, nicht fordernd, weder aufdringlich noch einnehmend, sondern wie ein Kerl: stark, selbstbewusst, gerade. Es war der Auftakt zu einer faszinierenden Woche. Die Energie, die Männer miteinander entwickeln können, fühlt sich großartig an, wie ein Kreis von Brüdern.

Der Ablauf und die Empfindungen scheinen oft sehr ähnlich zu sein. Am Anfang die Skepsis: Die anderen Männer haben dickere Autos, dickere Muskeln, dickere Cojones. Dann die ersten Erkenntnisse: Die sind ja wie ich – unsicher, im Außen perfekt, im Inneren oft verletzt und verletzlich. Ironie und Zynismus schwinden, das Rivalitätsgehabe nimmt mit jedem Tag ab. Es wird geweint, gebrüllt, zugleich wachsen Verständnis und Hilfsbereitschaft. Offenheit wird als große Befreiung empfunden, für viele zum ersten Mal in ihrem Leben. Es wird auch gerauft, doch mit größtem Respekt für die Unterlegenen.

Ein archaisches Miteinander ergreift die Gruppe, während jeder Einzelne seinen Gefühlen näher kommt, der großen Leere einerseits und dem Bedürfnis nach Nähe andererseits. Eine geradezu magische Zartheit greift um sich und zugleich der feste Wille, den neu gewonnenen Zugang zu sich selbst zu erhalten und auszubauen. Echte Bedürfnisse und falsche Ersatzbefriedigungen liegen plötzlich offen da. Die große Show erscheint auf einmal als große Last. Die Sehnsucht nach Geborgenheit bricht hervor, Traurigkeit dringt ans Licht, Gelassenheit breitet sich aus – ein großes Symphonieorchester der Gefühle übermannt die Teilnehmer. Ins Zentrum rückt fast automatisch die Frage: Wer bin ich? Was will ich wirklich?

In vielen Männergruppen spielt David Deida eine zentrale Rolle. Sein Appell: Jeder Mann müsse seine Mission finden, seinen Lebenssinn, der ganz unterschiedliche Ausprägungen habe. Der eine will endlich ein guter Vater sein, ein anderer die Welt retten, manche beginnen, nach ihren Mustern zu gründeln, andere prüfen ihre Beziehung zur Partnerin oder das Verhältnis zum eigenen Körper. Am Ende hat fast jeder auf seine Art für sich herausgefunden, dass er zu oft die Erwartungen anderer als Antrieb missverstanden hat, von Eltern, Kollegen, Frauen. Fazit: Nur wenn ein Mann weiß, was er will, wofür er lebt, kann er authentisch gegenüber anderen sein. Ein ehrliches Nein wird als befreiender wahrgenommen als ein falsches Ja. Anpassung ist keine Mission, sondern Flucht ins Gefallenwollen. Nein, es geht nicht darum, ein egoistisches Ekel zu werden, sondern eine selbstbestimmte Persönlichkeit, die aus Überzeugung Ja sagt oder eben Nein.

Meine ganz persönliche Mission lautet: Ich möchte die Welt ein kleines Stück besser hinterlassen, als ich sie vorgefunden habe. Aus diesem eher allgemeinen Satz lassen sich zahlreiche Ableitungen bilden, ob es um den Umgang mit anderen Menschen, der Natur, meinen Jobs, meinen Geldanlagen, meinem Körper, meiner Sprache geht. Meine Mission bietet einen Prüfstein, an dem ich mein alltägliches Tun jederzeit testen kann, auf dem Wochenmarkt, bei der Arbeit, mit den Kindern, im Ehebett.

Es geht am Ende um das Wiederentdecken der Liebe, zu sich, zu anderen. Und es tut gut zu erfahren, dass es anderen Männern, gleich welcher Herkunft oder Einkommensklasse, genauso geht. Das Entdecken des Herzraums bedeutet Heilung und Wachstum gleichermaßen, Respekt, Achtung und Gelassenheit breiten sich aus. Fast gleichlautend berichten Männer nach solchen Workshops von einem Gefühl innerer Ruhe, als ob sie nach Hause zurückgekehrt seien zu sich selbst. Der Irrsinn von Härte und Kälte ist offenkundig geworden, ebenso die Verwundungen des bisherigen Lebens. Schwäche zu zeigen, wird als großer, mutiger Schritt in ein mächtiges, neues Gefühl empfunden: Integrität.

Ich möchte hier nicht tiefer in die Details solcher Männer-Workshops eintauchen, um die Spannung zu erhalten, die ein wichtiger Bestandteil ist. Die Angst vor dem Ungewissen gehört dazu. Nur so viel: Weder die Sehnsucht nach dem Vater noch der Druck von Job und Status werden ausgespart. Und auf den Halt der Gruppe, die heilsamen Spiegelungen der Mitstreiter ist immer Verlass.

Männer können Männern helfen, ein neues Selbstbild zu entwickeln, ob Krieger, König oder Magier, jedoch in erwachsener Form. Voller Verantwortung und Vertrauen, basierend auf den archaischen Werten von Würde, Respekt und Anstand, die ein Mann zuallererst sich selbst gegenüber zu gewähren hat. Die quälende Erkenntnis lautet meistens: Wie viel Zeit und Energie habe ich mit Verdrängen, Versacken, der Jagd nach Anerkennung vertrödelt. Dagegen steht die befreiende Einsicht, dass ab sofort ein neues Kapitel beginnen kann.

Der größte Gewinn der Arbeit an und mit mir selbst bestand für mich im Entdecken der sogenannten »Vater-Wunde«: das viele Ungesagte, das zwischen mir und meinem Erzeuger stand. Allein das Bewusstmachen der unterdrückten Sehnsucht nach dem großen, starken Vorbild bedeutete für mich einen großen Schritt zu innerem Frieden. Ich hatte bis dahin nie gewagt, einen Satz auszusprechen, der all die Jahre tief in mir saß: »Papa, ich vermisse dich!« Seither hat ein zartes Aussöhnen begonnen.

Ein zweiter Gewinn war der wachsende Mut, meine Gefühle zuzulassen, ohne mit ihnen zu verschmelzen, vor allem den ewigen Dämon Angst. »Na, da bist du ja wieder, du altes Miststück«, sage ich heute oft, wenn Panik aufsteigt. Ich habe Angst, aber ich bin nicht meine Angst.

Das Entdecken einer stolzen und verantwortungsbewussten Brüderlichkeit, keineswegs zu verwechseln mit der Verbrüderung am Ballermann, war auch so ein gewaltiger Schritt. Mir war nicht klar gewesen, wie stark meine Angst war, aus der Gemeinschaft der Männer ausgestoßen zu werden.

Wie oft habe ich mich verbogen, um Anerkennung zu finden, wie viele Zoten gerissen, wie viel Alkohol in mich geschüttet, wie oft meinen Körper gequält, nur um in den Augen anderer ein echter Mann zu sein. Sport, Job, Beziehungen – das Gift falschverstandenen Mannseins habe ich jahrzehntelang an allen Fronten inhaliert und verströmt.

Muss Mannsein tatsächlich immer aufs Neue hart erkämpft sein? Nein. Ich jedenfalls ertrage diesen permanenten Kampf nicht länger, der sich so sinnlos anfühlt und so verschleißintensiv ist. Es ist eine unfassbare Erleichterung für die erschöpfte Männlichkeit, wenn einmal der Satz »Ich kann nicht mehr« raus ist. Erst dann besteht die Chance, dass die Gewalt gegen sich selbst ein Ende hat.

Ein besonders eindrucksvolles Ritual wird mir für alle Zeit in Erinnerung bleiben – das Schlachten einer Ziege inmitten eines Kreises von coolen Wohlstandsmännern, die Grillfleisch-Magazine abonniert haben. Wir saßen eng aneinander auf staubigem Boden, als ein Metzger das junge Tier in die Mitte führte. Die Ziege zitterte, sie spürte, was geschehen würde. Mit routiniertem Griff legte der Mann mit der Schürze die Hinterläufe in Schlingen, die Ziege zappelte kopfüber. Das Messer fuhr durch die Kehle, das Blut spritzte, zäher Todeskampf. Es war kein Töten um des Tötens willen, sondern schlichtweg unser Abendessen. Vermeintlich starke Männer wendeten sich ab, weinten, einer kotzte.

Wie viel Symbolik lag in diesem Moment: all die Fragen nach Tierhaltung und Fleischkonsum, nach dem Wert einer Kreatur, nach unserer Entfremdung von natürlichen Kreisläufen, der bewundernswerten Professionalität, mit der der Metzger das Fell abzog, das Tier ausweidete und zerlegte, nach unserer Verantwortung für die Schöpfung, nach der Macht des Stärkeren, nach Mut und Entschlossenheit, nach unserer Angst, unseren Aggressionen. Es lag viel Anmut in diesem Ritual, zugleich wurden Ablehnung und Widerwillen, aber auch Scham- und Schuldgefühle wach. Jeder Mann im Kreis hing seinen eigenen Gedanken und Assoziationen nach oder erinnerte sich der vielen achtlos weggeworfenen Wurstreste seines Lebens.

Der archaische Vorgang des Tötens, die brutal ehrliche Konfrontation mit dem eigenen Fühlen, Denken und Handeln beflügelte zahllose Gespräche, die in die Tiefe führten. Die symbolische Botschaft kam bei allen Männern an: Stelle dich der Realität, erkenne deine Verantwortung, wahre Achtung und Respekt auch in heiklen Situationen. Und stehe anderen bei, die Hilfe brauchen. Am Ende saßen wir schweigend da, der ganze Kreis Hand in Hand. Eine magische Kraft hatte uns beseelt, und zugleich eine ungekannte Empfindsamkeit.

Das Eintauchen in die weiche, milde Welt der Männlichkeit war ein Geschenk für mich und immunisierte mich zugleich dagegen, die Wut der Frauen auf alles Maskuline sofort persönlich zu nehmen und zurückzubellen. Männer, die in sich ruhen, weil sie halbwegs im inneren Frieden mit sich leben, können die Verletzungen auf der anderen Seite wahrnehmen, ohne sich selbst sofort rechtfertigen zu müssen.

Wer seine positive Mission entdeckt hat, kann für ein besseres Miteinander einstehen, ohne das alte Leid zu ignorieren oder zu bekämpfen. Starke Männer, die in sich ruhen, finden Mitgefühl, ein offeneres Miteinander zu probieren. Wer sich vom kopfgesteuerten Ingenieursdenken verabschiedet und idealisierte Helden- und Mackermythen enttarnt hat, begegnet anderen mit einem ehrlicheren Ich. Männer-Workshops können dabei durchaus einen wertvollen Anfangsimpuls auslösen.

Vom Mann zum Menschen, Respekt statt Geschlechterkrieg

Es geschah während eines Griechenlandurlaubs. Ich saß mit unserem kleinen Sohn auf der Treppe einer Fähre. Es war windig, deshalb hatte ich meine Haare zu einem kleinen Knoten zusammengebunden. Wir balgten liebevoll, neckten uns, umarmten uns, alberten herum. Meine Frau fotografierte, was wir, ins Spiel vertieft, gar nicht merkten. Am Abend zeigte sie uns die Bilder, warme Schnappschüsse, wunderbar ungestellt. »Da siehst du aus wie eine Frau«, sagte die Gattin, und der Sohn nickte. Und nun geschah etwas Merkwürdiges. Du siehst aus wie eine Frau. Und ich fühlte mich gut.

Jahrzehntelang hätte ich einen solchen Satz für eine Art Herabsetzung gehalten, obwohl ich natürlich weiß, dass man so was weder denkt noch fühlt. Trotzdem: Du siehst aus wie eine Frau. Das stand für »weich«, »unsicher«, »unmännlich«, erst recht auf einem griechischen Schiff, wo man einen unrasierten Alexis Zorbas erwartet oder zumindest Varoufakis in Lederjacke. Würden wir in Seenot geraten, würden die Männer an den rostigen Kurbeln rackern, um die Rettungsboote zu Wasser zu lassen, Frauen und Kinder zuerst.

Warum machte mir ein solcher Satz zum ersten Mal in meinem Leben keine Probleme, sondern gefiel mir sogar? Ich kann nur spekulieren, aber: Ich mache offenbar langsam den Frieden, den ich mir gewünscht habe. Ich erkenne mich selbst an und kann dadurch andere anerkennen.

»Ich schäme mich nicht, mich wie eine Frau anzuziehen, weil es nicht peinlich ist, eine Frau zu sein«, hat der großartige Altpunker Iggy Pop mal gesagt und sich in einem Abendkleid mit Kroko-Handtasche fotografieren lassen. Und ich würde noch einen Schritt weitergehen. Seit es mir immer öfter gelingt, »Mann« oder »Frau« durch »Mensch« zu ersetzen, scheint vieles von dem alten Muster- und Rollenkram automatisch auf den Müllhaufen nutzloser Gedanken zu wandern.

Dass die Menschheit diesen Schritt noch nicht so richtig vollzogen hat, zeigt sich auf drei sexhaltigen Veranstaltungen, die nahezu zeitgleich in Berlin passieren.

Die »Venus«, Fachmesse für »Adult Entertainment«, gehört zum Berliner Messejahr wie »Grüne Woche« und »Baby World«. Der Deal ist klar: Für die Tageskarte zu 40 Euro dürfen Männer Porno-Darstellerinnen begucken, knipsen und manchmal vorsichtig anfassen. »Livepräsentationen neuester Toys« heißt ein Programmpunkt, Umschreibung dafür, dass sich Frauen mit Gummi-Penissen zu befriedigen vorgeben und Männer so tun, als seien sie Fachpublikum.

Einmal sah ich, wie sich ein Rudel Herren um eine nackte Dame drängte, die breitbeinig und unbekleidet auf einem Podest lag. Die Männer fotografierten atemlos. Die Frau lachte. Immerhin: kein offensichtlicher Zwang, sondern eine vergleichsweise einfache Art des Geldverdienens, wie viele Darstellerinnen beteuern, die zuvor als Arzthelferinnen oder Krankenschwestern gearbeitet haben. Auf der »Venus« herrscht Einvernehmlichkeit: Geld gegen Körper. Die Frauen sind selbstbewusst, aber der Feminismus hat die Sexmesse bislang nicht erreicht. Der geile Mann, die verfügbare Frau – die traditionelle Rollenverteilung.

Ein paar Kilometer östlich liegt der Party-, Fetisch- und Swingerklub »Insomnia«, ein hedonistisches Paralleluniversum für nonkonformes Miteinander. Die Party-Mottos lauten: »Wildest Fetish«, »Rudelspiele« und »Das verruchte Sex-Labor«. Anders als auf der Sexmesse sind die Rollen hier unklarer. Frauen treten in Militäruniformen auf oder führen Männer an Hundeleinen hinter sich her. Haarige Kerle tragen Schuluniform mit Rock und Kniestrümpfen, High Heels und Lippenstift. Ein paar queere Vögel schnüren umher. Aber überwiegend bewegen sich die Besucher dann doch in vertrauten Rollen oder deren Gegenteilen: Männer in Ledergeschirre geschnürt, Frauen in transparenten Dessous.

Noch ein bisschen weiter im Osten liegt der Klub »Zur wilden Renate«. Etwa alle zwei Monate an einem Donnerstag öffnet sich »The House of Red Doors«. Vorwiegend junge Menschen aus aller Welt treffen sich hier zu einer »Sex Positive Party«, wie sie in Berlin seit einer Weile beliebt sind. Mal lautet das Motto »Weimar Berlin«, mal »Unterwasser«, mal »Schwarze Magie«. Eine Künstlertruppe bietet überall in dem alten Industriegebäude Performances, zwischen harmlosen Luftballonspielchen bis hin zum derben Versohlen von Kehrseiten, nur auf ausdrücklichen Wunsch natürlich.

Was passiert in der »Wilden Renate« Geheimnisvolles? Eigentlich nichts, was auf anderen Partys nicht auch geschieht: feiern, tanzen, trinken, baggern. Aber zugleich wird ein Blick in die Zukunft der Geschlechtervielfalt geboten. »Du siehst aus wie eine Frau« wäre ein Satz, der hier gar keinen Sinn mehr ergibt. Denn die Rollen sind faszinierend weit gefächert. Anders als bei »Venus« oder im »Insomnia« sind die Polaritäten vielfach verschwunden. Männer, die wie Frauen aussehen, Frauen wie Männer, aber auch vieles Unklare, irgendwo dazwischen oder weit darüber hinaus. Bunte Gewänder, Schmuck und Federn, Tiermasken. Hexen, Magier, Wilde und Überschicke, manchmal Idealmaße, aber oft auch dicke Mädchen und Jungen in Size Zero, große Frauen, kleine Männer, absichtsvoll Entstellte und hemmungslos Lüsterne. Es ist ein großer Zoo von Menschen mit bemerkenswertem Benehmen. Verstohlenes Gegrabbel ist im Gedränge selten, zwischen Mann und Frau ist keinerlei Gefälle zu entdecken. Klar, es geht um Erotik und narzisstische Selbstdarstellung, aber viel eher noch um Rollenspiele, Flirt, Andeutung, im besten Sinne schamlosen Spaß. Was die überwiegend jungen Leute gemeinsam haben: Sie sind Menschen, deren Herkunft, Sprache und Geschlecht als Charakterisierungsmerkmal unwichtig ist. Sie suchen sich ihr Geschlecht aus, vielleicht nur für diesen Abend, völlig egal, was die Natur für sie vorgesehen haben mag.

Während die »Venus« die Rollenwelt unserer Eltern widerspiegelt, steht das »Insomnia« für den vorsichtigen Aufbruch der Achtundsechziger. »The House of Red Doors« dagegen gewährt einen Blick in die Zukunft unserer Kinder, die die Bipolarität der Geschlechter allmählich überwindet und alles zwischen den drei Geschlechtern des Grundgesetzes und den sechzig Optionen bei Facebook ausprobiert. Die drei Orte repräsentieren drei Epochen und zugleich die Realität der deutschen Gleichstellung: Drei Entwicklungsstadien der Spezies Mann existieren nebeneinander, drei Definitionen von Respekt, von Anspruch, Macht, Umgang. Der Bogen reicht von Donald Trump bis weit über Conchita Wurst hinaus.

Handelt es sich um eine unumkehrbare Entwicklung? Oder gehört das Publikum aus der »Wilden Renate« zu jener Schar Avantgardisten, die es zu allen Zeiten gab? Einiges spricht dafür, dass die klassischen Rollen in Zukunft eher als hinderlich wahrgenommen werden. Zudem verschwinden traditionelle Gewissheiten. Das Patriarchat erodiert, das Senioritätsprinzip gilt immer weniger, die Geschlechterbinarität könnte sich auflösen zugunsten einer globalen Diversität. Der Romantiker in mir wünscht sich, dass eine neue Geschwisterlichkeit die alten Raufereien ersetzt.

Denn Mann und Frau nähern sich immer weiter an, was Ausbildung und Jobs angeht, Prioritäten, aber auch Krankheiten und Süchte. Dass sich Frau und Mann stärker ähneln als heute, wird nicht neu sein in der Geschichte der Menschheit. Bevor der Mensch sesshaft wurde, zog er in kleinen Gruppen umher. Die Aufgaben waren nicht nach Geschlechtern verteilt, sondern nach Alter und damit nach Fähigkeiten. Die Jungen jagten, die Alten blieben im Lager, kümmerten sich um die Kleinen und sammelten, was zu finden war.

Als ich vor einigen Jahren die Höhle von Lascaux besucht habe, habe ich mir vorgestellt, wie Männer vor Zehntausenden von Jahren im fahlen Schein eines Kienspans saßen, wie sie die magischen Tiere und Krieger malten, die nachfolgende Generationen bis heute bestaunen. Wurde hier der Nachwuchs initiiert? Jener Jäger gefeiert, der das dickste Mammut erlegt hatte? Lange Zeit waren Anthropologen überzeugt, dass die Höhle von Lascaux ein Männerort war. Ist aber Quatsch. Und nur dadurch zu erklären, dass die Wissenschaft früher überwiegend von Männern kontrolliert wurde. Ein klassischer Wahrnehmungsfehler in einem anthropozentrischen Weltbild.

Inzwischen ist klar, dass die Künstler von Lascaux offenbar überwiegend Frauen waren. Der US-Archäologe Dean Snow fand heraus, dass Dreiviertel der Handabdrücke an den Wänden, womöglich eine Art Signatur, von Künstlerinnen stammten. Ups. Da muss der Mann sein Weltbild schon wieder umschrauben. Zur Nomadenzeit waren Frauen den Männern auch körperlich ähnlicher. Die Oberarme waren deutlich muskulöser als heute, angeblich sogar kräftiger als die der Ruderer vom Cambridge-Achter. Nomaden haben vielfältige Gesellschaftsorganisationen hervorgebracht, aber weder Matriarchat noch Patriarchat. Die kleinen Gruppen waren fast immer akephal organisiert, also herrschaftslos, egalitär, gleichberechtigt. Nur in Krisenzeiten gab es eine klare Führung, etwa um Ressourcen zu verteilen oder zu überwachen.

Brigitte Röder, Professorin für Ur- und Frühgeschichte, arbeitet auf dem Feld der prähistorischen Geschlechterforschung und ist überzeugt, dass die Interpretation von Ausgrabungsfunden mehr über das Weltbild der Finder aussagt als über die Realität der frühen Menschen. Immer mehr Indizien weisen darauf hin, dass die Aufgaben seinerzeit ganz anders verteilt waren, als wir es gelernt haben.

Ein »schwaches« Geschlecht hätte die Entbehrungen jener Tage gar nicht überlebt. »Die Menschwerdung vollzog sich in kleinen Gruppen vertrauter Individuen«, schreiben der Psychologe Christopher Ryan und die Psychiaterin Cacilda Jethá, »alles wurde geteilt: Essen, Zuflucht, Schutz, Kinderbetreuung, womöglich auch die sexuelle Lust.« In der Archäologie setzt sich langsam die Erkenntnis durch, dass die Wissenschaft bislang mehr projiziert als erforscht hat. Waffen finden sich auch in Frauengräbern, Schmuck wiederum wurde Männern bei der Bestattung mitgegeben. Mit der Sesshaftigkeit änderten sich zunächst die Machtverhältnisse, dann die Aufgaben und schließlich die Körper. Bis dahin war die Evolution womöglich eine brillante Gleichstellungsbeauftragte.

Die digitale Moderne bringt nun Züge eines neuen Nomadentums hervor, der Wachstumsschritt führt aus dem Geschlechterkrieg womöglich zu einer neuen, alten Partnerschaft. Eigentum verliert an Wert. Die eigene Immobilie hat für meinen großen Sohn kaum eine Bedeutung. Arbeit hat ihren Stellenwert als dominierendes Identifikationsmerkmal verloren. Der Nachwuchs glaubt nicht mehr an Lebenszeitjobs und linearen Aufstieg. Wir Babyboomer gingen davon aus, dass das Schlimmste hinter uns lag und wir kontinuierlich bessergestellt sein würden. Unsere Kinder wiederum gehen davon aus, dass die Zukunft rauer werden wird.

Die digitalen Nomaden der Zukunft werden der Arbeit hinterherziehen. Wetter und eine liberale Gesellschaft sind unseren Kindern wichtiger als ein Bausparvertrag. Ihre Habseligkeiten passen in eine Sporttasche, ihr Rollenverständnis ist sichtlich egalitärer als unseres. Die schmutzig-verklemmten Witze unserer Jugend finden unsere Söhne längst nicht mehr so lustig wie wir damals. Manche verstehen sie überhaupt nicht. In einer »Gesellschaft der Singularitäten« ist das Außergewöhnliche das neue Normal, ob bei Lebensentwürfen, Klamotten, beim Essen oder eben bei der geschlechtlichen Orientierung.

Die modernen Nomaden können sich, wie unsere Vorfahren, zu viel Konfrontation nicht leisten. In seinem Buch *Minimum* hat der verstorbene *FAZ*-Herausgeber Frank Schirrmacher geschildert, wie egomanische Heldentypen in der Krise scheitern, während die Kooperationsfähigen überleben. Kooperation, sagt der Wiener Professor Martin Nowak, sei die Fortführung der Evolutionstheorie in die Zukunft; nicht »Survival of the fittest«, sondern die »Koalition der Willigen« ist gefragt.

Wie so oft bilden sich erste Grundzüge einer Zukunft in der Kunst ab. Junge Maler wie Robin Rhode oder Laura Owens inszenieren sich nicht länger als genialische Einzelgänger, sondern arbeiten kollaborativ oder subversiv wie Stephanie Sarley oder Petra Collins. Auf Instagram spielen die Künstlerinnen mit den Verschämtheiten der fälschlich als liberal betrachteten Digitalbarone aus dem Silicon Valley. Collins postete ein Bild von sich selbst im Bikinihöschen, links und rechts war Schamhaar zu sehen. Natürlich wurde das Bild von den Löschschwadronen sofort entfernt.

Was meine Generation als typisch männlich betrachtet, ist eben nicht mehr als eine Laune der Gesellschaft. David Bowie stellte mein Rollenverständnis ebenso in Frage wie Freddy Mercury oder Prince, Lady Gaga oder Modeschöpfer wie Charles Jeffrey. Intersexuelle Topathletinnen wie Caster Semenya, Olympiasiegerin über 800 Meter, fordern die Normen der internationalen Leichtathletik heraus.

Auch die Machowelt des Rap kommt langsam in Bewegung. Der brillante Hip-Hopper Frank Ocean bekennt sich zum Schwulsein in einer Szene, die große Brüste, große Uhren, große Joints und große Autos durch ihre Videos treibt, um ein Maximum an tumber Heteromännlichkeit zu verströmen. Längst schlagen Frauen zurück. Princess Nokia gilt als Rapperin der Stunde, die deutsche Künstlerin Sookee sagt über den Teenie-Schwarm Cro: »Den würde ich frühstücken, dieses Bürschlein.« Erstmals betreten rappende Feministen wie Veedel Kaztro die Bühne. Das Mann/Frau-Thema kommt sogar in der sichersten Burg der Männlichkeit an, im Gaming. Frage an meinen Sohn, ob er beim Online-Spiel *Minecraft* unterscheiden kann, ob er mit einem Mädchen oder Jungen spielt. Antwort: »Nö. Ist doch auch egal.«

Damit liegt er ganz auf der Linie des kanadischen Popsängers Sam Vance-Law, der die alten Muster für überholt hält. Mann und Frau sind keine zukunftsfesten Kategorien, Hautfarbe, Herkunft, Alter, Status, Glaube werden vielfach als ebenbürtige Kategorien wahrgenommen. Zu verteidigen sind nicht Geschlechter, sondern Werte. Freiheit, Demokratie und Autonomie sind nicht männlich oder weiblich, sondern universell. Der entscheidende Unterschied unserer Tage liegt in der Sicht auf die Welt: selbst- oder fremdbestimmt.

Es ist ja mehr als die Marotte einer gefräßigen Medienmaschine, wenn plötzlich Transgender-Menschen wie Chelsea Manning auf den Covern der Magazine zu sehen sind. Was ist mit der einstigen Masturbationsvorlage *Playboy* passiert, die Giuliana Farfalla auf den Titel hebt, ebenfalls ein Transgender-Modell? Zwei Optionen sind offenbar nicht mehr genug; Hybrid, Fusion, Mix hat die Geschlechter erreicht. Martine Rothblatt, 300 Millionen Dollar schwer, Anwältin, Erfinderin und Gründerin, lebte dreißig Jahre lang als Mann. Jetzt baut sie Computer, die ihre Besitzer zu imitieren lernen, um wenigstens digital das ewige Leben zu realisieren.

Und so werden auch die Linien der Politik neu gezogen. Diktaturen lehnen die neue Vielfalt eher ab, erwachsene Demokratien heißen sie willkommen.

Das Prinzip der Hierarchie, das das Zusammenleben der Menschen seit Jahrtausenden organisiert, tauge in einer digital-globalisierten Welt nicht mehr, sagt der Neurobiologe Gerald Hüther. Die Hierarchie habe den Mann zum Objekt gemacht, das pausenlos bewertet und mit Erwartungen überfrachtet wurde, was zu einer stets unerfüllten Jagd nach Anerkennung geführt habe. Die große kulturelle Aufgabe der Männer von morgen sei es, so Hüther, sich vom Hierarchie-Gläubigen zum Liebenden zu wandeln.

Und wo bleiben die Männer? Keine Sorge. Die kommen durch, wenn sie sich als gute Menschen erweisen. Junge Musiker wie Faber oder Yung Hurn dekonstruieren die gewohnten Männlichkeitsrituale mit Leichtigkeit. Der Wiener Yung Hurn fing mit vierzehn Jahren an zu freestylen, weil er den gängigen deutschen Dummfick-Rap ziemlich dämlich fand. Er scherte sich nicht um Konventionen, baute so simple Beats wie nur möglich, um darauf möglichst abgefuckt zu rappen, so unmännlich wie man sich das nur vorstellen kann. Er hatte den Mut, bescheuert zu klingen, aber brillant bescheuert. Nun wird er verehrt für seine Uneindeutigkeit, das Schüchterne, Selbstbewusste, Tollpatschige, Freche, was Spielarten des modernen Mannes sein könnten. Yung Hurn hat keine Angst, und er schafft es zugleich, die überschießende Energie einer Testosteronbombe in Kunst zu transformieren. Wie viele Musiker seiner Generation hat der junge Wiener das Herablassende den Frauen gegenüber komplett aus seinem Programm gestrichen. Klar will er Sex, aber einvernehmlich. Weil's geiler ist. Sex, guter Sex, ist weniger Problem als Lösung.

Der neue Mann, sagt der neuseeländische Tantra-Guru und Männertrainer Bruce Lyon, hat den Mut, sein Denken neu zu ordnen. Bislang galt das Dogma der Allwissenheit – der Mann als Checker. Mit genügend Geld und Forschung, so lautet das Versprechen, werde sich jedes Problem, jede Krankheit eines Tages kurieren lassen. Lyon plädiert für eine radikale Umkehrung. Das Ungewisse sei in die Mitte des Denkens, Fühlens und Handelns zu stellen und damit Demut, Neugier und Offenheit, gerade so, als betrete der Mensch erstmals ein geheimnisvolles Grabmal. Wir müssen unser Leben elektrifizieren, fordert Lyon, aufladen mit Behutsamkeit, Begeisterung und Verantwortungsbewusstsein für den Planeten und seine Bewohner. Zombies, die jeden Monat Kredite abzahlen für ein Leben, das nicht ihres ist, gibt es schon genug.

»Respekt« heißt die Währung der Zukunft, nicht Herkunft oder Geschlecht. Respekt wird erworben, etwa durch Erfolg oder Ansehen. Autorität dagegen wird verliehen, durch Titel, Ämter, Positionen. Ein CEO, Professor, Chefredakteur verliert nicht unbedingt seine Autorität, auf jeden Fall aber den Respekt von Untergebenen, Studenten, Redakteurinnen, wenn er sich danebenbenimmt. Während die Autorität mit Zwang arbeitet, unterwerfen sich Menschen freiwillig, sobald sie Respekt empfinden.

Und woher kommt Führungsstärke in Zukunft? Der Genter Psychologie-Professor Paul Verhaeghe weiß die Antwort: ob in der Demokratie, der Familie oder im Unternehmen – überall wird das Einbeziehen zum entscheidenden Kriterium. Ausgerechnet ein konservativer Ölstaat wie Texas hat seine Energiepolitik radikal modernisiert und nutzt das Prinzip des Deliberative Polling, der Gegenentwurf zum Pavianfelsen. Repräsentative Bürgergruppen arbeiten stellvertretend für den gesamten Staat neue Konzepte aus. Sie werden mit allen relevanten Informationen versorgt und fällen am Ende eine verbindliche Entscheidung, etwa für den verstärkten Einsatz regenerativer Energien. Moderne Führung braucht mehr Austausch und Verantwortung und weniger renditegetriebenen Egoismus. Dabei sei »nicht so wichtig, ob eine Frau den Laden schmeißt oder ein Mann«, sagt Professor Verhaeghe: »Entscheidend ist, wie die Organisation strukturiert ist.« Gute Führung ist nicht männlich oder weiblich, sondern klug.

Meine Generation ist autoritär aufgewachsen, die meiner Söhne ganz anders. Sie glauben nicht mehr an den natürlichen Über-Vater, den Machthaber und Regelsetzer. Sie gehorchen nicht aus Folgsamkeit, sondern nur unter massivem Druck oder eben aus Überzeugung und Verständnis heraus. Der Patriarch ist in meinen Söhnen nicht mehr eingebaut.

Gut so. Denn unserer Zukunft wird es ziemlich egal sein, ob Männer oder Frauen dafür sorgen, dass sie lebenswert gerät. Der Geschlechterkrieg jedenfalls ist eine unfassbar dämliche Art, das Miteinander zu vergiften. Es sind die Guten, die gemeinsam das Morgen gestalten, die Pionierpflanzen, die sich perfekt an neue Umgebungen anpassen, so unwirtlich sie auch sein mögen. Klingt wie ein perfekter Job für Männer. Wir sind womöglich alle gleich, aber auf Dauer durchaus wandlungsfähig. Sonst hätte die unerbittliche Evolution das

Modell Mann seit seinem Entstehen vor Hunderttausenden Jahren nicht so lange leben lassen. Und ein paar Jahre mehr würden wir gern noch dranhängen. Ich jedenfalls.

Bleibt noch die Frage, die mich lange gequält hat: Wie erziehe ich meine Söhne zu guten Männern? Fazit: falsche Frage. Es muss heißen: Wie erziehe ich sie zu guten Menschen. Der beste Rat stammt von einem Mann, der typische maskuline Normen nicht erfüllt hat, Mahatma Gandhi: »Du musst die Veränderung sein, die du in der Welt sehen willst.«

Quellen

Literatur

Aigner, John: *mannsvolk.* (Website) http://mannsvolk.net

Altman, Sam: »What I Heard From Trump Supporters.« In: *Sam Altman (Blog)* 21.2.2017: http://blog.samaltman.com/what-i-heard-from-trump-supporters

Amendt, Gerhard: *Scheidungsväter (Schriften des Inst. für Geschlechter- und Generationenforschung).* Bremen 2003.

Arend, Ingo: »Verschiedene Wege der Befreiung.« In: *taz Online* 06.1.2018: http://www.taz.de/!5472177/

Benecke, Lydia: »›Weil Mutti so schlimm war.‹« In: *Der Spiegel* 13/2018.

Blech, Jörg und Lakotta, Beate: »Frauen denken anders« (Gespräch mit Simon Baron-Cohen). In: *Spiegel Online* 1.11.2003 (*Spiegel Spezial*): http://www.spiegel.de/spiegelspecial/a-272649.html

Bode, Sabine: *Die vergessene Generation: Die Kriegskinder brechen ihr Schweigen.* 20. Aufl., Stuttgart 2015.

Böhmermann, Jan: »Schmähkritik.« In: »Neo Magazin Royal« (*ZDF*) am 31.3.2016.

Bönt, Ralf: *Das entehrte Geschlecht: Ein notwendiges Manifest für den Mann.* München 2012.

Brill, Dianne: *Dressed to Kill oder Wie werde ich eine Sexgöttin?* München 1995.

Brooks, David: »Sundar Pichai Should Resign as Google's C.E.O.« In: *The New York Times Online* 11.8.2017: https://www.nytimes.com/2017/08/11/opinion/sundar-pichai-google-memo-diversity.html

Bukobza, Gabriel: *The Drama of New Masculinity.* Tel Aviv 2017.

Bukowski, Charles: *Mann mit der Ledertasche.* Frankfurt a. M. 2011 [Original: 1971].

Bundesministerium für Familie, Senioren, Frauen und Jugend. Referat Öffentlichkeitsarbeit (Hrsg.): *Jungen und ihre Lebenswelten – Vielfalt als Chance und Herausforderung.* Berlin 2013. https://www.bmfsfj.de/blob/94086/725638d3f89fd2c0ebcb86e694dd48b6/jungen-und-ihre-lebenswelten-bericht-beirat-jungenpolitik-data.pdf

Campbell, Joseph: *The Hero with a Thousand Faces.* (*The Collected Works of Joseph Campbell,* Band 17) 3. Aufl., Novato, CA 2008

Campbell, Joseph und Moyers, Bill: *The Power of Myth.* New York 1991.

Connell, Robert W.: *Der gemachte Mann: Konstruktion und Krise von Männlichkeiten.* (*Geschlecht und Gesellschaft,* Band 8) 4. Aufl., Luxemburg 2013.

Damore, James: *Google's Ideological Echo Chamber. How bias clouds our thinking about diversity and inclusion.* 2017. https://assets.documentcloud.org/documents/3914586/Googles-Ideological-Echo-Chamber.pdf

Deida, David: *Der Weg des wahren Mannes: Ein Leitfaden für Meisterschaft in Beziehungen, Beruf und Sexualität.* Bielefeld 2006.

Div.: *Global Early Adolescent Study. A partnership between the Johns Hopkins Bloomberg School of Public Health, the World Health Organization, intervention implementation partners, and research institutions around the world.* 2017: http://www.geastudy.org

Dörr, Julian: »Geilheit! Diese ständige Geilheit!« In: *Süddeutsche Zeitung Online* 11.6.2017: http://www.sueddeutsche.de/kultur/maennlichkeit-in-der-krise-geilheit-diese-staendige-geilheit-1.3520059

Dopfer, Werner: *Mama-Trauma: Warum Männer sich nicht von Frauen führen lassen.* München 2016.

Dreyer, Malu und Schumacher, Hajo: *Die Zukunft ist meine Freundin: Wie eine menschliche und ehrliche Politik gelingt.* Köln 2015.

Edgington, Melissa: »How Male Bashing is Killing Our Sons.«

In: *Your Mom Has A Blog* 23.03.2014: https://yourmom-hasablog.com/2014/03/23/how-male-bashing-is-killing-our-sons/

Eggert, Nalina: »Was Google wrong to fire James Damore after memo controversy?« In: *bbc.com* 09.08.2017: http://www.bbc.com/news/world-40865261

Eribon, Didier: *Rückkehr aus Reims.* Berlin 2016.

Erk, Daniel: »Ein Leben auf der Streckbank.« In: *Zeit Magazin* 5.9.2016: https://www.zeit.de/zeit-magazin/leben/2016-09/emanzipation-mann-frau-feminismus-der-neue-mann

Faludi, Susan: *Männer: Das betrogene Geschlecht.* Reinbek 2001.

Farrell, Warren: *Mythos Männermacht.* Leipzig 1995.

Fendel, Heike-Melba: »Liebe in Zeiten der Cholerik.« In: *taz Online* 20.3.2018: http://www.taz.de/!5492187/

Fine, Cordelia: *Die Geschlechterlüge: Die Macht der Vorurteile über Frau und Mann.* 2. Aufl., Stuttgart 2012.

Foer, Jonathan Safran: *Extremely Loud and Incredibly Close.* London 2006.

fok/dpa/AFP: »Die Rolle der Männer ist es nun zuzuhören.« In: *Spiegel Online* 19.1.2018: http://www.spiegel.de/panorama/leute/robert-redford-zu-metoo-wendepunkt-fuer-hollywood-a-1188668.html

Freund, Maike: » ›Frauen bringen Skills mit, von denen Männer nur träumen können‹« (Gespräch mit Monique R. Siegel). In: *Handelsblatt Online* 3.4.2017: http://www.handelsblatt.com/unternehmen/beruf-und-buero/the_shift/monique-r-siegel-frauen-bringen-skills-mit-von-denen-maenner-nur-traeumen-koennen/19599182.html

Fricke, Thomas: »Revolte in den deutschen Armenhäusern.« In: *Spiegel Online* 27.10.2017: http://www.spiegel.de/wirtschaft/soziales/aufstieg-der-rechten-revolte-in-den-deutschen-armenhaeusern-kolumne-a-1174827.html

Fried, Nico: »Geschlechterkrampf.« In: *Süddeutsche Zeitung Online* 11.5.2010: http://www.sueddeutsche.de/politik/spd-geschlechterkrampf-1.297651

Gamillscheg, Johannes: »Die Welt der Gudrun Schyman.« In: *Emma* Mai/Juni 2015.
Gennep, Arnold van: *Übergangsriten (Les rites de passage).* Frankfurt 2005.
Glover, Robert: *No More Mr Nice Guy: A Proven Plan for Getting What You Want in Love, Sex, and Life.* Philadelphia 2003.
Giaimo, Cara: »1990s Doomsday Planners Worried About Feminists Breaching Nuclear Waste Sites.« In: *slate.com (Atlas Obscura)* 16.12.2016: http://www.slate.com/blogs/atlas_obscura/2016/12/16/_1990s_doomsday_planners_worried_about_feminists_breaching_nuclear_waste.html
Gorkow, Alexander: »Idioten.« In: *Süddeutsche Zeitung* 3.2.2018. Auch: http://www.sueddeutsche.de/leben/narzisstische-maenner-der-perfekte-idiot-1.3848495?reduced=true
Grawe, Klaus: *Psychotherapie im Wandel: Von der Konfession zur Profession.* Göttingen 2001.
Gunter, Jen: »My Vagina Is Terrific. Your Opinion About It Is Not.« In: *The New York Times* 16.11.2017: https://www.nytimes.com/2017/11/16/style/my-vagina-is-terrific-your-opinion-about-it-is-not.html
Hollstein, Walter: *Was vom Manne übrig blieb: Krise und Zukunft des starken Geschlechts.* Berlin 2008.
Honneth, Axel: *Kampf um Anerkennung.* Frankfurt a. M. 1992 (neue Auflage 2003).
Howes, Lewis: *The Mask of Masculinity: How Men Can Embrace Vulnerability, Create Strong Relationships, and Live Their Fullest Lives.* Harlan, IA 2017.
Hürter, Tobias und Rauner, Max: »Warum ist Mensch sein zurzeit eigentlich so anstrengend?« (Interview mit Yuval Harari) In: *Zeit Online* 30.7.2017: https://www.zeit.de/zeit-wissen/2017/04/homo-sapiens-schwierigkeiten-technik-wirtschaft-gesellschaft/komplettansicht
Hüther, Gerald: *Männer – Das schwache Geschlecht und sein Gehirn.* Göttingen 2016.

Hughes, Virginia: »Where the First Artists Mostly Women?« In: *National Geographic Online* 3.10.2013: https://news.nationalgeographic.com/news/2013/10/131008-women-handprints-oldest-neolithic-cave-art/

Jeska, Andrea: »Echt gechillte Krieger.« In: *Zeit Online* 19.10.2015: https://www.zeit.de/2015/41/kenia-samburu-busch-leben/komplettansicht

Jessen, Jens: »Der bedrohte Mann.« In: *Die Zeit* 15/2018.

Johnson, William H. und Masters, Virginia E.: *Die sexuelle Reaktion.* Leipzig 1967.

Jong, Erica: *Angst vorm Fliegen.* Frankfurt/M. 1976 [Original 1973].

Jullien, François: *Es gibt keine kulturelle Identität: Wir verteidigen die Ressourcen einer Kultur.* Berlin 2017.

Jung, C. G.: *Die Archetypen und das kollektive Unbewusste.* (Gesammelte Werke 9/1) 6. Aufl., Ostfildern 2017.

Kermani, Navid: *Das Buch der von Neil Young Getöteten.* Köln 2004.

Kimmel, Michael: *Angry White Men: American Masculinity at the End of an Era.* New York 2017.

Knuth, Johannes: »Grenzen im Graubereich.« In: *Süddeutsche Zeitung Online* 2.5.2018: http://www.sueddeutsche.de/sport/leichtathletik-grenzen-im-graubereich-1.3964723

Kröhnert, Steffen und Klingholz, Reiner: *Not am Mann: Von Helden der Arbeit zur neuen Unterschicht?* Berlin 2007. (Hrsg.: Berlin-Institut für Bevölkerung und Entwicklung)

Kucklick, Christoph: *Das unmoralische Geschlecht: Zur Geburt der Negativen Andrologie.* Berlin 2008.

Kucklick, Christoph: »Der Mann, das Tier.« In: *Spiegel Online* 23.4.2012: http://www.spiegel.de/wissenschaft/mensch/geschlechter-debatte-wie-maenner-seit-200-jahren-verteufelt-werden-a-828723.html

Lendrem, Ben Alexander Daniel et al.: »The Darwin Awards: sex differences in idiotic behaviour.« In: *thebmj (British Medical Journal)* 2014: https://www.bmj.com/content/349/bmj.g7094

Leimbach, Björn Thorsten: *Männlichkeit leben: Die Stärkung des Maskulinen.* 2. Aufl., Hamburg 2015.

Lewis, Paul: »›I see things differently‹: James Damore on his autism and the Google memo.« In: *The Guardian Online* 17.11.2017: https://www.theguardian.com/technology/2017/nov/16/james-damore-google-memo-interview-autism-regrets

Liebert, Juliane: »Mal eben den deutschsprachigen Hip-Hop retten.« In: *Süddeutsche Zeitung Online* 9.9.2017: http://www.sueddeutsche.de/kultur/yung-hurn-mal-eben-den-deutschsprachigen-hip-hop-retten-1.3658058

Lübke, Karina: »Und wann kommst du?« In: *Brigitte* 4/2018, S. 117 ff.

»Maja«: »Wer will schon einen schüchternen Jungen, der sich nicht traut zuzupacken?« In: *bento.de* 4.8.2017: http://www.bento.de/gefuehle/sexualitaet-die-checkliste-fuer-den-traummann-und-traumsex-1567931/

Miller, Henry: *Wendekreis des Krebses.* Reinbek 1979 [Original: 1934].

Moldenhauer, Benjamin: »Warum es keine Leitkultur gibt.« In: *Spiegel Online* 31.12.2017: http://www.spiegel.de/kultur/gesellschaft/diskussion-um-identitaet-kritik-zum-neuen-buch-von-francois-jullien-a-1184721.html

Moeller, Michael Lukas: *Die Wahrheit beginnt zu zweit: Das Paar im Gespräch.* 37. Aufl., Reinbek 2010.

Münkler, Herfried: *Kriegssplitter: Die Evolution der Gewalt im 20. und 21. Jahrhundert.* Berlin 2015.

mxw/dpa: »Alle, die keine Feministen sind, sind Sexisten.« (Interview mit Gal Gadot). In: *Spiegel Online* 25.8.2017: http://www.spiegel.de/panorama/leute/wonder-woman-gal-gadot-man-ist-feminist-oder-sexist-a-1164484.html

Nachtwey, Oliver: *Die Abstiegsgesellschaft: Über das Aufbegehren in der regressiven Moderne.* 6. Aufl., Berlin 2016.

Neft, Anselm: »Grausame Geilheit.« In: *Zeit Online* 25.3.2018: https://www.zeit.de/kultur/2018-03/pornografie-aufklaerung-sexualitaet-frauen-erniedrigung

Nowak, Martin: Kooperative Intelligenz. Das Erfolgsgeheimnis der Evolution. München 2013.

o. N.: »Dr Siobhan Weare's research on male victims of sexual violence receives press coverage.« In: *Lancaster Universiy Law School Online* 26.7.2017: http://www.lancaster.ac.uk/law/news-and-events/news/2017/dr-siobhan-weares-research-on-male-victims-of-sexual-violence---press-coverage/

o. N.: »Feminismus-Kritik: Doris Lessing: Männer sind besser als ihr Ruf.« In: *Der Tagesspiegel Online* 14.8.2001: https://www.tagesspiegel.de/kultur/feminismus-kritik-doris-lessing-maenner-sind-besser-als-ihr-ruf/248558.html

o. N.: »Glass cliff.« In: *Wikipedia*: https://en.wikipedia.org/wiki/Glass_cliff

o. N.: »Iggy Pop: 20 best quotes. In: *The Telegraph Online* 13.10.2014: https://www.telegraph.co.uk/culture/music/11159394/Iggy-Pop-20-best-quotes.html

o. N.: »Thomas-Theorem.« In: *Wikipedia*: https://de.wikipedia.org/wiki/Thomas-Theorem

Penny, Laurie: *Babys machen und andere Storys.* Hamburg 2016.

Penny, Laurie: *Unsagbare Dinge: Sex, Lügen und Revolution.* Hamburg 2015.

Pines, Sarah: »Psychoanalytikerin Kristeva: ›Die männliche Sexualität ist ein unerschlossener Kontinent.‹« In: *Neue Zürcher Zeitung Online* 26.1.2018: https://www.nzz.ch/feuilleton/die-maennliche-sexualitaet-ist-ein-unerschlossener-kontinent-julia-kristeva-metoo-ld.1350425

Pfeiffer, Christian: »Machos, Feinde der Menschheit.« In: *Zeit Online* 11.4.2001: http://www.zeit.de/2001/16/Machos_Feinde_der_Menschheit

Pollack, William S. und Shuster, Todd: *Real Boys' Voices: Boys Speak out about Drugs, Sex, Violence, Bullying, Sports, Girls, School, Parents, and So Much More.* New York 2001.

Reckwitz, Andreas: *Die Gesellschaft der Singularitäten: Zum Strukturwandel der Moderne.* 5. Aufl., Berlin 2017.

Richter, Horst-Eberhard: *Die Krise der Männlichkeit (in der unerwachsenen Gesellschaft)*. Gießen 2006.

Rietzschel, Antonie: »Cro? ›Den würde ich auch frühstücken, dieses Bürschlein.‹« (Interview mit Sookee) In: *Süddeutsche Zeitung Online* 18.6.2017: http://www.sueddeutsche.de/kultur/maennlichkeit-in-der-krise-cro-den-wuerde-ich-auch-fruehstuecken-dieses-buerschlein-1.3547350

Rönicke, Katrin: »Fälle von Menschenersatznähe.« In: *taz Online* 12.3.2017: http://www.taz.de/!5387965/

Rosa, Helmut: *Resonanz: Eine Soziologie der Weltbeziehung*. Berlin 2018.

Rouse, Rose: »Sex: Is This The World's Sexiest Healer?« In: *Natural Health* 27.3.2013: https://www.naturalhealthmagazine.co.uk/wellbeing/is-this-the-worlds-sexiest-healer

Ryan, Christopher und Jethá, Cacilda: *Sex: Die wahre Geschichte*. 2. Aufl., Stuttgart 2016.

Samina, Iva: *IVA*: https://www.ivasamina.com

Sarrazin, Thilo: *Deutschland schafft sich ab: Wie wir unser Land aufs Spiel setzen*. München 2010.

Scheffel, Annett: »Es gibt keinen spezifisch schwulen Sound.« (Interview mit Sam Vance-Law) In: *Süddeutsche Zeitung Online* 19.3.2018: http://www.sueddeutsche.de/kultur/sam-vance-law-im-interview-es-gibt-keinen-spezifisch-schwulen-sound-1.3912432

Schirrmacher, Frank: *Minimum. Vom Vergehen und Neuentstehen unserer Gemeinschaft*. München 2006.

Schumacher, Hajo: *Kopf hoch, Deutschland: Optimistische Geschichten aus einer verzagten Republik*. München 2005.

Schwithal, Bastian: *Weibliche Gewalt in Partnerschaften: Eine synontologische Untersuchung*. Norderstedt 2005.

Soh, Debra: »No, the Google manifesto isn't sexist or anti-diversity. It's science.« In: *The Globe And Mail Online* 8.8.2017: https://www.theglobeandmail.com/opinion/no-the-google-manifesto-isnt-sexist-or-anti-diversity-its-science/article35903359/

Spork, Peter: *Gesundheit ist kein Zufall: Wie das Leben un-*

sere Gene prägt – Die neuesten Erkenntnisse der Epigenetik. 3. Aufl., München 2017.
Squires, Nick: »›Little pinkie‹ road safety campaign backfires.« In: *The Telegraph Online* 31.10.2017: https://www.telegraph.co.uk/news/worldnews/1567945/Little-pinkie-road-safety-campaign-backfires.html
Stein, Hannes: »Ich bin schwul, war es immer, werde es immer sein.« In: *Welt Online* 11.7.2012: https://www.welt.de/vermischtes/prominente/article108251709/Ich-bin-schwul-war-es-immer-werde-es-immer-sein.html
Steinfeld, Thomas: »Judith Butler gegen die Universität Lund.« In: *Süddeutsche Zeitung Online* 23.11.2017: http://www.sueddeutsche.de/kultur/frauenquote-judith-butler-gegen-die-universitaet-lund-1.3762901
Stephan, Björn: »›Ja, Brandt war oft melancholisch – aber nicht zu mir‹« (Interview mit Jürgen Draeger). In: *Süddeutsche Zeitung Online* 21.3.2018: http://www.sueddeutsche.de/leben/der-maler-juergen-draeger-im-portraet-ja-brandt-war-oft-melancholisch-aber-nicht-zu-mir-1.3901722
Stephani, Ilan: *Lieb und teuer: Was ich im Puff über das Leben gelernt habe.* 2. Aufl., Salzburg 2017.
Stokowski, Margarete: »Bitte die Hoden behalten.« In: *Spiegel Online* 13.2.2018: http://www.spiegel.de/kultur/gesell schaft/steve-bannon-und-das-ende-des-patriarchats-kolumne-a-1193224.html
Stokowski, Margarete: »Weg mit den Pimmelwitzen.« In: *Spiegel Online* 9.1.2018: http://www.spiegel.de/kultur/gesellschaft/weg-mit-den-pimmelwitzen-kolumne-von-margarete-stokowski-a-1186915.html
Straus, Murray A.: *Dominance and symmetry in partner violence by male and female university students in 32 nations.* New Hampshire, Durham, NH 2007. Abstract s.: https://pdfs.semanticscholar.org/4417/1aa36dd89a40b9ff57a2760477ceae4ff523.pdf
Strauss, Neil: *Der Aufreißer: So kriegt man(n) jede Frau rum.* Berlin 2008.

Strauss, Neil: *Die nackte Wahrheit: Von der erregenden Kunst, treu zu sein.* München 2017.
Strauss, Neil: *Die perfekte Masche: Bekenntnisse eines Aufreißers.* Berlin 2006.
Süfke, Björn: *Männerseelen: Ein psychologischer Reiseführer.* Ostfildern 2008.
Tholl, Max: »Wir brauchen einen Feminismus für Männer.« In: *Der Tagesspiegel Online* 22.10.2017: https://www.tagesspiegel.de/politik/maennliches-selbstbild-in-der-krise-wir-brauchen-einen-feminismus-fuer-maenner/20483596-all.html
Treite, Rafael: [Facebook-Profil] In: *facebook.com.*
Türcke, Christoph: *Umsonst leiden: Der Schlüssel zu Hiob.* Springe 2017.
Ulrich, Bernd: »Mann irrt.« In: *Zeit Online* 11.4.2018: http://www.zeit.de/2018/16/metoo-debatte-maenner-feminismus-jens-jessen-replik
Urwin, Jack: *Boys don't cry: Identität, Gefühl und Männlichkeit.* Hamburg 2017.
Vance, J. D.: *Hillbilly-Elegie: Die Geschichte meiner Familie und einer Gesellschaft in der Krise.* Berlin 2017.
Verhaeghe, Paul: *Autorität und Verantwortung.* München 2016.
Vogler, Christopher: *The Writer's Journey: Mythic Structure for Writers.* 3. Aufl., Studio City, CA 2007.
von Cranach, Xaver und Beyer, Susanne: »›Aggressivität ist durchaus Teil der Sexualität‹« (Gespräch mit Peer Briken). In: *Der Spiegel* 15/2018.
Vorwerk & Co. KG (Hrsg.): Institut für Demoskopie Allensbach: *Vorwerk Familienstudie 2011. Ergebnisse einer repräsentativen Bevölkerungsumfrage zur Familienarbeit in Deutschland.* Wuppertal 2011.
Webb, Robert: *How Not To Be a Boy.* Edinburgh 2017.
Weber, Nina: »So mächtig sind Geschlechterklischees.« In: *Spiegel Online* 2017: http://www.spiegel.de/gesundheit/psychologie/erziehung-von-jungen-und-maedchen-so-maechtig-sind-geschlechterklischees-a-1168866.html

Wehling, Elisabeth: *Politisches Framing: Wie eine Nation sich ihr Denken einredet – und daraus Politik macht.* (edition medienpraxis) Köln 2016.

Will, Alexander: »Vom Drang, eine Dusche zu nehmen«. In: *NWZ Online* 05.10.2017: https://www.nwzonline.de/politik/berlin-oldenburg-nwz-analyse-zum-ossi-bashing-vom-drang-eine-dusche-zu-nehmen_a_32,1,13430271.html

Zips, Martin: »Mittlerweile denken wir nur noch in Zahlen.« (Interview mit Thomas Bedürftig) In: *Süddeutsche Zeitung Online* 9.1.2018: http://www.sueddeutsche.de/panorama/arithmetik-in-der-gesellschaft-mittlerweile-denken-wir-nur-noch-in-zahlen-1.3818256

Filme und Serien

12 Principles For A New Era. (Bruce Lyon. In: *YouTube.com* 2011 ff.: https://www.YouTube.com/watch?v=Qr7tiS12ufs)

Breaking Bad. USA 2008–2013.

Brokeback Mountain. USA, Kanada 2005.

Dangerous Beauty (Gefährliche Schönheit – Die Kurtisane von Venedig). USA 1998.

Dead Men Don't Wear Plaid (Tote tragen keine Karos). USA 1982.

Der Sammler und die Jägerin – Geschlechterbilder in der Steinzeit. Deutschland 2016 (SWR2 Wissen).

Die Hard 2: Die Harder (Stirb langsam 2). USA 1990.

How barbershops can keep men healthy. (Joseph Ravenell) TED2016: https://www.ted.com/talks/joseph_ravenell_how_barbershops_can_keep_men_healthy

Jede Menge Kohle. Deutschland 1981.

Jihad: A Story of the Others. GB 2015.

Kann Sex zur Sucht werden? (Frei, Karin. In: *srf.ch* 22.07.2014:

https://www.srf.ch/sendungen/puls/psyche/kann-sex-zur-sucht-werden)
Magnolia. USA 1999.
Monty Python's Life of Brian (Das Leben des Brian). GB 1979.
Shortbus, USA 2006.
Some Like It Hot (Manche mögen's heiß). USA 1959.
The Emerald Forest (Der Smaragdwald). GB 1985.

Musik

Element of Crime: »Wer ich wirklich bin.« In: *Die schönen Rosen.* 1996.
Ina Deter Band: »Neue Männer braucht das Land.« In: *Neue Männer braucht das Land.* 1982.
Neil Young »Campaigner.« In: *Decade.* 1977.
Rammstein: »Mutter.« In: *Mutter.* 2001.